E-Book inside.

Mit folgendem persönlichen Code erhalten Sie die E-Book-Ausgabe dieses Buches zum kostenlosen Download.

```
70186-r65p6-
we400-yn43i
```

Registrieren Sie sich unter
www.hanser-fachbuch.de/ebookinside
und nutzen Sie das E-Book
auf Ihrem Rechner*, Tablet-PC
und E-Book-Reader.

* Systemvoraussetzungen:
 Internet-Verbindung und Adobe® Reader®

Ertel

Angewandte Kryptographie

Bleiben Sie einfach auf dem Laufenden:
www.hanser.de/newsletter
Sofort anmelden und Monat für Monat
die neuesten Infos und Updates erhalten.

Wolfgang Ertel

Angewandte Kryptographie

4., überarbeitete und ergänzte Auflage

Mit 49 Bildern, 55 Aufgaben und 20 Tabellen

HANSER

Alle in diesem Buch enthaltenen Informationen, Verfahren und Darstellungen wurden nach bestem Wissen zusammengestellt und mit Sorgfalt getestet. Dennoch sind Fehler nicht ganz auszuschließen. Aus diesem Grund sind die im vorliegenden Buch enthaltenen Informationen mit keiner Verpflichtung oder Garantie irgendeiner Art verbunden. Autoren und Verlag übernehmen infolgedessen keine juristische Verantwortung und werden keine daraus folgende oder sonstige Haftung übernehmen, die auf irgendeine Art aus der Benutzung dieser Informationen – oder Teilen davon – entsteht.

Ebenso übernehmen Autoren und Verlag keine Gewähr dafür, dass beschriebene Verfahren usw. frei von Schutzrechten Dritter sind. Die Wiedergabe von Gebrauchsnamen, Handelsnamen, Warenbezeichnungen usw. in diesem Buch berechtigt deshalb auch ohne besondere Kennzeichnung nicht zu der Annahme, dass solche Namen im Sinne der Warenzeichen- und Markenschutz-Gesetzgebung als frei zu betrachten wären und daher von jedermann benutzt werden dürften.

Bibliografische Information Der Deutschen Nationalbibliothek
Die Deutsche Nationalbibliothek verzeichnet diese Publikation in der
Deutschen Nationalbibliografie; detaillierte bibliografische Daten sind im
Internet über http://dnb.d-nb.de abrufbar.

Dieses Werk ist urheberrechtlich geschützt.
Alle Rechte, auch die der Übersetzung, des Nachdruckes und der Vervielfältigung des Buches, oder Teilen daraus, vorbehalten. Kein Teil des Werkes darf ohne schriftliche Genehmigung des Verlages in irgendeiner Form (Fotokopie, Mikrofilm oder ein anderes Verfahren), auch nicht für Zwecke der Unterrichtsgestaltung – mit Ausnahme der in den §§ 53, 54 URG genannten Sonderfälle –, reproduziert oder unter Verwendung elektronischer Systeme verarbeitet, vervielfältigt oder verbreitet werden.

© 2012 Carl Hanser Verlag München

Lektorat: Dr. Martin Feuchte
Herstellung: Dipl.-Ing. Franziska Kaufmann
Satz: le-tex publishing services GmbH, Leipzig
Coverconcept: Marc Müller-Bremer, www.rebranding.de, München
Coverrealisierung: Stephan Rönigk
Datenbelichtung, Druck und Bindung: Kösel, Krugzell
Ausstattung patentrechtlich geschützt. Kösel FD 351, Patent-Nr. 0748702
Printed in Germany

ISBN: 978-3-446-42756-3
E-Book-ISBN: 978-3-446-43196-6

www.hanser-fachbuch.de

Vorwort

Ziele

Das Verschlüsseln von Nachrichten oder geheimen Schriftstücken übt auch heute noch eine große Faszination auf Menschen aller Bevölkerungsschichten aus. Die verschiedensten Fachleute aus Mathematik, Informatik und Linguistik beschäftigen sich mit dieser alten Wissenschaft, die bis zur Mitte des zwanzigsten Jahrhunderts hauptsächlich militärisch angewendet wurde.

Dieses Bild hat sich in den letzten dreißig Jahren gewandelt. Im Zeitalter der Globalisierung und des E-Business ist die Welt vernetzt. Heute werden Pläne, Patente, Verträge und andere vertrauliche Daten auf Rechnern gespeichert und über das Internet ausgetauscht. Der rege Datenaustausch weckt großes Interesse bei Geheimdiensten, bei Firmen, die Informationen über ihre Kunden sammeln, sowie bei Firmen, die die Geheimnisse der Konkurrenz ausspionieren wollen. Allein in Deutschland entstehen der Industrie pro Jahr geschätzte Verluste im Bereich zehn bis hundert Milliarden Euro durch Lauschangriffe.

Diese Angriffe geschehen im Stillen und werden in den meisten Fällen der Presse nicht mitgeteilt. Teilweise sind sie sogar der geschädigten Firma nicht bekannt. Oft wird daher die Sicherheit von Firmennetzen gegenüber Angriffen von außen immer noch sträflich vernachlässigt, obwohl Wissen und solide Technik der Datensicherheit heute für jeden Fachmann zugänglich sind. Das wichtigste Ziel des Buches ist es deshalb, dem Informatiker das benötigte Wissen auf einer soliden Basis zu vermitteln. Damit wird er in der Lage sein, zum Beispiel ein Sicherheitskonzept für eine Firma zu erarbeiten oder eine Public-Key-Infrastruktur aufzubauen und zu pflegen.

Es gibt aber auch Beispiele von erfolgreichen Firmen, die plötzlich vor dem Bankrott stehen, nur weil jemand eine gefälschte E-Mail im Namen der Firmenleitung an die Presse schickt, mit der Folge eines dramatischen Absturzes des Aktienkurses. Das Stichwort zur Vermeidung derartiger Fälle heißt digitale Signatur. Die digitale Signatur wird in den nächsten Jahren das Medium E-Mail zu einem seriösen Werkzeug machen, mit dem Verträge, Angebote, Rechnungen etc. schnell, kostengünstig und sicher abgewickelt werden können. Seit Ende 2010 gibt es in Deutschland den neuen Personalausweis mit Chipkarte, der auch für die digitale Signatur benutzt werden kann. Möglich wäre auch die Verwendung des Personalausweises als Schlüssel zu Wohnung, Firma, Rechner und Auto.

Offene Systeme und weltweite Vernetzung führen auch zu Ängsten und zum Wunsch nach Sicherheit, Vertraulichkeit und einem besseren Schutz der Privatsphäre. Sicher ist es kein Zufall, dass gerade zum jetzigen Zeitpunkt mit der vor gut zwanzig Jahren erfundenen

Public-Key-Kryptographie und den modernen Blockchiffren starke und mittlerweile bewährte Werkzeuge zur Sicherung der Privatsphäre und Vertraulichkeit zum Einsatz in der Praxis bereitstehen. Ziel dieses Buches ist es, den Leser mit diesen Methoden vertraut zu machen und zwar ausgehend von den teilweise genial einfachen und eleganten Ideen über die Mathematik endlicher Körper bis hin zu den Anwendungen in Form von allgemein verfügbarer Software.

Die Aussage „mein Computer ist sicher" ist eine All-Aussage, denn etwas genauer formuliert heißt sie „die Erfolgswahrscheinlichkeit für einen der vielen möglichen Angriffe ist verschwindend gering". Um solch eine Aussage auch nur annähernd machen zu können, muss jede Schwachstelle beseitigt werden, denn ein kluger Angreifer nutzt die schwächste Stelle – und die Tücken liegen im Detail. Nur durch den praktischen Umgang mit der Materie ist es möglich, aufbauend auf den theoretischen Grundlagen, die benötigte umfassende Vorgehensweise zur Aufdeckung und Beseitigung von Sicherheitslücken zu erlernen. Das Wissen über die Algorithmen und die Mathematik von Kryptosystemen ist notwendig, aber bei weitem nicht hinreichend, um sichere Systeme zu bauen. Daher möchte ich den motivierten Neuling in diesem Gebiet insbesondere auffordern, die Übungsaufgaben zu bearbeiten.

Aufbau und Leserkreis

Das Buch ist entstanden aus einem Vorlesungsskript zur Datensicherheit im Informatikstudium an der Fachhochschule Ravensburg-Weingarten. Es ist ein Lehrbuch zur Einführung in das Gebiet und richtet sich primär an Studenten der Fachhochschulen, aber auch an Universitätsstudenten, die sich ohne viel Theorie in das Gebiet einarbeiten wollen. Wie man schon am Titel erkennt, habe ich versucht, die Theorie auf ein Minimum zu beschränken. Das Buch wendet sich deshalb an alle, die in kompakter Form die moderne Kryptographie verstehen wollen. Dem berufstätigen Informatiker bietet es die Möglichkeit, sich im Selbststudium in ein aktuelles Gebiet einzuarbeiten.

Vorausgesetzt werden Mathematikkenntnisse der Oberstufe. Darüber hinaus benötigte Mathematik wird im Anhang A bereitgestellt. Das Buch beginnt mit einer elementaren Einführung in die Protokolle für elektronisches Bargeld als Beispiel einer Anwendung für viele im Buch beschriebene Algorithmen und Protokolle. Nach den Grundlagen in Kapitel 2 werden im Kapitel 3 an Hand einiger klassischer Chiffren wichtige Techniken und Begriffe eingeführt.

Bei den modernen Blockchiffren in Kapitel 4 werden DES, die weltweit meist benutzte Chiffre, und AES als neuer Standard vorgestellt. Die Public-Key-Kryptographie ist in den Kapiteln 5, 7 und 8 behandelt und es wird neben den Algorithmen ausführlich auf die Public-Key-Infrastruktur sowie auf die wichtigsten Software-Produkte eingegangen. Aufbauend auf den Public-Key-Algorithmen werden in Kapitel 6 neben klassischen Authentifikationsverfahren die digitale Signatur sowie Zero-Knowledge-Protokolle behandelt.

Nachdem alle Techniken eingeführt sind, schließt sich der Kreis und die Protokolle für elektronisches Bargeld aus Kapitel 1 werden in Kapitel 9 verfeinert und exakt beschrieben. Kapitel 10 schließlich stellt verschiedene existierende und neue elektronische Zahlungsmittel vor und vergleicht sie.

In Kapitel 11 wird das deutsche Signaturgesetz vorgestellt sowie das politische und gesellschaftliche Umfeld der modernen Kryptographie beleuchtet. Als Abschluss folgt in Kapitel 12 eine Checkliste für die praktische Arbeit in der Kryptographie. Die benötigte Zahlentheorie, ein Kapitel über die Erzeugung von Zufallszahlen für kryptographische Algorithmen und die Lösungen zu den Übungsaufgaben sind im Anhang zu finden.

Die Abhängigkeit der Kapitel untereinander ist in Bild 1 dargestellt. Ein Pfeil von 2 nach 3 zum Beispiel bedeutet, dass Kapitel 2 für das Verständnis von Kapitel 3 vorausgesetzt wird.

Ich möchte den Leser bitten, Anregungen, Kritik und Hinweise auf Fehler per E-Mail direkt an ertel@hs-weingarten.de zu schicken. Eine regelmäßig aktualisierte Liste der Fehler ist auf der Webseite zum Buch zu finden.

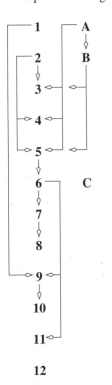

BILD 1 Kapitelstruktur

Online-Quellen und Literatur

Die Web-Seite zum Buch hat die URL

www.hs-weingarten.de/~ertel/kryptobuch.html

Das im Buch abgedruckte Literaturverzeichnis ist dort mit anklickbaren Links versehen, so dass der Leser auf alle im Internet verfügbaren Quellen einfach zugreifen kann. Außerdem gibt es dort eine regelmäßig aktualisierte und nach Themen geordnete Sammlung von Links zur Kryptographie. Ergänzt wird die Sammlung durch Präsentationsfolien für Dozenten.

Neben diesen Quellen möchte ich den interessierten Leser verweisen auf die Newsgroup `sci.crypt`. In diesem stark frequentierten Forum werden die verschiedensten mehr oder weniger aktuellen Themen diskutiert. Sehr informativ sind auch der monatlich erscheinende kostenlose Newsletter „crypto-gram" von Bruce Schneier [Sch01a], sein neues Buch [Sch00a], sowie die umfangreiche Sammlung von Wissen, Literatur und Links zur Kryptographie von Terry Ritter [Rit00]. Zum praktischen Üben ist das frei verfügbare Demonstrationsprogramm CrypTool [Ess02] sehr zu empfehlen.

Es gibt, insbesondere in der englischsprachigen Literatur, eine Reihe guter Lehrbücher zur Kryptographie. Der Leser, der ein gutes Nachschlagewerk sucht, findet dieses in Form des umfassenden und sehr gut lesbaren Standardwerkes von Bruce Schneier [Sch05, Sch96]. Empfehlenswerte Lehrbücher sind [Sti05, Kob94, Sta98, Wob01, Beu09, Bau00].

Dank

Mein ganz besonderer Dank gilt meiner Frau Evelyn, die mir im letzten Jahr den Rücken frei hielt für das Schreiben. Vielen Dank auch an Ekkehard Löhmann für wertvolle inhaltliche Tipps und an Erhard Schreck für die schöne Zeit im Silicon Valley, in der das Kapitel über Zufallszahlen entstanden ist. Mein Dank richtet sich auch an Max Kliche für das Bereitstellen der Übungsaufgaben im Web und an Thomas Degen und Ulrich Hauser, die mich regelmäßig mit aktuellen Schlagzeilen aus den Online-Medien versorgen. Für das Korrekturlesen möchte ich mich bedanken bei Daniel Hirscher, Markus König, Michael König, Norbert Perk und Harald Steinhilber. Meinem Kollegen Martin Hulin danke ich dafür, dass ich mich in den Semesterferien, frei von administrativen Nebenjobs, auf das Schreiben konzentrieren konnte. Bei meiner Lektorin Erika Hotho bedanke ich mich herzlich für die sehr gute Zusammenarbeit.

Ravensburg, den 28. März 2001   Wolfgang Ertel

Vorwort zur vierten Auflage

Der vor gut einem Jahr in Deutschland eingeführte neue Personalausweis mit RFID-Chip besitzt das Potential, den in diesem Buch beschriebenen Techniken, insbesondere der digitalen Signatur, zum Durchbruch zu verhelfen. Mit diesem Ausweis wurde für Deutschland nun ein Standard gesetzt. Damit kann erstmals jeder Bürger Dokumente ohne hohe Kosten digital signieren und sich bei Geschäften oder Behördengängen im Internet authentifizieren. Diese Technik wird in Abschnitt 8.7 beschrieben.

Außerdem habe ich das Kapitel über elektronische Zahlungssysteme aktualisiert, Bilder des Enigma-Nachbaus an der Hochschule Ravensburg-Weingarten eingefügt und einige Fehler korrigiert.

Ravensburg, den 12. März 2012   Wolfgang Ertel

Inhalt

1	Elektronisches Bargeld, ein erstes Beispiel	15
2	**Grundlagen**	**21**
2.1	Terminologie	21
2.2	Kryptographische Algorithmen	22
2.3	Kryptographische Protokolle	24
2.4	Public-Key-Algorithmen	24
2.5	Kryptanalyse	26
2.6	Sicherheit von Schlüsseln	27
3	**Klassische Chiffren**	**31**
3.1	Verschiebechiffren	32
3.2	Multiplikative Chiffren	33
3.3	Tauschchiffren (Affine Chiffren)	35
3.4	Kryptanalyse monoalphabetischer Chiffren	36
3.5	Polyalphabetische Chiffren	37
	3.5.1 Homophone Chiffren	37
3.6	Die Vigenère-Chiffre	38
	3.6.1 Der Algorithmus	38
	3.6.2 Kryptanalyse	40
	3.6.3 Der Kasiski-Test	40
	3.6.4 Der Friedman-Test	43
3.7	Die Enigma	45
	3.7.1 Kryptanalyse	48
3.8	Das One-Time-Pad, die perfekte Chiffre	52
3.9	One-Time-Pad fast ohne Schlüsseltausch	55
3.10	Zusammenfassung	57

4 Moderne Blockchiffren ... 59
4.1 Data-Encryption-Standard DES ... 59
- 4.1.1 Übersicht ... 61
- 4.1.2 Eine Runde ... 63
- 4.1.3 Die 16 Teilschlüssel ... 64
- 4.1.4 Die Dechiffrierfunktion ... 64
- 4.1.5 Sicherheit und Nichtlinearität ... 66
- 4.1.6 Sicherheit und Geschwindigkeit ... 68
- 4.1.7 Triple-DES ... 68

4.2 Advanced-Encryption-Standard AES ... 68
- 4.2.1 Die Blockchiffre Rijndael ... 69
- 4.2.2 Die ByteSub-Transformation ... 70
- 4.2.3 Die ShiftRow-Transformation ... 71
- 4.2.4 Die MixColumn-Transformation ... 72
- 4.2.5 Die Schlüsselexpansion ... 72
- 4.2.6 Die inverse Chiffre ... 73
- 4.2.7 Geschwindigkeit ... 73
- 4.2.8 Sicherheit ... 73
- 4.2.9 Andere Funktionalitäten ... 74

4.3 Betriebsmodi von Blockchiffren ... 74
4.4 Andere Blockchiffren ... 75

5 Public-Key-Kryptographie ... 77
5.1 Merkles Rätsel ... 78
5.2 Der RSA-Algorithmus ... 79
- 5.2.1 Der Algorithmus ... 80
- 5.2.2 Sicherheit von RSA ... 82
- 5.2.3 Effiziente Primzahltests ... 83
- 5.2.4 Effizienz und Implementierung von RSA ... 84
- 5.2.5 Schnellere Implementierung von RSA ... 85
- 5.2.6 Angriffe gegen RSA ... 86

5.3 Angriffe gegen Public-Key-Verfahren ... 87
- 5.3.1 Chosen-Ciphertext-Angriff mit Social Engineering ... 87
- 5.3.2 Angriffe aufgrund von Seiteneffekten ... 87
- 5.3.3 Angriffe mit Spezialhardware ... 89

5.4 Schlüsseltausch ... 89
- 5.4.1 Schlüsseltausch mit symmetrischen Verfahren ... 89
- 5.4.2 Man-in-the-Middle-Angriff ... 90

		5.4.3 Das Interlock-Protokoll	90
		5.4.4 Schlüsseltausch mit Quantenkryptographie	91
5.5	Der Diffie-Hellman-Algorithmus		91
5.6	Der ElGamal-Algorithmus		93
5.7	Algorithmen mit Elliptischen Kurven		93

6 Authentifikation und digitale Signatur ... 97

6.1	Einwegfunktionen und Einweg-Hash-Funktionen		98
	6.1.1	Passwortverschlüsselung	100
	6.1.2	Der Geburtstagsangriff	100
6.2	Zero-Knowledge-Protokolle		102
	6.2.1	Challenge-and-Response	102
	6.2.2	Die Idee der Zero-Knowledge-Protokolle	103
	6.2.3	Das Fiat-Shamir-Protokoll	104
6.3	Digitale Signaturen		105
	6.3.1	Digital Signature Algorithm (DSA)	106
	6.3.2	Blinde Signaturen	107
6.4	Digitale Signatur in der Praxis		108
	6.4.1	Speichern des geheimen Schlüssels	108
	6.4.2	Vertrauen in die Software	109
	6.4.3	Zusammenfassung	110
6.5	Das Signaturgesetz		111
6.6	Authentifikation mit digitaler Signatur		112
6.7	Message-Authentication-Code (MAC)		113
6.8	Biometrische Verfahren		114

7 Public-Key-Infrastruktur ... 117

7.1	Persönliche Prüfung öffentlicher Schlüssel	117
7.2	Trustcenter	118
7.3	Zertifikatshierarchie	119
7.4	Web-of-Trust	120
7.5	Zukunft	121

8 Public-Key-Systeme ... 123

8.1	PGP		123
	8.1.1	Schlüsseltausch mit PGP	126
	8.1.2	Die Big-Brother-Funktion	126
	8.1.3	GnuPG	127
	8.1.4	Angriffe gegen PGP	128

8.2	S/MIME und das X.509-Protokoll	130
8.3	OpenPGP versus S/MIME	131
8.4	Secure shell (SSH)	131
8.5	Secure socket layer (SSL)	132
8.6	Virtual Private Networking und IP Security	133
8.7	Der neue Personalausweis	134
	8.7.1 Hoheitliche Funktionen	134
	8.7.2 Andere Funktionen	135
	8.7.3 Digitale Signatur	135
	8.7.4 Sicherheit des neuen Personalausweises	136

9 Elektronisches Bargeld ... 139

9.1	Secret-Splitting	139
9.2	Bit-Commitment-Protokolle	140
9.3	Protokolle für Elektronisches Bargeld	141

10 Elektronische Zahlungssysteme ... 145

10.1	Die Geldkarte	146
10.2	Mondex	147
10.3	Ecash	148
10.4	Zahlung per Kreditkarte	148
	10.4.1 Secure Electronic Transactions (SET)	148
	10.4.2 PayPal	149
	10.4.3 Andere Systeme	150
10.5	Zusammenfassung	150

11 Politische Randbedingungen ... 151

11.1	Starke Kryptographie und der Lauschangriff	151
11.2	US-Exportgesetze	153

12 Sicherheitslücken in der Praxis ... 155

Anhang ... 159

A Arithmetik auf endlichen Mengen ... 159

A.1	Modulare Arithmetik	159
A.2	Invertierbarkeit in $\mathbb{Z}_n$	162
A.3	Der Euklidische Algorithmus	164
A.4	Die Eulersche φ-Funktion	167

A.5	Primzahlen		169
	A.5.1	Primzahltests	170
A.6	Der endliche Körper $GF(2^8)$		174
	A.6.1	Addition	174
	A.6.2	Multiplikation	174
	A.6.3	Polynome mit Koeffizienten in $GF(2^8)$	175
B	**Erzeugen von Zufallszahlen**		**179**
B.1	Pseudozufallszahlengeneratoren		181
	B.1.1	Lineare Schieberegister mit Rückkopplung	182
	B.1.2	Stromchiffren	184
B.2	Echte Zufallszahlen		185
	B.2.1	Der Neumann-Filter	185
B.3	Zusammenfassung		187
C	**Lösungen zu den Übungen**		**189**
Literatur			**211**
Index			**219**

1 Elektronisches Bargeld, ein erstes Beispiel

Auch im Zeitalter des bargeldlosen Bezahlens besitzt das klassische Bargeld durchaus noch seine Berechtigung. Es ermöglicht eine einfache, schnelle, unverbindliche und kostengünstige Abwicklung des Bezahlvorgangs. Bei hohen Beträgen wird Bargeld wegen des Verlust- und Diebstahlrisikos selten verwendet. Hier bietet der bargeldlose Zahlungsverkehr klare Vorteile. Wegen der Abwicklung über eine Bank oder ein Kreditkarteninstitut und der damit verbundenen Dokumentation kann ein derartiger Bezahlvorgang später geprüft und rekonstruiert werden, z. B. anhand eines Kontoauszuges.

Eine neue Problemstellung ergibt sich im Electronic Commerce, das heißt beim Bezahlen von Waren, Dienstleistungen oder Informationen, die im Internet angeboten werden. Die Kosten für viele dieser Dienste bewegen sich im Bereich von wenigen Cent (Micro-Payment). Daher ist eine bargeldlose Transaktion wie zum Beispiel eine Überweisung oder die Belastung einer Kreditkarte unrentabel. Auch möchte der Kunde für die einmalige oder seltene Nutzung eines Dienstes eventuell keine persönlichen Daten oder Kontodaten angeben. Hierzu bietet sich das Bezahlen mit elektronischen Münzen an. Der Bezahlvorgang besteht nur aus dem Übertragen von einigen elektronischen Münzen, das heißt Bitfolgen zwischen Kunde und Händler. Wie beim klassischen Bargeld werden zwischen den beiden Partnern Objekte – nämlich elektronische Münzen – ausgetauscht. Gegebenenfalls wird auch Wechselgeld zurückgegeben, allerdings werden Kunde und Händler damit nicht belastet. Wie beim klassischen Bargeld sollte das Bezahlen anonym erfolgen, gleichzeitig aber sicher gegen Betrug sein.

Das Bezahlen mit elektronischen Münzen effizient und sicher zu gestalten, ist eine Aufgabe der modernen Kryptographie. Anhand einiger einfacher Ideen soll nun exemplarisch gezeigt werden, wie die im Buch beschriebenen kryptographischen Protokolle und Algorithmen hierzu verwendet werden. Die technischen Details folgen dann in Kapitel 9, wenn die Voraussetzungen dafür geschaffen sind. Bevor wir uns jedoch auf den faszinierenden, nicht immer ganz einfachen Weg zum Verständnis dieser Techniken machen, wollen wir am Beispiel des elektronischen Bargeldes ohne Theorie einen ersten Eindruck von den teilweise genialen Protokollen und der Mächtigkeit der modernen Kryptographie vermitteln.

Wir werden schrittweise ein Protokoll mit interessanten Eigenschaften vorstellen. Es wurde von David Chaum, dem Gründer der holländischen Firma Digicash entwickelt [Cha85, Cha92] und patentiert.

Die an dem Verfahren beteiligte Bank nennen wir E-Bank und als Zahlungsmittel werden E-Münzen benutzt. Eine solche E-Münze besteht letztlich aus einer (endlichen) Folge von

Bytes, analog zu einem Geldschein, der ein spezielles Stück bedrucktes Papier darstellt. Wir versuchen's zuerst mal ganz naiv:

Protokoll Nr. 1

Die E-Bank erzeugt auf ihrem PC eine Datei mit dem Inhalt: „E-Münze, Wert: 5 €", wie in Bild 1.1 dargestellt. Dies führt natürlich sofort zur Inflation, wenn die Kunden den Betrag ihrer E-Münzen beliebig ändern.

Protokoll Nr. 2

Wenn die E-Bank jedoch die E-Münze mit einer Unterschrift versieht, die nur sie und kein anderer erstellen kann, so kann der Kunde, der die Münze auf seinem Rechner speichert, den Betrag nicht mehr abändern. Falls er das versucht, wird die digitale Signatur der Bank ungültig.[1] Er kann jedoch immer noch betrügen, indem er einfach beliebig viele Kopien der E-Münze erzeugt (Bild 1.1). Dies wird verhindert durch Protokoll Nr. 3.

Protokoll Nr. 3

Wie in Bild 1.1 dargestellt, vergibt die Bank nun für jede Münze eine eindeutige Seriennummer und signiert den gesamten Text bestehend aus Betrag und Seriennummer[2]. Versucht nun jemand, Kopien einer derartigen Münze herzustellen, so wird der Betrug erkannt. Die E-Bank protokolliert nämlich in einer zentralen Datenbank alle eingegangenen Seriennummern und sobald mindestens zwei Münzen mit der gleichen Seriennummer zur E-Bank zurückkommen werden Hausdetektiv und Staatsanwalt benachrichtigt.

Dieses Protokoll ist sicher, denn jeder Betrug wird erkannt. Es hat aber noch eine Schwäche. Die Anonymität ist nicht gewährleistet, denn die Bank kann aufgrund der Seriennummern ein perfektes Profil jedes Kunden erstellen (siehe Bild 1.2). Das Problem wird offensichtlich durch die Seriennummern verursacht, auf die wir jedoch aus Sicherheitsgründen nicht verzichten können.

Protokoll Nr. 4

Den Ausweg aus dem Dilemma lieferte David Chaum [Cha85] mit den von ihm erfundenen *blinden Signaturen*. Wie in Bild 1.1 dargestellt, erzeugt nun der Kunde seine E-Münzen selbst. Um eine gültige 5-€-E-Münze zu erhalten, generiert sein PC hundert Dateien, in die jeweils der Text „5 €" sowie eine große zufällig erzeugte Seriennummer geschrieben werden. Die Seriennummer muss so groß sein, dass die Wahrscheinlichkeit für das zufällige Erzeugen von zwei gleichen Nummern (weltweit) sehr klein ist. Nun bittet er die Bank, eine dieser hundert Münzen blind, das heißt ohne Erkennen von Betrag und Seriennummer, zu signieren. Die Bank wird natürlich nur dann blind signieren, wenn sie sicher ist, dass der Betrag auf der Münze wirklich 5 € ist. Daher wählt sie zufällig 99 der 100 Münzen,

---

[1] Dies ist ganz analog zu einem unterschriebenen Vertrag, der nicht mehr abgeändert werden *darf*. Bei digitalen Unterschriften ist das Ändern jedoch nicht mehr *möglich*.

[2] In realen Implementierungen wird die Bank weitere Informationen, wie z. B. den Namen der Bank und das Datum, auf der E-Münze speichern. Wir beschränken uns hier jedoch auf die zum Verständnis wesentlichen Daten.

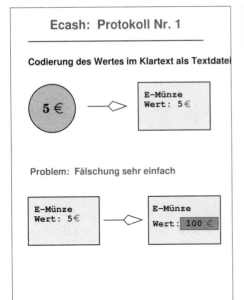
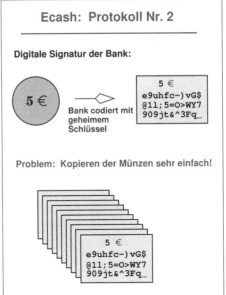
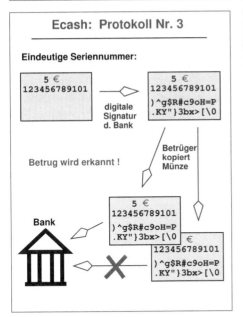
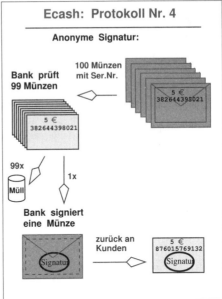

BILD 1.1 Protokolle zum Erzeugen einer E-Münze

die der Kunde auspacken und offenlegen muss. Falls der Betrag 99 mal stimmt, signiert die Bank die letzte Münze blind. Das hierzu benutzte Verfahren verwendet zahlentheoretische Eigenschaften von asymmetrischer Verschlüsselung, die in Kapitel 9 beschrieben werden. Daher beschreiben wir hier das Verfahren nur grob in Analogie zu Geldscheinen aus bedrucktem Papier.

Seriennummer	Ausgabe	Kunde	Kto.-Nr.	Händler	Rücklauf	Betrag
123456789101	12.2.2001	Maier	7654321	Otto Versand	14.2.2001	50 €
123456789102	12.2.2001	Maier	7654321	Otto Versand	14.2.2001	20 €
123456789103	12.2.2001	Maier	7654321	Otto Versand	14.2.2001	8 €
123456789104	12.2.2001	Maier	7654321	Otto Versand	14.2.2001	0,90 €
123456789105	12.2.2001	Maier	7654321	amazon.de	17.2.2001	20 €
123456789106	12.2.2001	Maier	7654321	amazon.de	17.2.2001	2 €
123456789107	15.2.2001	Huber	0054322	Frisör Kurz	15.2.2001	20 €
123456789108	15.2.2001	Huber	0054322	Frisör Kurz	15.2.2001	20 €
123456789109	15.2.2001	Huber	0054322	Frisör Kurz	15.2.2001	5 €
123456789110	15.2.2001	Huber	0054322	Frisör Kurz	15.2.2001	1 €
123456789111	15.2.2001	Huber	0054322	Tankst. Sprit	16.2.2001	100 €
123456789112	15.2.2001	Huber	0054322	Tankst. Sprit	16.2.2001	2 €
123456789113	15.2.2001	Huber	0054322	Tankst. Sprit	16.2.2001	2 €
⋮	⋮	⋮	⋮	⋮	⋮	⋮

BILD 1.2 Beispiel einer möglichen Datenbank von Transaktionen der Kunden der E-Bank

Der Kunde erstellt also 100 Fünfeuroscheine mit Betrag und Seriennummer, packt jeden in einen eigenen Umschlag und legt in den Umschlag über den Geldschein ein Kohlepapier. Die Bank signiert nun den von ihr ausgewählten Geldschein blind, indem sie ihren Stempel aus dem Tresor holt und den Geldschein durch den Umschlag stempelt. Das Kohlepapier hinterlässt auf dem Schein dann den Stempelabdruck. Der Kunde erhält den signierten (gestempelten) Geldschein zurück, packt ihn aus und kann nun damit einkaufen gehen, ohne dass die Bank eine Chance hat, seine Einkäufe zu überwachen. Der Kunde oder auch der Händler kann versuchen, die gültige Münze zu kopieren. Die Bank wird jedoch den Betrug erkennen, weil sie die Seriennummern aller eingehenden Münzen mit den schon eingegangenen in ihrer Datenbank vergleicht. Das Protokoll ist nun also anonym und sicher zugleich.

Ein kleines Problem bleibt jedoch noch zu lösen. Versucht nämlich der Kunde oder der Händler Betrug durch Kopieren der E-Münze, so weiß die Bank zwar, dass der Betrug versucht wurde. Sie weiß jedoch nicht, wer der Betrüger war. David Chaum hat aber auch dieses Problem durch eine elegante Verfeinerung des Protokolls gelöst, die jedoch erst in Kapitel 9 beschrieben werden kann. Hier sei nur so viel verraten: Kopiert der Kunde den Geldschein, so legt die Bank beide eingegangenen Geldscheine übereinander, hält sie gegen das Licht und kann nun den Namen des Betrügers lesen. Ein Geldschein alleine verrät jedoch nichts über die Identität seines Erzeugers.

 Übungen

Aufgabe 1.1

a) Ein Betrüger möchte eine Bank, die Protokoll Nr. 4 benutzt, dazu bringen, blind eine 100-€-Münze zu signieren, seinem Konto aber nur einen Euro zu belasten.

Dazu erzeugt er 99 Münzen vom Wert 1 € und eine 100-€-Münze. Wie groß ist die Wahrscheinlichkeit dafür, dass die Bank blind die 100-€-Münze signiert?

b) Wie kann die Bank verhindern, dass der Kunde einen Betrugsversuch unternimmt?

Aufgabe 1.2

Wie viele Bit muss die zufällig generierte Seriennummer einer E-Münze lang sein, damit die Wahrscheinlichkeit für eine zufällige Übereinstimmung von zwei Nummern kleiner ist als die Wahrscheinlichkeit, bei zwei aufeinander folgenden Ziehungen im Lotto (6 aus 49) sechs Richtige zu tippen? Tipp: Berechnen Sie zuerst die Wahrscheinlichkeit, mit einer zufällig erzeugten Seriennummer eine vorgegebene Zahl fester Länge zu treffen. Bestimmen Sie dann deren Länge n. In Abschnitt 6.1.2 wird gezeigt, dass die Seriennummer doppelt so lang (d. h. $2n$) sein muss, um eine gleich geringe Wahrscheinlichkeit für eine zufällige Übereinstimmung von zwei beliebigen Nummern zu erreichen.

2 Grundlagen

2.1 Terminologie

Wie jede Wissenschaft besitzt auch die Kryptographie eine eigene Sprache, deren wichtigste Vokabeln hier kurz vorgestellt werden. Die Begriffe Kryptographie und Kryptologie werden in der Literatur unterschiedlich definiert. Am gebräuchlichsten ist folgende Einteilung: **Kryptographie** wird verstanden als die Lehre der Absicherung von Nachrichten durch Verschlüsseln. **Kryptanalyse** ist die Kunst, Chiffretext aufzubrechen, d. h. den Klartext zu reproduzieren, ohne Kenntnis des Schlüssels. **Kryptologie** vereinigt Kryptographie und Kryptanalyse.

Bei der **Steganographie** werden geheime Nachrichten nicht verschlüsselt, sondern versteckt. Historisches Beispiel hierfür sind unsichtbare Geheimtinten, die später durch Erwärmen sichtbargemacht werden können. Heute werden digitale Daten in den niederwertigen Bits der Farbinformation von digitalen Bildern versteckt. Auch Audiodateien eignen sich aufgrund ihres Rauschens für die Steganographie. Wegen der geringen praktischen Bedeutung wird hier nicht auf die verwendeten Techniken eingegangen.

Ein **Alphabet** A ist eine endliche Menge von Zeichen. $n = |A|$ ist die Mächtigkeit des Alphabets. Der lesbare Text einer Nachricht (message) wird **Klartext** (plaintext) genannt und mit M bezeichnet. Er wird als Zeichenkette über dem Alphabet A gebildet. Zum Beispiel sind aaa und $abcabbb$ Klartexte über $\{a,b,c\}$. **Geheimtexte** oder **Chiffretexte** sind Zeichenketten über dem gleichen Alphabet A oder einem anderen Alphabet. Auch die **Schlüssel** sind Zeichenketten.

Verschlüsselung oder Chiffrierung bezeichnet das Verfahren, um eine Nachricht unverständlich zu machen. Die **Chiffre** E (encryption) ist eine invertierbare, d. h. eine umkehrbare Abbildung, welche aus dem Klartext M und einem Schlüssel K den Geheimtext C (ciphertext) erzeugt. Voraussetzung für die Umkehrbarkeit einer Abbildung ist die Injektivität[1]. Die Umkehrung von E zur Wiederherstellung des Klartextes wird **Entschlüsselung** genannt und mit D (decryption) bezeichnet.

Entsprechend dieser Definitionen gilt $E(M) = C$ und $D(C) = M$, woraus

$$D(E(M)) = M$$

folgt, denn nach dem Entschlüsseln eines Chiffretextes sollte der Klartext zum Vorschein kommen. Praktisch alle kryptographischen Verfahren haben die Aufgabe, eine der folgenden vier Eigenschaften von Nachrichten zu gewährleisten.

---

[1] Eine Abbildung $f: D \to B$ heißt injektiv, wenn für jedes Paar $x_1, x_2 \in D$ gilt: $x_1 \neq x_2 \Rightarrow f(x_1) \neq f(x_2)$, d. h. zwei verschiedene Zahlen werden durch f nie auf den gleichen Wert abgebildet.

Geheimhaltung: Ziel der Geheimhaltung ist es, das Lesen einer Nachricht für Unbefugte unmöglich bzw. schwierig zu machen.

Authentifizierung oder Authentifikation: Identitätsbeweis des Senders einer Nachricht gegenüber dem Empfänger, d. h. der Empfänger kann sicher sein, dass die Nachricht nicht von einem anderen (unbefugten) Absender stammt.

Integrität: Die Nachricht darf während der Übermittlung nicht (von Unbefugten) verändert werden. Sie bewahrt ihre Integrität, das heißt ihre Unverletztheit.

Verbindlichkeit: Der Sender kann später nicht leugnen, eine Nachricht abgeschickt zu haben.

■ 2.2 Kryptographische Algorithmen

Kryptographische Algorithmen sind Berechnungsvorschriften, d. h. mathematische Funktionen zur Ver- und Entschlüsselung. Bei **symmetrischen Algorithmen** wird zum Chiffrieren und zum Dechiffrieren immer der gleiche Schlüssel K benutzt und es gilt

$$E_K(M) = C$$
$$D_K(C) = M$$
$$D_K(E_K(M)) = M.$$

Bei **asymmetrischen Algorithmen** wird zum Chiffrieren ein Schlüssel K_1 und zum Dechiffrieren ein anderer Schlüssel K_2 benutzt und es gilt:

$$E_{K_1}(M) = C$$
$$D_{K_2}(C) = M$$
$$D_{K_2}(E_{K_1}(M)) = M.$$

Man unterscheidet bei kryptographischen Algorithmen zwischen **Stromchiffren** und **Blockchiffren**. Bei Stromchiffren wird ein Zeichen nach dem anderen verschlüsselt. Bei Blockchiffren wird die Nachricht in Blöcke (z. B. der Länge 64 Bit) zerteilt und dann ein Block nach dem anderen verschlüsselt. Die Vereinigung von Algorithmus, zugehörigen Schlüsseln und den verschlüsselten Nachrichten wird **Kryptosystem** genannt.

Früher wurden so genannte **eingeschränkte Algorithmen** benutzt. Bei diesen hängt die Sicherheit davon ab, ob die Arbeitsweise des Algorithmus geheim ist. Die Geheimhaltung eines Algorithmus hat folgende schwerwiegenden Nachteile beim praktischen Einsatz:

- Verlässt eine Person eine Benutzergruppe (z. B. eine Firma), dann muss der Algorithmus geändert werden.
- Auch wenn der Quellcode der Programme nicht öffentlich bekannt ist, kann ein Angreifer aus den Maschinenprogrammen die Algorithmen rekonstruieren. Eingeschränkte Algorithmen können daher nicht an Dritte weitergegeben werden. Sie wären dann wertlos.
- Qualitätskontrolle von eingeschränkten Algorithmen findet in den meisten Fällen nicht in ausreichendem Maße statt, da die entwickelte Software nicht der Kritik und den Angriffen der Öffentlichkeit standhalten muss.

Heute werden Algorithmen mit **Schlüssel** benutzt. Der Schlüssel ist meist eine natürliche Zahl, dargestellt im Binärsystem, d. h. als Folge von Bits. Der Algorithmus ist idealerweise allgemein bekannt und nur der zugehörige Schlüssel muss geheim gehalten werden. Dieses Vorgehen wurde schon im 19. Jahrhundert von A. Kerkhoffs [Kah67] gefordert:

> Die Sicherheit eines Verschlüsselungsverfahrens darf nur von der Geheimhaltung des Schlüssels abhängen, nicht jedoch von der Geheimhaltung des Algorithmus.

Kerkhoffs forderte damit, dass die Sicherheit eines Algorithmus nicht darunter leiden darf, dass er veröffentlicht wird. Die aktuelle Praxis in der Kryptographie zeigt deutlich, dass durch möglichst frühzeitige Offenlegung der Algorithmen die Sicherheit eines Kryptosystems erheblich größer wird. Denn sobald ein Algorithmus publiziert ist, muss er den Attacken der Experten standhalten, d. h. er muss sich bewähren. Sind über einen langen Zeitraum alle Attacken erfolglos, so stärkt dies das Vertrauen der Benutzer in die Sicherheit des Algorithmus. Diese Methodik der Entwicklung moderner Algorithmen ist ein wichtiger Bestandteil der so genannten **starken Kryptographie**.

In der Geschichte der Kryptographie gibt es viele Beispiele für die Verletzung von Kerkhoffs' Prinzip, was zu teilweise dramatischen Sicherheitslücken führte. Zwei Beispiele aus dem Jahr 1999 zeigen, dass selbst namhafte Firmen das Kerkhoffs-Prinzip nicht beachten. Im Online-Magazin der Zeitschrift c't vom 7.12.99[2] war folgender Text zu lesen:

Handy-Verschlüsselung angeblich geknackt

Die beiden israelischen Kryptologen Alex Biryukov und Adi Shamir haben Medienberichten zufolge den Verschlüsselungsalgorithmus geknackt, der GSM-Handy-Telefonate auf der Funkstrecke zur Mobiltelefon-Basisstation schützt. ...

Eines zeigen die Vorfälle um die GSM-Verschlüsselungsalgorithmen A5/1 und A5/2 aber schon jetzt deutlich: *Der Versuch, Krypto-Verfahren geheim zu halten, dient nicht der Sicherheit.* Das hat anscheinend auch die GSM-Association gelernt: Ihr Sicherheitsdirektor James Moran äusserte dem Online-Magazin Wired gegenüber, dass man künftige Algorithmen von vorneherein offenlegen will, um der Fachwelt eine Prüfung zu ermöglichen. (nl/c't)

Eine Woche später, nämlich am 15.12.99[3] erschien an gleicher Stelle die nächste Meldung zu diesem Thema:

Netscape verschlüsselt Passwörter unzureichend

Der Netscape Navigator legt Passwörter für den Zugriff auf E-Mail-Server nur unzureichend verschlüsselt ab. Zwei Mitarbeiter des US-Softwarehauses Reliable Software Technologies (RST) brauchten lediglich acht Stunden, um den Algorithmus zu knacken. ...

Der Algorithmus zerhacke die Passwörter zwar, es handle sich jedoch um *keine starke Verschlüsselung*, so Gary McGraw von RST. Durch die Eingabe einfacher Passwörter wie „a", „b" und so weiter sei man relativ schnell dahinter gekommen.

...

Der US-Sicherheitsexperte Bruce Schneier wertet die Entdeckung als weiteres Beispiel dafür, *wie schädlich proprietäre Verschlüsselungsverfahren sein können*. (ad[2]/c't)

---

[2] Siehe http://www.heise.de/newsticker/data/nl-07.12.99-000/
[3] Siehe http://www.heise.de/newsticker/data/ad-15.12.99-001/

Ein weiteres aktuelles Beispiel betrifft das Verschlüsselungsprotokoll WEP (Wired Equivalent Privacy), das bei Funk-Netzwerken nach dem Standard IEEE802.11 verwendet wird. Die Autoren von [BGW01] schreiben

Conclusions

Wired Equivalent Privacy (WEP) isn't. The protocol's problems is a result of misunderstanding of some cryptographic primitives and therefore combining them in insecure ways. These attacks point to *the importance of inviting public review* from people with expertise in cryptographic protocol design; had this been done, the problems stated here would have surely been avoided.

Diese drei Meldungen sprechen für sich und bedürfen keines weiteren Kommentars.

■ 2.3 Kryptographische Protokolle

Ein kryptographischer Algorithmus zum Verschlüsseln kann auf vielfältige Art und Weise in unterschiedlichen Anwendungen eingesetzt werden. Damit eine Anwendung immer in der gleichen und korrekten Art abläuft, werden kryptographische Protokolle definiert.

Im Gegensatz zu den kryptographischen Algorithmen handelt es sich bei den Protokollen um Verfahren zur Steuerung des Ablaufs von Transaktionen für bestimmte Anwendungen, wie zum Beispiel das in Kapitel 1 vorgestellte Protokoll für elektronisches Bargeld.

■ 2.4 Public-Key-Algorithmen

Wollen zwei Parteien über einen unsicheren Kanal mit einem symmetrischen Algorithmus geheime Nachrichten austauschen, so müssen sie einen geheimen Schlüssel vereinbaren. Wenn sie nur über einen unsicheren Kanal verfügen, sind sie mit dem Schlüsseltauschproblem (Kapitel 5) konfrontiert.

Erst Mitte der 70er Jahre wurde mit der Erfindung der Public-Key-Kryptographie eine befriedigende Lösung gefunden. Sie kam genau zum richtigen Zeitpunkt, um für eine sichere Kommunikation im Internet den Grundstein zu legen. Systeme wie zum Beispiel PGP [Zim95a] (Kapitel 8.1) zum Verschlüsseln von E-Mails wären undenkbar ohne Public-Key-Algorithmen.

Vor der Erfindung der Public-Key-Algorithmen beschränkte sich das Verschlüsseln von Nachrichten auf spezielle, zum Beispiel militärische Anwendungen, bei denen der hohe Aufwand für den Schlüsseltausch gerechtfertigt war. Mit Hilfe der Public-Key-Kryptographie kann nun jedermann mit beliebigen Partnern geheime Nachrichten austauschen, Dokumente signieren und viele andere kryptographische Anwendungen wie zum Beispiel elektronisches Bargeld nutzen.

Algorithmen mit öffentlichem Schlüssel sind asymmetrische Algorithmen, die einen geheimen Schlüssel S (secret key) sowie einen öffentlichen Schlüssel P (public key) benutzen, deren Arbeitsweise und Sicherheit in Kapitel 5 ausführlich untersucht wird.

Die Idee der Public-Key-Kryptographie ist in Bild 2.1 dargestellt. Wenn Bob[4] geheime Botschaften empfangen möchte, so erzeugt er einen öffentlichen Schlüssel P_B, den er all seinen Kommunikationspartnern zukommen lässt und einen geheimen Schlüssel S_B, den er sicher verwahrt.[5]

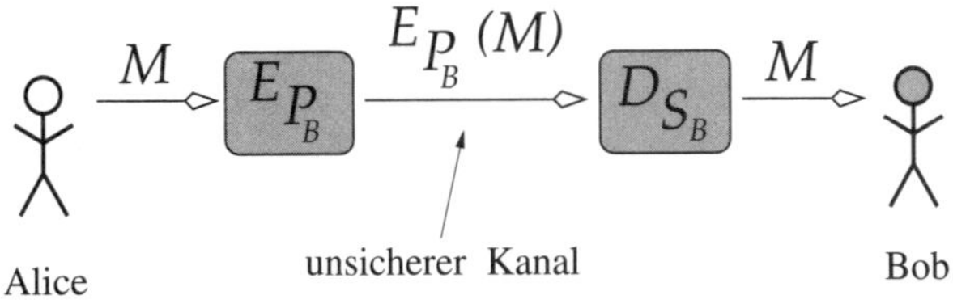

BILD 2.1 Austausch einer Nachricht mit einem Public-Key-Verfahren. Es werden öffentlicher Schlüssel P_B und geheimer Schlüssel S_B von Bob benutzt.

Will nun Alice eine geheime Nachricht an Bob schicken, so benutzt sie zum Verschlüsseln den öffentlichen Schlüssel P_B von Bob. Dieser dechiffriert die Nachricht dann mit seinem geheimen Schlüssel S_B. Zum Verschlüsseln wird nur der öffentliche Schlüssel benötigt. Mit ihm kann also jedermann eine verschlüsselte Nachricht an Bob schicken, aber nur Bob kann sie mit seinem geheimen Schlüssel lesen. Dieses Prinzip entspricht der Funktion vieler Wohnungstüren, bei denen das Schloss verriegelt, sobald die Türe geschlossen wird. Jedermann kann die Türe schließen. Das Öffnen von außen ist dagegen nur für den Besitzer des Schlüssels möglich.

Damit Bob auch tatsächlich den Original-Klartext liest, muss gelten:

$$E_{P_B}(M) = C$$
$$D_{S_B}(C) = M$$
$$D_{S_B}\left(E_{P_B}(M)\right) = M.$$

Beim Signieren eines Dokumentes M geht man umgekehrt vor wie beim Verschlüsseln. Im Prinzip verschlüsselt Alice das Dokument mit ihrem geheimen Schlüssel und hängt das Resultat als Signatur an das Dokument an. Wenn nun am Dokument oder an der Signatur auch nur ein Bit geändert wird, ist die Signatur ungültig (Kapitel 6).

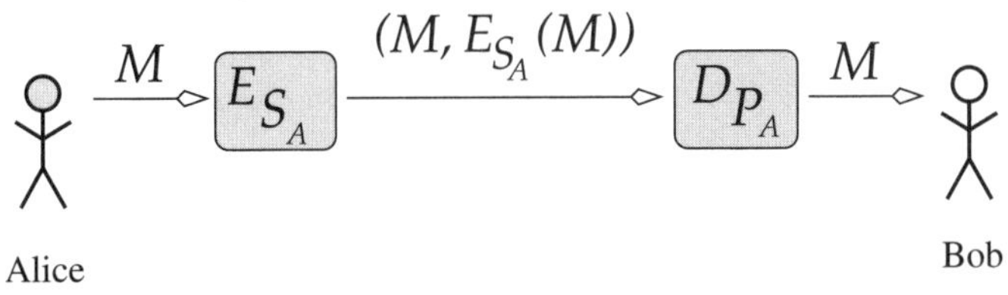

BILD 2.2 Alice signiert ein Dokument M mit ihrem geheimen Schlüssel S_A und Bob prüft die Signatur mit Alices öffentlichem Schlüssel P_A.

---

[4] „Alice" und „Bob" als Kommunikationspartner sind Bestandteil der kryptographischen Fachsprache.
[5] Zur Vermeidung von Missverständnissen sei hier schon bemerkt, dass der Empfänger eines öffentlichen Schlüssels P_B immer dessen Authentizität überprüfen muss (Kapitel 7).

Für die Sicherheit von Signatur und Verschlüsselung ist es sehr wichtig, dass es praktisch unmöglich ist, aus einem öffentlichen Schlüssel P_A den zugehörigen geheimen Schlüssel S_A zu berechnen (Kapitel 5).

■ 2.5 Kryptanalyse

Das Aufbrechen oder Knacken eines Kryptosystems lässt sich in verschiedene Kategorien einteilen. Beim **vollständigen Aufbrechen** wird der Schlüssel K gefunden und mit $D_K(C) = M$ kann jede Nachricht entschlüsselt werden. Das Finden eines zu D_K äquivalenten alternativen Algorithmus ohne Kenntnis des Schlüssels wird **globale Deduktion** genannt. Das Finden des Klartextes für nur einen abgefangenen Chiffretext wird **lokale Deduktion** genannt. Noch schwächer ist die **Informationsdeduktion**, bei der nur eingeschränkte Informationen über den Schlüssel oder den Klartext ermittelt werden können.

Es gibt verschiedene Arten von kryptanalytischen **Angriffen** auf ein Kryptosystem, von denen die wichtigsten hier erwähnt seien:

Ciphertext-Only-Angriff: Der Kryptanalytiker verfügt nur über eine bestimmte Menge Chiffretext.

Known-Plaintext-Angriff: Der Kryptanalytiker kennt zusätzlich den zum Chiffretext gehörenden Klartext.

Chosen-Plaintext-Angriff: Der Kryptanalytiker kann einen beliebigen Klartext vorgeben und hat eine Möglichkeit zu diesem vorgegebenen Text an den Chiffretext zu gelangen. Ein Chosen-Plaintext-Angriff ist beispielsweise möglich zum Knacken von Public-Key-Systemen, denn mit dem öffentlichen Schlüssel kann ein Angreifer jeden beliebigen Klartext verschlüsseln.

Chosen-Ciphertext-Angriff: Der Kryptanalytiker kann einen beliebigen Chiffretext vorgeben und hat eine Möglichkeit, an den zugehörigen Klartext zu gelangen.

Angriff mit Gewalt: Der Kryptanalytiker bedroht oder foltert eine Person mit Zugang zum Schlüssel.

Angriff mit gekauftem Schlüssel: Der Schlüssel wird mittels Bestechung „gekauft".

Die beiden letztgenannten Angriffe sind sehr wirkungsvoll und gerade bei den Verfahren der starken Kryptographie für den Angreifer oft der einzige Weg zum Schlüssel. Aus diesem Grund gilt:

 Bei den Verfahren der starken Kryptographie stellt meist der Mensch als Besitzer des Schlüssels die größte Sicherheitslücke dar.

Ein Angriff, bei dem alle möglichen Schlüssel ausprobiert werden, wird **Brute-Force-Angriff** (Angriff mit Brachialgewalt) genannt. Bei einem Ciphertext-Only-Angriff probiert man (normalerweise der Computer) so lange, bis der berechnete Klartext Sinn macht. Dies zu überprüfen kann unter Umständen nicht ganz einfach sein. Bei einem Known-Plaintext-Angriff verschlüsselt man so lange die Klartexte bis der berechnete Chiffretext mit dem bekannten Chiffretext übereinstimmt. Mit einem Brute-Force-Angriff lassen sich – bei entsprechend hohem Aufwand – fast alle Kryptosysteme knacken. Trotzdem besteht kein Grund zur Besorgnis, denn der für einen erfolgreichen Brute-Force-Angriff nötige Aufwand lässt sich durch Wahl eines langen Schlüssels beliebig hoch treiben (siehe Abschnitt 2.6). Für die Beurteilung der benötigten Schlüssellänge ist folgende Definition sehr hilfreich.

Definition 2.1

Ein Algorithmus gilt als **sicher**, wenn

- der zum Aufbrechen nötige Geldaufwand den Wert der verschlüsselten Daten übersteigt oder
- die zum Knacken erforderliche Zeit größer ist als die Zeit, die die Daten geheim bleiben müssen, oder
- das mit einem bestimmten Schlüssel chiffrierte Datenvolumen kleiner ist als die zum Knacken erforderliche Datenmenge.

Ein Algorithmus ist **uneingeschränkt sicher**, wenn der Klartext auch dann nicht ermittelt werden kann, wenn Chiffretext in beliebigem Umfang vorhanden ist.

In Abschnitt 3.8 werden wir einen uneingeschränkt sicheren Algorithmus kennen lernen.

Zur Beurteilung des Aufwands für einen Angriff sollten drei Größen berechnet werden. Das in den meisten Fällen wichtigste Maß ist die **Berechnungskomplexität**, das heißt die Rechenzeit in Abhängigkeit von der Schlüssellänge. Weitere Kriterien sind der **Speicherplatzbedarf** sowie die **Datenkomplexität**, welche die Menge der benötigten Eingabedaten (z. B. des abgehörten Chiffretextes) angibt.

2.6 Sicherheit von Schlüsseln

Die Sicherheit aller kryptographischen Verfahren basiert im Wesentlichen auf der Schwierigkeit, einen geheimen Schlüssel zu erraten oder ihn auf anderem Wege zu beschaffen. Es ist durchaus möglich, einen Schlüssel zu erraten, wenn auch die Wahrscheinlichkeit mit wachsender Schlüssellänge sehr klein wird.

Absolute Sicherheit gibt es in der Kryptographie nicht. Jedoch gibt es in unserer Welt an keiner Stelle absolute Sicherheit. Auch das in Fort Knox deponierte Gold kann mit entsprechendem Aufwand gestohlen werden. Trotzdem ist es sicher genug verwahrt. Dass auch die in der Kryptographie benutzten Schlüssel „sicher genug" sind, sollen die folgenden Beispiele zeigen. Der Einfachheit halber beschränken wir uns hier auf Brute-Force-Angriffe.[6]

Zuerst beurteilen wir die Sicherheit der beiden in Bild 2.3 dargestellten Schlüssel. Der linke, ein so genannter Schubschlüssel, hat an sechs Positionen eine Ausfräsung oder keine. Das ergibt $2^6 = 64$ verschiedene Schließungen. Der Sicherheitsschlüssel rechts hat sechs

---

[6] Für die meisten Verschlüsselungsverfahren gibt es effektivere Angriffe, auf die wir später noch eingehen werden. Trotzdem bedeutet ein längerer Schlüssel mehr Sicherheit.

BILD 2.3 Einfacher Schubschlüssel und Sicherheitsschlüssel

Einkerbungen mit fünf möglichen Tiefen und zusätzlich noch sechs binäre Bohrungen, woraus sich $5^6 2^6 = 10^6 = 1\,000\,000$ verschiedene Schließungen ergeben. Für einen Brute-Force-Angriff mit sturem Probieren aller Schlüssel bis zum Erfolg würde ein Einbrecher bei dem Schubschloss etwa eine Minute benötigen, wenn man pro Schlüssel zwei Sekunden ansetzt, wobei er im Mittel nur etwa die Hälfte aller Schlüssel testen muss. Bei dem Sicherheitsschloss wäre der Einbrecher im Mittel etwa $1\,000\,000$ Sekunden, d. h. zwölf Tage beschäftigt, ganz zu schweigen von dem Aufwand für die Herstellung der Schlüssel und dem Transport von etwa 20 Tonnen Schlüssel. Sicherheitsschlösser kann man also als sicher bezüglich einem Brute-Force-Angriff bezeichnen. Man sollte jedoch bedenken, dass ein erfahrener Experte bei bestimmten Schließsystemen, allein durch das genaue Ansehen eines Schlüssels, dessen Code ablesen kann und damit in der Lage ist, den Schlüssel zu kopieren.

Starten wir nun mit einem digitalen 56 Bit langen Schlüssel, wie er zum Beispiel von DES (Abschnitt 4.1) benützt wird. Der Schlüsselraum hat die Größe $2^{56} \approx 7 \cdot 10^{16}$. Die beste bekannte Hardware-Implementierung von DES kann etwa $9 \cdot 10^{10}$ Schlüssel pro Sekunde testen, woraus sich eine mittlere Zeit von etwa $3.9 \cdot 10^5$ Sekunden ≈ 4.5 Tage ergibt. Bezüglich eines derartigen Brute-Force-Angriffs ist DES also nicht mehr sicher. Erhöhen wir die Schlüssellänge auf 100 Bit, so erhalten wir $2^{100} \approx 1.3 \cdot 10^{30}$ Schlüssel und die Zeit zum Knacken bei gleichen Annahmen liegt nun bei etwa $7 \cdot 10^{18}$ Sekunden $\approx 2 \cdot 10^{11}$ Jahre. Dies ist zwanzigmal länger als das Alter des Universums mit etwa 10^{10} Jahren.

Noch viel länger würde das sture Probieren bei einem Schlüssel der Länge 1024 Bit wie in Bild 2.4 dauern. Das Berechnen der genauen Zeit sei dem Leser als Übung überlassen.

```
0100001011011110101000111011000111111010100110011110010000011011101
0011111001010000011011000100011010001010010001101011011101101101 0010
0000011000100001001011101111000111110101000011110000110110100011 10000
0101010011101011011111101110111101101101100110001111000101111001 1100
0011111000100000011000101101011001011011110110011100011100110011010
1110110101101010100101010001000010101110010010001100000011000101101
0001101001111100011101000100001110010101000010100001010010000111111
0110010100001000101000010111001000000011000100111101000101011100 01001
0010101101111100010111101010010101110000100010011010110010011110 1111
00010001011110100001000010001001101101111100011101110000100010100 111
1000011011100111100010011110010111011101101101110001110101001111 011
1100101011011100011001011011010110000100101010110001011101010010001
0000011010011011100010000011010000000001111110011011000100110101 000001
0011111010011000101010100111111110101100011111100101100111011110 1010
110111110101001100011100011000101010000100000001 00101011
```

BILD 2.4 Einer der 2^{1024} Schlüssel mit 1024 Bit

Hier erkennt man deutlich, dass entsprechend Definition 2.1 ein digitaler Schlüssel jede erdenkliche Sicherheitsstufe erreichen kann, wenn man ihn nur lang genug macht. Mit anderen Worten:

Der **Schlüsselraum**, d. h. die Menge, aus der ein Schlüssel gewählt wird, sollte möglichst groß sein. Er sollte mindestens so groß sein, dass der Aufwand für einen Angriff unakzeptabel hoch wird.

Obwohl ein Schlüssel mit 100 Bit ausreichende Sicherheit gegen einen Brute-Force-Angriff bietet, werden bei den Public-Key-Algorithmen heute tatsächlich Schlüssel mit 1024 Bit eingesetzt, denn es gibt effektive Angriffe, die eine derart große Schlüssellänge erfordern (Kapitel 5). Ähnliches gilt für fast alle Algorithmen. Daher ist es wichtig, ein möglichst gutes mathematisches Modell für die benutzten Algorithmen zu haben, um den Aufwand für diverse Angriffe abschätzen zu können.

 Übungen

Aufgabe 2.1

Berechnen Sie die mittlere Zeit für das Knacken des 1024-Bit-Schlüssels einer 1024-Bit-Blockchiffre mit einem Brute-Force-Angriff unter der Annahme, dass Sie einen Block von 1024 Bit im Klartext und im Chiffretext vorliegen haben. Nehmen Sie an, Sie haben Zugriff auf einen Rechner, der pro Sekunde 1 Megabit verschlüsseln kann.

Aufgabe 2.2

Überlegen Sie sich ein Beispiel für eine nicht injektive Funktion zum Verschlüsseln eines Textes. Welches Problem ergibt sich?

Aufgabe 2.3

Gegeben sei folgende Chiffre C (ohne Schlüssel!), welche vom Alphabet $A = \{a,b,c\}$ auf das Alphabet $B = \{u,v,w,x,y,z\}$ abbildet. Die Vorschrift lautet

$$a \mapsto u \vee x, \quad b \mapsto v \vee y, \quad c \mapsto w \vee z,$$

wobei $a \mapsto u \vee x$ bedeutet, dass a zufällig entweder auf u oder x abgebildet wird. Es handelt sich hier übrigens um eine polyalphabetische Chiffre (siehe Definition 3.1).

a) Wie viele verschiedene Chiffretexte gibt es für *aabba*? Wie viele Klartexte sowie Chiffretexte der Länge k gibt es insgesamt?

b) Ist diese Abbildung umkehrbar? Wenn ja, geben Sie bitte die Dechiffrierfunktion an.

3 Klassische Chiffren

Als klassische Chiffren bezeichnet man alle bis etwa 1950 entwickelten und benutzten Verfahren. Von diesen werden hier nur diejenigen vorgestellt, die für das Verständnis der modernen Verfahren notwendig oder hilfreich sind. Etwas genauer gehen wir auf Technik und die Geschichte der legendären Chiffriermaschine Enigma ein. Für weitere Details sei der historisch interessierte Leser verwiesen auf [Bau00, Dew89, Kah67, Har95, Sin00].

Alle hier vorgestellten Chiffren arbeiten mit mathematischen Methoden auf einem endlichen Alphabet, denn jede Chiffriermaschine sowie auch jeder Computer kann nur eine feste endliche Menge von Zeichen darstellen. Nun ist aber zum Beispiel die Addition natürlicher Zahlen auf keiner endlichen Teilmenge abgeschlossen. Eine Chiffre, die Addition benutzt, würde manchmal undefinierte Werte liefern. Um dies zu verhindern wird, wie beim Teilen von ganzen Zahlen mit Rest, die modulare Arithmetik benutzt. Der damit nicht vertraute Leser findet im Anhang A die erforderlichen Grundlagen.

Definition 3.1

Bei einer **Transpositionschiffre** wird der Geheimtext durch eine Permutation der Klartextzeichen erzeugt. Die Zeichen bleiben gleich, tauschen aber ihre Plätze.

Bei einer **Substitutionschiffre** wird jedes Zeichen des Klartextes durch ein anderes ersetzt. Die Position bleibt jedoch gleich.

Eine Substitutionschiffre heißt **monoalphabetisch**, wenn jedes Klartextzeichen immer auf das gleiche Geheimtextzeichen abgebildet wird. Sie heißt **polyalphabetisch**, wenn sie nicht monoalphabetisch ist.

Über dem natürlichen Alphabet $(a, b, c, \ldots, z)$ gibt es $26! \approx 4 \cdot 10^{26}$ monoalphabetische Chiffren. Trotz dieser großen Zahl sind sie alle relativ leicht zu knacken. Beim Verschlüsseln von Binärdaten gibt es nur zwei monoalphabetische Chiffren, nämlich die Identität und die Negation aller Bits.

Eine einfache Klasse der Substitutionschiffren sind die Verschiebechiffren.

3.1 Verschiebechiffren

Julius Caesar (100 bis 44 v. Chr) hat seine geheimen Nachrichten mit der nach ihm benannten Chiffre verschlüsselt, indem er jedes Zeichen um drei Positionen im Alphabet verschob, was folgender Vorschrift entspricht:

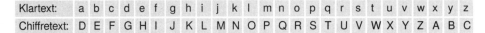

Zur besseren Unterscheidung werden hier wie auch im Rest dieses Kapitels alphabetische Klartextzeichen mit Kleinbuchstaben und Geheimtextzeichen mit Großbuchstaben bezeichnet.

> **Definition 3.2**
> Bei einer Verschiebechiffre wird jedes Klartextzeichen z durch ein um k Zeichen im Alphabet verschobenes Zeichen ersetzt. Bei einem Alphabet mit n Zeichen seien die Zeichen durchnummeriert von 0 bis $n-1$. Dann gilt für eine Verschiebechiffre:
>
> $$z \mapsto (z+k) \bmod n.$$

Verschiebechiffren sind sehr leicht zu knacken, indem man alle Verschiebungen systematisch durchprobiert, bis ein lesbarer Text entsteht. Ist das Alphabet zu groß zum Probieren, so bietet sich die statistische Analyse an. Die Häufigkeiten von Buchstaben in deutschen Texten variieren kaum. Dies benutzt man beim Abzählen der Häufigkeiten aller Buchstaben im Geheimtext, um diese dann mit den bekannten mittleren Häufigkeiten in deutschen Texten zu vergleichen (Tabelle 3.1).

TABELLE 3.1 Buchstabenhäufigkeiten der deutschen Sprache

Buchstabe	Häufigkeit [%]	Buchstabe	Häufigkeit [%]
a	6.51	n	9.78
b	1.89	o	2.51
c	3.06	p	0.79
d	5.08	q	0.02
e	17.40	r	7.00
f	1.66	s	7.27
g	3.01	t	6.15
h	4.76	u	4.35
i	7.55	v	0.67
j	0.27	w	1.89
k	1.21	x	0.03
l	3.44	y	0.04
m	2.53	z	1.13

Beispiel 3.1

Gegeben sei folgender Chiffretext:

GEIWEV LEX MQQIV YQ HVIM ZIVWGLSFIR

Die abgezählten Häufigkeiten aller Buchstaben im Chiffretext sind im oberen Teil von Tabelle 3.2 angegeben. *I* als häufigstes Zeichen führt zur Hypothese $e \mapsto I$. Für diese Hypothese sind im unteren Teil die zu erwartenden Klartexthäufigkeiten der deutschen Sprache angegeben. Man erkennt eine recht gute Übereinstimmung.

TABELLE 3.2 Abgezählte Buchstabenhäufigkeiten des Chiffretextes und die bei der Hypothese $e \mapsto I$ zu erwartenden Häufigkeiten im Vergleich

Geheimtext-Alph.:	E	F	G	H	I	L	M	Q	R	S	V	W	X	Y	Z
Häufigkeit:	3	1	2	1	5	2	2	3	1	1	4	2	1	1	1
Erwartungswerte falls $e \mapsto I$:	2.0	0.6	0.9	1.5	5.2	1.4	2.3	0.8	2.9	0.8	2.1	2.2	1.8	1.3	0.2
Klartext-Alphabet:	a	b	c	d	e	h	i	m	n	o	r	s	t	u	v

Außerdem erkennt man, dass die zehn häufigsten Buchstaben des Alphabets bei dieser Hypothese (Verschiebung um vier) alle im entschlüsselten Text vertreten sind. Der Klartext lautet:

caesar hat immer um drei verschoben

Man beachte, dass es sich hier um einen Ciphertext-Only-Angriff handelt, der noch dazu mit wenig Geheimtext auskommt. Die Datenkomplexität ist also minimal. Der Grund hierfür ist der sehr kleine Schlüsselraum mit einer Mächtigkeit von 26.

3.2 Multiplikative Chiffren

Definition 3.3

Bei einer multiplikativen Chiffre über dem Alphabet A wird jedes Klartextzeichen z mit einer Zahl $t \in \{0,\ldots,n\}$ multipliziert. t und $n = |A|$ müssen teilerfremd sein, d. h. es muss gelten ggT$(t,n) = 1$. Die Chiffriervorschrift lautet

$$z \mapsto (z \cdot t) \bmod n.$$

Wegen $(z \cdot t) \bmod n = (z \bmod n) \cdot (t \bmod n) \bmod n$ müssen für t nur Werte aus $\{0,\ldots,n-1\}$ betrachtet werden. Größere Werte von t liefern keine neuen Chiffren.

Beispiel 3.2

Wir betrachten zuerst das Beispiel einer Chiffre mit nicht erlaubtem Wert von t. Für $n = 26$ und $t = 2$ ergibt sich die Abbildung wie folgt

Klartext	a	b	c	d	...	l	m	n	o	...
z	0	1	2	3	...	11	12	13	14	...
2z mod 26	0	2	4	6	...	22	24	0	2	...
Geheimtext	**A**	**C**	**E**	**G**	...	**W**	**Y**	**A**	**C**	...

Man sieht, dass diese Chiffre nicht injektiv ist. Chiffretexte können nicht mehr eindeutig decodiert werden. Setzen wir jedoch $t = 3$, so ändert sich die Tabelle zu

z	0	1	2	3	4	5	6	7	8	9	10	11	12	13	14	15	16	17	18	19	20	21	22	23	24	25
3z mod 26	**0**	3	6	9	12	15	18	21	24	**1**	4	7	10	13	16	19	22	25	**2**	5	8	11	14	17	20	23

∎

Hier ist die eindeutige Entschlüsselung garantiert. Wir zeigen nun, dass dies kein Zufall ist, sondern für alle multiplikativen Chiffren (mit $\ggT(t, n) = 1$) gilt.

Satz 3.1

Zu jeder multiplikativen Chiffre E mit $\ggT(t,n) = 1$ gibt es eine multiplikative Dechiffrierfunktion D mit $D(E(z)) = z$ für alle $z \in A$.

∎

Beweis

Wegen $\ggT(t,n) = 1$ gibt es nach Satz A.8 ein $b \in \mathbb{Z}_n$ mit $t \cdot b \equiv 1 \mod n$. Dieses b ist also invers zu t modulo n und macht die Multiplikation mit t rückgängig. Also ist

$$D : z' \mapsto bz' \mod n$$

die Dechiffrierfunktion zu E, denn es gilt

$$D(E(z)) = (b(zt) \mod n) \mod n = ((bt) \mod n \cdot z) \mod n = (1z) \mod n = z.$$

∎

Überlegen wir uns nun, wie viele multiplikative Chiffren es in $\mathbb{Z}_{26}$ gibt. Wir zählen einfach alle möglichen Schlüssel t mit $\ggT(t, 26) = 1$ und $t < 26$ auf: 1, 3, 5, 7, 9, 11, 15, 17, 19, 21, 23, 25. Es gibt nur zwölf multiplikative Chiffren bei einem Alphabet mit 26 Zeichen. Der Schlüsselraum ist noch kleiner als bei den Verschiebechiffren. Als nächstes betrachten wir Chiffren, die Addition und Multiplikation kombinieren.

3.3 Tauschchiffren (Affine Chiffren)

Definition 3.4

Eine Chiffre E mit $z \mapsto (zt + k) \bmod n$ wird affine Chiffre oder Tauschchiffre genannt. Für die Invertierbarkeit wird $\mathrm{ggT}(t, n) = 1$ vorausgesetzt.

Beispiel 3.3

Sei $t = 5$, $k = 7$, $n = 26$. Es ergibt sich folgende Wertetabelle:

z	0	1	2	3	4	5	6	7	8	9	10	11	12	...
$(5z+7) \bmod n$	7	12	17	22	1	6	11	16	21	0	5	10	15	...

Wie lautet die Dechiffrierfunktion?

Zuerst suchen wir eine multiplikative Inverse b zu 5 in $\mathbb{Z}_{26}$ durch systematisches Probieren. Für b muss gelten $5 \cdot b \equiv 1 \bmod 26$.[1] Gesucht ist also ein Vielfaches von 5, das bei Division durch 26 den Rest 1 ergibt. Wir bilden die Tabelle der Vielfachen von 26

i	0	1	2	3	4	5	6	7	8	9	10	11	12	13	14	...
$26i$	0	26	52	78	**104**	130	156	182	208	**234**	260	286	312	338	**364**	...

und suchen die Zahlen, die um 1 kleiner sind als ein Vielfaches von 5, also Zahlen, die mit den Ziffern 4 oder 9 enden. Wir finden 104, 234, 364, ..., verwenden davon 104 und berechnen

$$5b = 105 \equiv 1 \bmod 26 \quad \Rightarrow \quad b = 21.$$

Nun können wir die Gleichung $z' = 5z + 7$ nach z auflösen

$$z' = 5z + 7$$
$$21z' = 21 \cdot 5 \cdot z + 21 \cdot 7 \equiv (z + 147) \bmod 26 = (z + 17) \bmod 26$$
$$\Rightarrow \quad \boxed{z \equiv (21z' - 17) \bmod 26 \equiv (21z' + 9) \bmod 26.}$$

Damit kann die Dechiffrierfunktion angewendet werden, um aus z' wieder z zu berechnen (siehe Tabelle 3.3).

Es bleibt noch zu erwähnen, dass es $26 \cdot 12 = 312$ verschiedene Tauschchiffren auf dem Alphabet $\{a, b, c, \ldots, z\}$ gibt. Dies sind immer noch sehr wenige und daher sind Tauschchiffren auch sehr unsicher. Wir wenden uns nun wieder den monoalphabetischen Chiffren allgemein zu.

---

[1] Es gibt ein allgemeines Verfahren, basierend auf dem erweiterten Euklidischen Algorithmus zum Berechnen von Inversen in $\mathbb{Z}_n$. Dieses ist im Anhang A.3 zu finden.

TABELLE 3.3 Dechiffrierung der multiplikativen Chiffre. In der Tabelle wurde durch das Weglassen des mod-Operators eine etwas unexakte, aber übersichtlichere, Schreibweise benutzt. Jede Gleichung $a + b = x$ in der Tabelle steht für $(a + b) \bmod n = x \bmod n$.

z	$z' = (5z + 7) \bmod 26$	$z = (21z' + 9) \bmod 26$			
0	7	$147 + 9 =$	$17 + 9 =$	$26 =$	0
1	12	$252 + 9 =$	$18 + 9 =$	$27 =$	1
2	17	$357 + 9 =$	$19 + 9 =$	$28 =$	2
3	22	$462 + 9 =$	$20 + 9 =$	$29 =$	3
4	1		$21 + 9 =$	$30 =$	4
...	...	...			
12	$67 = 15$	$315 + 9 =$	$3 + 9 =$		12
...	...	...			

■ 3.4 Kryptanalyse monoalphabetischer Chiffren

Gegeben sei folgender monoalphabetisch verschlüsselte Chiffretext:

```
WBO BUVLPH RZWB NHBOB EOHGYVTRQ UVRQY CD GUHRGBU
LBNBTBU QHBYYBU WVB MOVYVTRQBU GOXEYZLOHEQBU UVRQYT
DBMBO WBU IBOTRQKDBTTBKDULTEOZCBTT LBNDTTY
```

Das häufige Auftreten des Buchstaben „B" legt ein Abzählen der Buchstabenhäufigkeiten nahe. Es ergibt sich:

Buchstabe	A	B	C	D	E	F	G	H	I	J	K	L	M	N	O	P	Q	R	S	T	U	V	W	X	Y	Z
Häufigkeit	0	22	2	5	4	0	4	6	1	0	2	5	2	3	9	1	7	7	0	12	11	7	4	1	8	3

Zur Decodierung bieten sich unter Beachtung der mittleren Häufigkeiten deutscher Buchstaben (Tabelle 3.1) folgende Hypothesen an:

1. $B \mapsto e, T \mapsto n$
2. $B \mapsto e, U \mapsto n$.

Um zwischen diesen zu entscheiden, werden nun Bigramme, d. h. Paare von Buchstaben ausgezählt und mit den mittleren Häufigkeiten in deutschen Texten verglichen. Die häufigsten Paare sind in Tabelle 3.4 links dargestellt. Aufgrund der linken Tabelle ist **en** viel häufiger als **ne**. Daher wird Hypothese 2 ($U \mapsto n$) weiterverfolgt. Das vierfache Vorkommen von **BO** legt $O \mapsto r$ nahe. Die auffällige Häufigkeit von **RQ** deutet auf **ch**. Nimmt man dann noch **V** und **T** als die beiden nach **e** und **n** häufigsten Buchstaben **i** und **s** dazu, so ergibt sich als eine neue Hypothese (neben einer weiteren):

$B \mapsto e, \quad U \mapsto n, \quad O \mapsto r, \quad R \mapsto c, \quad Q \mapsto h, \quad T \mapsto s, \quad V \mapsto i$.

Damit erhält man:

```
Wer eniLPH cZWe NHere ErHGYisch nichY CD GnHcGen
LeNesen hHeYYen Wie MriYischen GrXEYZLrHEhen nichYs
DeMer Wen IerschKDesseKDnLsErZCess LeNDssY
```

TABELLE 3.4 Die häufigsten Buchstabenpaare in deutschen Texten und im Beispiel

Mittlere Häufigkeit von Paaren in deutschen Texten

Paar	Häufigkeit
en	3.88 %
er	3.75 %
ch	2.75 %
te	2.26 %
de	2.00 %
nd	1.99 %
ei	1.88 %
ie	1.79 %
in	1.67 %
es	1.52 %

Paarhäufigkeiten im Beispiel

Paar	Häufigkeit
WB	3
HB	2
LB	2
TB	2
QB	2
DB	2
NB	1
YB	1
VB	1
MB	1
IB	1
CB	1
LB	1

Paar	Häufigkeit
BU	7
BO	4
BT	3
BN	2
BY	1
BK	1
BM	1
RQ	5

Für Maschinen wird nun die Arbeit schwierig, d. h. man benötigt einen wesentlich längeren Text, um genauere Häufigkeiten zu erhalten. Der Leser kann jedoch mit etwas Intuition und Probieren den verbleibenden Lückentext ergänzen:

```
_er eni___ c__e __ere _r___isch nich_ __ _n_c_en
_e_esen h_e__en _ie _ri_ischen _r_____r__hen nich_s
_e_er _en _ersch__esse__n_s_r__ess _e__ss_
```

3.5 Polyalphabetische Chiffren

Aus der Definition der monoalphabetischen Chiffre kann man ablesen, dass diese eine bijektive Abbildung von Klartext auf Chiffretext darstellt. Bei einer polyalphabetischen Chiffre trifft dies nicht mehr zu. Jedes Klartextzeichen kann je nach Kontext auf unterschiedliche Chiffretextzeichen abgebildet werden.

3.5.1 Homophone Chiffren

Homophone Chiffren sind solche, bei denen im Geheimtext jedes Zeichen (in etwa) gleich häufig vorkommt. Dadurch wird die Kryptanalyse erschwert, denn die Zeichen sind nicht mehr aufgrund ihrer Häufigkeit unterscheidbar. Beispielsweise könnte der Buchstabe **e** in 17 verschiedene Geheimtextzeichen verschlüsselt werden, wogegen **z** nur auf eines abgebildet wird. Wenn nun sichergestellt ist, dass zur Codierung von **e** jedes der 17 Zeichen etwa gleich oft verwendet wird, so wird die relative Häufigkeit von jedem dieser Zeichen ca. 17.4 %/17 ≈ 1.02 % betragen. Das ist etwa gleich viel wie die Häufigkeit des einzigen Geheimtextzeichens von **z**. Damit lässt sich festhalten:

Homophone Chiffren verschleiern die Häufigkeiten der Klartextzeichen.

Obwohl man mit homophonen Chiffren nahezu eine Gleichverteilung der Häufigkeiten aller Geheimtextzeichen erreichen kann, sind Angriffe mit statistischen Methoden möglich. Auch hier nutzt man wieder das unterschiedlich häufige Vorkommen von Paaren aus. Zum Beispiel werden als unmittelbare Nachfolger der Geheimtextzeichen von **c** bestimmte Geheimtextzeichen besonders häufig auftreten, nämlich die zu den Klartextzeichen **h** und **k** gehörenden.

Es folgt daher, dass bei gleichem Alphabet homophone Chiffren schwerer zu knacken sind als monoalphabetische Chiffren, denn für die statistische Analyse von Paaren werden wesentlich mehr Daten benötigt.

■ 3.6 Die Vigenère-Chiffre

Diese polyalphabetische Chiffre wurde im 16. Jahrhundert von dem Franzosen **Blaise de Vigenère** vorgeschlagen und basiert auf der Verschiebechiffre. Genau wie bei dieser wird jedes Zeichen im Alphabet verschoben, wobei der Betrag der Verschiebung von der Position des Zeichens im Text und dem Schlüsselwort abhängt.

3.6.1 Der Algorithmus

Sender und Empfänger vereinbaren ein Schlüsselwort und benutzen zum Ver- und Entschlüsseln das in Bild 3.1 dargestellte Vigenère-Quadrat. Das Verschlüsseln eines Zeichens sei zuerst an einem Beispiel erläutert:

Beispiel 3.4
Das Schlüsselwort sei geheim.

    Schlüsselwort K: geheimgeheimgehei
    Klartext P: dieloesunglautetx
    Chiffretext C: JMLPWQYYUKTMAXLXF

Um den Buchstaben d mit dem Schlüssel g zu codieren, sucht man einfach den Eintrag in Spalte d und Zeile g im Vigenère-Quadrat und findet als Chiffretextzeichen das J. Analog verfährt man mit den restlichen Klartextzeichen. Es wird also jedes Klartextzeichen verschoben, und zwar um den Betrag, welcher der Position des entsprechenden Schlüsselwortzeichens entspricht.

3.6 Die Vigenère-Chiffre

	Klartext	a	b	c	d	e	f	g	h	i	j	k	l	m	n	o	p	q	r	s	t	u	v	w	x	y	z
		0	1	2	3	4	5	6	7	8	9	10	11	12	13	14	15	16	17	18	19	20	21	22	23	24	25
Chiffretext	0	A	B	C	D	E	F	G	H	I	J	K	L	M	N	O	P	Q	R	S	T	U	V	W	X	Y	Z
	1	B	C	D	E	F	G	H	I	J	K	L	M	N	O	P	Q	R	S	T	U	V	W	X	Y	Z	A
	2	C	D	E	F	G	H	I	J	K	L	M	N	O	P	Q	R	S	T	U	V	W	X	Y	Z	A	B
	3	D	E	F	G	H	I	J	K	L	M	N	O	P	Q	R	S	T	U	V	W	X	Y	Z	A	B	C
	4	E	F	G	H	I	J	K	L	M	N	O	P	Q	R	S	T	U	V	W	X	Y	Z	A	B	C	D
	5	F	G	H	I	J	K	L	M	N	O	P	Q	R	S	T	U	V	W	X	Y	Z	A	B	C	D	E
	6	G	H	I	J	K	L	M	N	O	P	Q	R	S	T	U	V	W	X	Y	Z	A	B	C	D	E	F
	7	H	I	J	K	L	M	N	O	P	Q	R	S	T	U	V	W	X	Y	Z	A	B	C	D	E	F	G
	8	I	J	K	L	M	N	O	P	Q	R	S	T	U	V	W	X	Y	Z	A	B	C	D	E	F	G	H
	9	J	K	L	M	N	O	P	Q	R	S	T	U	V	W	X	Y	Z	A	B	C	D	E	F	G	H	I
	10	K	L	M	N	O	P	Q	R	S	T	U	V	W	X	Y	Z	A	B	C	D	E	F	G	H	I	J
	11	L	M	N	O	P	Q	R	S	T	U	V	W	X	Y	Z	A	B	C	D	E	F	G	H	I	J	K
	12	M	N	O	P	Q	R	S	T	U	V	W	X	Y	Z	A	B	C	D	E	F	G	H	I	J	K	L
	13	N	O	P	Q	R	S	T	U	V	W	X	Y	Z	A	B	C	D	E	F	G	H	I	J	K	L	M
	14	O	P	Q	R	S	T	U	V	W	X	Y	Z	A	B	C	D	E	F	G	H	I	J	K	L	M	N
	15	P	Q	R	S	T	U	V	W	X	Y	Z	A	B	C	D	E	F	G	H	I	J	K	L	M	N	O
	16	Q	R	S	T	U	V	W	X	Y	Z	A	B	C	D	E	F	G	H	I	J	K	L	M	N	O	P
	17	R	S	T	U	V	W	X	Y	Z	A	B	C	D	E	F	G	H	I	J	K	L	M	N	O	P	Q
	18	S	T	U	V	W	X	Y	Z	A	B	C	D	E	F	G	H	I	J	K	L	M	N	O	P	Q	R
	19	T	U	V	W	X	Y	Z	A	B	C	D	E	F	G	H	I	J	K	L	M	N	O	P	Q	R	S
	20	U	V	W	X	Y	Z	A	B	C	D	E	F	G	H	I	J	K	L	M	N	O	P	Q	R	S	T
	21	V	W	X	Y	Z	A	B	C	D	E	F	G	H	I	J	K	L	M	N	O	P	Q	R	S	T	U
	22	W	X	Y	Z	A	B	C	D	E	F	G	H	I	J	K	L	M	N	O	P	Q	R	S	T	U	V
	23	X	Y	Z	A	B	C	D	E	F	G	H	I	J	K	L	M	N	O	P	Q	R	S	T	U	V	W
	24	Y	Z	A	B	C	D	E	F	G	H	I	J	K	L	M	N	O	P	Q	R	S	T	U	V	W	X
	25	Z	A	B	C	D	E	F	G	H	I	J	K	L	M	N	O	P	Q	R	S	T	U	V	W	X	Y

BILD 3.1 Das Vigenère-Quadrat

Das zyklische Verschieben über die Grenzen des Alphabets hinaus lässt sich wieder elegant durch die Modulo-Operation formalisieren. Sei K das Schlüsselwort der Länge k, dargestellt als Vektor mit den alphabetischen Nummern der Buchstaben (geheim $\hat{=}$ (6,4,7,4,8,12)), V die Matrix des Vigenère-Quadrats und z die Nummer des zu codierenden Zeichens im Alphabet sowie i die Position von z im Klartext. Dann gilt

$$E(z,i) = (z + K_{i \bmod k}) \bmod n = V_{z, K_{i \bmod k}},$$

wobei n die Länge des Alphabets ist. Wie man an den Formeln erkennt, lässt sich diese Codierung effizient implementieren.

3.6.2 Kryptanalyse

Bei der Analyse einer Vigenère-Chiffre ist das erste und wichtigste Ziel die Bestimmung der Schlüsselwortlänge k. Ist diese gefunden, so funktioniert der Rest der Analyse wie bei einer gewöhnlichen Verschiebechiffre, wobei nun k Geheimtexte separat analysiert werden. Text Nummer eins entsteht aus der Teilfolge all der Zeichen, die mit dem ersten Schlüsselwortzeichen verschlüsselt wurden. Analog enthält Text Nummer i alle Geheimtextzeichen, die mit dem i-ten Schlüsselwortzeichen verschlüsselt wurden. Beispielsweise sind in Text Nummer 3 die Geheimtextzeichen mit den Nummern 3, $(3+k)$, $(3+2k)$, ... enthalten. Entsprechend dieser Aufteilung wird der m Zeichen lange Originalchiffretext C in Matrixform dargestellt

$$C = \begin{matrix} C_{11}, & C_{12}, & \ldots & C_{1k}, \\ C_{21}, & C_{22}, & \ldots & C_{2k}, \\ \vdots & \vdots & & \vdots, \\ C_{\frac{m}{k}1}, & C_{\frac{m}{k}2}, & \ldots & C_{\frac{m}{k}k}, \end{matrix} \qquad (3.1)$$

wobei die Zeilenlänge gleich der Schlüsselwortlänge ist und die Spalte i dem i-ten Teiltext entspricht[2]. Nun werden für jedes Schlüsselwortzeichen ($i = 1, \ldots, k$) die Teiltexte, d. h. die Spalten der Matrix getrennt analysiert. Der i-te Teil des Klartextes hat dann die Form $\left(M_{1i} \ldots M_{\frac{m}{k}i} \right)$. Der ganze Klartext

$$M = \begin{matrix} M_{11}, & M_{12}, & \ldots & M_{1k}, \\ M_{21}, & M_{22}, & \ldots & M_{2k}, \\ \vdots & \vdots & & \vdots, \\ M_{\frac{m}{k}1}, & M_{\frac{m}{k}2}, & \ldots & M_{\frac{m}{k}k}, \end{matrix} \qquad (3.2)$$

enthält in dieser Matrixdarstellung die Teiltexte als Spalten. Jeder Teiltext ist durch eine feste Verschiebung entstanden und damit ganz leicht zu analysieren. Zur erfolgreichen Analyse fehlt nur noch die Schlüsselwortlänge k.

Nun werden zwei Tests zur Bestimmung der Schlüsselwortlänge beschrieben. Der Kasiski-Test liefert einige Kandidaten für die Schlüssellänge bis auf ein Vielfaches, jedoch nicht den exakten Wert. Der Friedman-Test dagegen liefert einen ungefähren Wert für die Größenordnung des Schlüssels. Beide Tests kombiniert führen dann meist zum Ziel. Diese Tests sind nicht nur für die Vigenère-Chiffre anwendbar, sondern auch für andere Stromchiffren zur Bestimmung einer versteckten Periodizität oder Schlüsselwortlänge.

3.6.3 Der Kasiski-Test

Dieser Test wurde von dem englischen Mathematiker **Charles Babbage** 1854 erfunden und von dem preussischen Major **Friedrich Kasiski** 1863 erstmals veröffentlicht. Man durchsucht den Geheimtext nach Wiederholungen von Zeichenfolgen mit mindestens drei Zeichen und misst deren Abstand. Je länger die gefundenen Zeichenfolgen sind, desto größer

---

[2] Zur Vereinfachung der Darstellung wird hier angenommen, dass die Textlänge m ein Vielfaches der Schlüssellänge k ist.

die Wahrscheinlichkeit, dass deren Abstand ein Vielfaches der Schlüssellänge ist. Die Erklärung hierfür ist einfach: Wiederholt sich eine Zeichenfolge im Klartext mit einem Abstand als Vielfaches der Schlüssellänge, so wird die Wiederholung (bei einer Vigenère-Chiffre) gleich codiert.

Andererseits ist es möglich, dass im Chiffretext Wiederholungen auftreten, die rein zufällig sind und deren Abstand dann nicht ein Vielfaches der Schlüssellänge beträgt. Die Wahrscheinlichkeit für zufällige Wiederholungen ist aber viel kleiner als für Wiederholungen nach Vielfachen der Schlüssellänge. Zur erfolgreichen Durchführung dieses Tests muss der verfügbare Geheimtext offensichtlich viel länger sein als die Schlüssellänge. Der Kasiski-Test wird natürlich per Computer durchgeführt. Verschiedene schöne, einfach zu benutzende Java-Applets hierfür sind zu finden unter [Vig01].

Beispiel 3.5

Gegeben sei folgender Geheimtext:

```
WGRIS LSTNJ AQSEI WGGEI XOSRV FNFMB GRTEI WBGOE FONHI AQSTV FRLSR
TSCIE VSCPI SLTSJ WZEEE NSCWV FRFNX XWYDV LRPNE WGTSK KSSRL EGEAV
FRWIT ZNFBV VWPNV FWYSS WGZNU WFPDV JGNHC MSDSV DHLUJ UVTSK KSSRR
MTHEE VWRUE VOYFR WZWIX MBODV JGNHC MSDSV DAFSJ WQSTQ MTLEC DWRSV
AB
```

Wendet man auf diesen Text ein Programm zum Finden von Wiederholungen ab der Länge 3 an, so erhält man Tabelle 3.5. Betrachtet man nun die Primfaktorzerlegung des Abstandes, so erkennt man, dass die Faktoren 2 und 5 jeweils in sieben bzw. acht von zehn Wiederholungen auftreten. Die Zahl 3 als Faktor tritt drei mal auf. Sie kann vorläufig ausgeschlossen werden, da sie in der letzten dreizehn Zeichen langen Folge aus Tabelle 3.5 nicht vorkommt.

TABELLE 3.5 Abstände von Wiederholungen und deren Primfaktorzerlegung

Zeichenfolge	Pos. 1	Pos. 2	Abstand	Primfaktoren
ISL	4	65	61	61
AQS	11	46	35	$5 \cdot 7$
EIW	14	34	20	$2^2 \cdot 5$
QST	47	207	160	$2^5 \cdot 5$
VFR	50	80	30	$2 \cdot 3 \cdot 5$
SJW	69	204	135	$3^3 \cdot 5$
VFR	80	110	30	$2 \cdot 3 \cdot 5$
TSKKSSR	98	158	60	$2^2 \cdot 3 \cdot 5$
FRW	111	179	68	$2^2 \cdot 17$
DVJGNHCMSDSVD	139	189	50	$2 \cdot 5^2$

Um nun zwischen den vermuteten Schlüssellängen 2 und 5 zu entscheiden, wollen wir zuerst die Häufigkeitsverteilungen im Geheimtext und in den zwei Teiltexten modulo 2 sowie in den fünf Teiltexten modulo 5 untersuchen.

TABELLE 3.6 Buchstabenhäufigkeiten in den Teiltexten für die vermuteten Schlüssellängen 2 und 5

Buchstabe	Häufigkeiten in den Teiltexten							
	$k=1$	$k=2$		$k=5$				
		Text 1	Text 2	Text 1	Text 2	Text 3	Text 4	Text 5
A	5	3	2	3	1	0	1	0
B	5	3	2	0	3	0	1	1
C	6	4	2	0	0	3	0	3
D	8	5	3	3	0	2	3	0
E	15	6	9	1	0	2	6	6
F	12	8	4	6	1	4	1	0
G	10	4	6	1	7	2	0	0
H	5	0	5	0	1	1	3	0
I	9	5	4	0	0	0	4	5
J	6	4	2	2	0	0	0	4
K	4	2	2	2	0	0	0	2
L	7	6	1	2	1	3	0	1
M	6	2	4	5	0	0	1	0
N	11	6	5	1	2	3	5	0
O	5	2	3	0	3	1	1	0
P	4	2	2	0	0	3	1	0
Q	4	2	2	0	3	0	0	1
R	14	4	10	0	5	3	3	3
S	26	17	9	1	8	6	9	2
T	11	5	6	1	2	5	2	1
U	4	1	3	1	0	0	2	1
V	17	6	11	4	1	0	0	12
W	17	10	7	9	5	2	1	0
X	4	3	1	2	0	0	0	2
Y	3	0	3	0	0	3	0	0
Z	4	1	3	1	2	1	0	0

Es ergeben sich folgende Teiltexte bei Schlüssellänge 2:

Nr.	Teiltext
1	WRSSNASIGEXSVNMGTIBOFNIQTFLRSIVCILSWEESWFFXWDLPEGSKSLGAF WTNBVPVWSWZUFDJNCSSDLJVSKSRTEVREOFWWXBDJNCSSDFJQTMLCWSA
2	GILTJQEWGIORFFBREWGEOHASVRSTCESPSTJZENCVRNXYVRNWTKSREEVR IZFVWNFYSGNWPVGHMDVHUUTKSRMHEWUVYRZIMOVGHMDVASWSQTEDRVB

und bei Schlüssellänge 5:

Nr.	Teiltext
1	WLAWXFGWFAFTVSWNFXLWKEFZVFWWJMDUKMVVWMJMDWMDA
2	GSQGONRBOQRSSLZSRWRGSGRNWWGFGSHVSTWOZBGSAQTWB
3	RTSGSFTGNSLCCTECFYPTSEWFPYZPNDLTSHRYWONDFSLR
4	INEERMEOHTSIPSEWNDNSRAIBNSNDHSUSREUFIDHSSTES
5	SJIIVBIEIVREIJEVXVEKLVTVVSUVCVJKREERXVCVJQCV

Die Tabelle mit den fünf Teiltexten entspricht der transponierten der Matrix M aus Gleichung 3.2. Die Analyse der Häufigkeiten in den Teiltexten für die beiden Vermutungen ist in Tabelle 3.6 eingetragen. An der zweiten Spalte dieser Tabelle ($k = 1$) erkennt man sofort, dass auch im Gesamttext die Buchstaben nicht gleichverteilt sind. Dies liegt an der relativ kurzen Schlüssellänge. Dadurch wird z. B. das häufige Vorkommen von ‚e' auf nur wenige Chiffretextzeichen verteilt und dominiert immer noch deutlich.

Betrachtet man die anderen Spalten der Tabelle, so fällt auf, dass sich die Verteilung des Gesamttextes in den beiden Teiltexten für $k = 2$ in ähnlicher Form wiederfindet, wogegen in den fünf letzten Spalten für $k = 5$ ganz andere, signifikante Verteilungen auftreten. Dies deutet auf die Schlüssellänge 5 hin. Der Rest der Analyse erfolgt nun getrennt für die fünf Teiltexte wie bei Verschiebechiffren. Das heißt man muss nur noch für jeden Teiltext die Verschiebung bestimmen und erhält so das Schlüsselwort. In den letzten fünf Spalten der Tabelle ist jeweils die Häufigkeit des chiffrierten ‚e' fett gedruckt. Nur in drei der fünf Spalten ist dies tatsächlich das häufigste Chiffretextzeichen. Dies liegt daran, dass die Teiltexte mit 44 Zeichen sehr kurz sind. ∎

3.6.4 Der Friedman-Test

Eine einfache und systematische Methode zum näherungsweisen Bestimmen der Schlüssellänge wurde 1925 von dem bedeutenden amerikanischen Kryptologen **William Friedman** gefunden. Die Idee basiert darauf, dass die Buchstaben innerhalb der Teiltexte nicht zufällig verteilt sind. Dadurch gibt es innerhalb der Teiltexte mehr Wiederholungen von Buchstaben als zwischen den Teiltexten.

Wir berechnen nun den **Koinzidenzindex** I. Das ist die Wahrscheinlichkeit dafür, dass zwei zufällig gewählte Buchstaben mit beliebigem Abstand gleich sind. Wir arbeiten wieder mit dem lateinischen Alphabet aus 26 Zeichen und bezeichnen die Häufigkeiten der Buchstaben mit m_1 für ‚a', m_2 für ‚b', ..., m_{26} für ‚z'.

Die Länge m des Textes ergibt sich dann als

$$m = \sum_{i=1}^{26} m_i.$$

Die Gesamtzahl **aller Buchstabenpaare** ist

$$\frac{m(m-1)}{2}$$

und die Zahl der Paare **a ... a** ergibt sich zu

$$\frac{m_1(m_1-1)}{2}.$$

Für die Gesamtzahl aller **Paare aus gleichen Buchstaben** gilt deshalb

$$\sum_{i=1}^{26} \frac{m_i(m_i-1)}{2}.$$

Die Wahrscheinlichkeit dafür, dass ein beliebiges Buchstabenpaar aus zwei gleichen Buchstaben besteht, berechnet sich damit zu

$$I = \frac{\sum_{i=1}^{26} m_i(m_i-1)}{m(m-1)}.$$

Für lange deutsche Texte gilt $I \approx I_d := 0.0762$. Für zufällig generierte lange Texte mit $m_1 = m_2 = \ldots = m_{26}$ gilt

$$I = \frac{\sum_{i=1}^{26} m_i(m_i-1)}{m(m-1)} \approx \frac{\sum_{i=1}^{26} m_i^2}{m^2} = \frac{\sum_{i=1}^{26} \left(\frac{m}{26}\right)^2}{m^2} = \frac{\frac{m^2}{26}}{m^2} = \frac{1}{26} \approx 0.0385 =: I_r.$$

In deutschen Texten treten Paare aus gleichen Buchstaben daher etwa doppelt so häufig auf wie in rein zufällig erzeugten Texten. Man sieht leicht, dass sich in einem Text aus lauter gleichen Buchstaben $I = 1$ ergibt.

Wenn wir nun, bei einer angenommenen Schlüssellänge k den Text wie in Gleichung 3.1 in seine k Teiltexte zerlegen, die jeweils nur durch eine Verschiebung entstanden sind, so sind innerhalb dieser Teiltexte die Häufigkeiten von Paaren gleicher Buchstaben gleich wie in deutschen Texten, nämlich etwa 0.0762. Jedoch ergeben sich diese Häufigkeiten bei Paaren, die mit unterschiedlichen zufällig gewählten Schlüsselbuchstaben verschlüsselt wurden, wie in einem Zufallstext, nämlich zu etwa 0.0385.

Da es k Teiltexte gibt, mit je etwa m/k Buchstaben, gibt es insgesamt

$$\frac{1}{2} \cdot \frac{m}{k} \left(\frac{m}{k} - 1\right) \cdot k = \frac{m(m-k)}{2k}$$

Paare von Buchstaben innerhalb der Teiltexte und

$$m\left(m - \frac{m}{k}\right) \cdot \frac{1}{2} = \frac{m^2(k-1)}{2k}$$

Paare von Buchstaben aus verschiedenen Teiltexten. Nun können wir (bei bekannter Schlüssellänge k) die Zahl der Paare aus gleichen Buchstaben im Text angeben als

$$\frac{m(m-k)}{2k} \cdot I_d + \frac{m^2(k-1)}{2k} \cdot I_r.$$

Dividieren durch die Zahl $m(m-1)/2$ der Paare insgesamt liefert die **Wahrscheinlichkeit für Paare aus gleichen Buchstaben**

$$\frac{m(m-k)}{m(m-1)k} \cdot I_d + \frac{m^2(k-1)}{m(m-1)k} \cdot I_r.$$

Da diese Zahl aber ungefähr gleich dem Koinzidenzindex I sein muss, können wir schreiben

$$I \approx \frac{(m-k)}{(m-1)k} \cdot I_d + \frac{m(k-1)}{(m-1)k} \cdot I_r.$$

und nach k auflösen, was

$$k \approx \frac{(I_d - I_r)\, m}{(m-1)\, I - I_r m + I_d} = \frac{0.0377 m}{(m-1)\, I - 0.0385 m + 0.0762}$$

ergibt. Diese Formel erlaubt uns nun eine näherungsweise Berechnung der Schlüssellänge nur durch Abzählen der Häufigkeiten aller Geheimtextzeichen. Angewendet auf unser Beispiel ergibt sich

$I \approx 0.0499$

und

$k \approx 3.29$.

Man erkennt, dass die Größenordnung des Schlüssels mit unserer Vermutung (2 oder 5) gut übereinstimmt. Eine Entscheidung zwischen diesen beiden Längen ist jedoch nicht möglich. Dazu müsste man einen längeren Geheimtext haben, um den Koinzidenzindex genauer bestimmen zu können oder einfach beide Möglichkeiten ausprobieren.

3.7 Die Enigma

Die legendäre von der deutschen Wehrmacht im zweiten Weltkrieg eingesetzte Chiffriermaschine Enigma wurde von **Arthur Scherbius** ursprünglich für den zivilen Einsatz entwickelt. Bis zum Kriegsende wurde sie mehrfach verbessert und in über 100 000 Exemplaren hergestellt. Auf dem Foto in Bild 3.2 sind die wichtigsten Bestandteile der Enigma gut zu erkennen. Teile des Innenlebens eines in Arbeit befindlichen Enigma-Nachbaus und zwei Fotos von Walzen sind in Bild 3.3 gezeigt [EJHF11]. Die Funktionsweise geht aus dem Verdrahtungsschema in Bild 3.4 hervor.[3]

Die Enigma ist eine elektromechanische Maschine. Über eine Tastatur werden die Zeichen wie auf einer Schreibmaschine eingegeben. Durch das Betätigen einer Taste wird ein elektrischer Kontakt geschlossen. Über das Steckbrett (41 in Bild 3.2) wird die Verbindung zur ersten Walze hergestellt. Das Steckbrett dient dazu, mittels spezieller Kabel, einige frei wählbare Buchstabenpaare zu vertauschen. Jede der drei Walzen (12) realisiert eine Permutation des Alphabets, d. h. eine monoalphabetische Chiffre. Nach der Eingabe eines Zeichens dreht sich die Walze 1 um eine Position weiter und nach je einer vollen Umdrehung springt die nächste Walze eine Position weiter, wie bei einem mechanischen Tachometer.

Der Stromkreis wird fortgesetzt durch den Reflektor, der wieder eine Permutation darstellt und das Signal an anderer Stelle auf die Walze III aufbringt, so dass alle Walzen und das Steckbrett nochmals in umgekehrter Richtung durchlaufen werden, bis am Ende eines der Lämpchen (38) aufleuchtet. Dieser zweite Durchlauf hat zur Folge, dass die Enigma kein Zeichen auf sich selbst abbildet. Aufgrund des symmetrischen Stromlaufs kann die Enigma

---

[3] Dieses Schema wurde entnommen aus dem Enigma Simulator von Ian Noble [Nob96], der für beliebige Eingaben sehr schön die Bewegungen der Walzen zeigt. Ein weiterer Simulator ist unter [Car12] zu finden.

3 Klassische Chiffren

BILD 3.2 Die Chiffriermaschine Enigma in der 3-Walzen-Version (Photo Deutsches Museum München)

BILD 3.3 Enigma-Nachbau mit Walzen

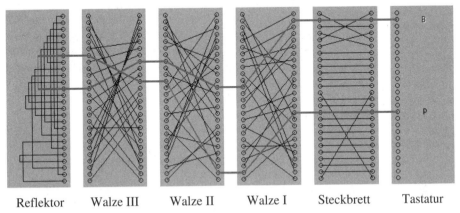

BILD 3.4 Verdrahtungsschema der Enigma

ohne Veränderung von Einstellungen sowohl zum Verschlüsseln als auch zum Entschlüsseln benutzt werden. Sie stellt eine selbstinverse Bild dar, d. h. eine Funktion die gleich ihrer Umkehrfunktion ist. Vor dem Benutzen der Enigma muss bei Sender und Empfänger die Steckbrettverschaltung aktualisiert und die Walzen in die richtige Position gebracht werden. Steckbrettverschaltung und Anfangsstellung der Walzen zusammen bilden den Schlüssel der Enigma.

Mit drei festen Walzen und fester Steckbrettverschaltung stellt die Enigma eine Vigenère-Chiffre mit Schlüssellänge $k_a = 26 \cdot 26 \cdot 26 = 17576$ dar. Wird auch das Steckbrett variiert, so erhält man als Größe des Schlüsselraumes das Produkt aus der Anzahl unterschiedlicher Anfangsstellungen k_a der Walzen und der Anzahl unterschiedlicher Steckbrettverschaltungen k_s. Bei fünf vertauschten Buchstabenpaaren auf dem Steckbrett, wie in Bild 3.2 dargestellt, ergeben sich insgesamt

$$\frac{1}{5!}\binom{26}{2}\binom{24}{2}\binom{22}{2}\binom{20}{2}\binom{18}{2} = 5\,019\,589\,575 \approx 5 \cdot 10^9$$

unterschiedliche Steckbrettverschaltungen. Für eine beliebige Zahl p vertauschter Buchstabenpaare gibt es

$$k_s(p) = \frac{1}{p!}\binom{26}{2}\binom{24}{2}\cdots\binom{26-2(p-1)}{2} \tag{3.3}$$

verschiedene Steckbrettverschaltungen. Da die p Kabel nicht unterscheidbar sind, werden Mehrfachzählungen identischer Steckbrettverschaltungen durch den Faktor $1/p!$ in Gleichung 3.3 ausgeglichen. Die Gesamtzahl aller Steckbrettverschaltungen ist dann

$$k_s = \sum_{p=0}^{13} k_s(p) = 532\,985\,208\,200\,575 \approx 5 \cdot 10^{14}.$$

Damit gilt für die Größe k des Schlüsselraumes der Enigma mit 3 fest eingebauten Walzen und einer beliebigen Zahl per Steckbrett vertauschter Buchstabenpaare

$$k = k_a \cdot k_s = 17\,576 \cdot 532\,985\,208\,200\,575 = 9\,367\,748\,019\,333\,306\,200 \approx 9 \cdot 10^{18}.$$

Nicht zuletzt aufgrund des großen Schlüsselraumes war die Enigma bis zum Ende des zweiten Weltkriegs eine sehr sichere Maschine. Mit immensem Aufwand wurde sie jedoch von den Alliierten mehrfach geknackt und der deutschen Wehrmacht wieder verbessert.

3.7.1 Kryptanalyse

Im Zweiten Weltkrieg war das Verschlüsseln strategischer Nachrichten von großer Bedeutung für die deutsche Wehrmacht, insbesondere auf den U-Booten zur Übermittlung der Positionen alliierter Versorgungskonvois im Atlantik. Die Alliierten scheuten daher keine Mühen, die Enigma zu knacken. In Bletchley Park, einem hermetisch abgeschirmten Campus nordwestlich von London, waren von 1939 bis 1945 zeitweise bis zu 10 000 Mathematiker, Ingenieure und Hilfskräfte mit der täglich neuen und häufig erfolgreichen Analyse verschlüsselter deutscher Funksprüche beschäftigt. Der prominenteste Mitarbeiter in Bletchley Park war sicher Alan Turing, einer der ganz großen Informatikpioniere. Man glaubt heute, dass der zweite Weltkrieg ohne die Analyse der Enigma-Codes mindestens ein bis zwei Jahre länger gedauert hätte. Mehr über die faszinierende Geschichte des Geschehens um die Enigma findet der interessierte Leser in Tabelle 3.7 sowie in [Bau00, Dew89, Har95, Kah67, Kah91] und im Internet, zum Beispiel bei Wikipedia. Wir können hier nur einige Methoden und Gründe für die erfolgreiche Analyse der Enigma-Codes grob skizzieren. Einen Angriff wollen wir aber etwas genauer betrachten.

Ein Brute-Force-Angriff gegen die Enigma bei einem Schlüsselraum der Größe 10^{19} war zur Zeit des Zweiten Weltkriegs, als noch keine schnellen Digitalrechner verfügbar waren, offensichtlich aussichtslos.[4] Obwohl die Enigma eine Vigenère-Chiffre mit bekannter Schlüssellänge (hier besser: Periodenlänge) darstellt, sind die in Abschnitt 3.6 vorgestellten kryptanalytischen Methoden nicht anwendbar. Für die Häufigkeitsanalyse der Teiltexte müsste der benötigte Chiffretext um ein Vielfaches länger als 17 576 Zeichen sein. Da bei der Enigma Steckbrettverschaltung und Walzenstellung täglich geändert und für jeden Funkspruch ein eigener Spruchschlüssel verwendet wurde, war bei festem Schlüssel eine derart große Chiffretextmenge nie verfügbar.

Die Funktionsweise der Enigma war den Alliierten schon früh bekannt. Auch die Walzen waren teilweise bekannt. Trotzdem bot die Enigma einen hohen Grad an Sicherheit. Das Kerkhoffs-Prinzip war durchaus gegeben. Jedoch unterliefen den Offizieren und Funkern

---

[4] Die Verbesserungen der Enigma hatten einen noch erheblich größeren Schlüsselraum.

TABELLE 3.7 Geschichte der Enigma in Stichworten

1923	Erfindung durch Arthur Scherbius zum Gebrauch für Geschäftsleute.
1925	Deutsche Marine kauft erste Enigmas.
1928	Landstreitkräfte kaufen Enigmas. Polnische Mathematiker beginnen mit der Kryptanalyse. Durch Zufall bekommen die Polen für kurze Zeit Zugang zu einer Enigma (ohne Wissen der Deutschen). Dadurch wird der Algorithmus bekannt, die Enigma ist aber noch nicht geknackt (Prinzip von Kerkhoffs in Abschnitt 2.2).
1930	Verbesserung durch Hinzufügen des Steckbretts.
1933	Einsatz der ersten elektromechanischen Computer, **Bombe** genannt (tickt wie eine Bombe), zum erfolgreichen Knacken der Enigma durch die Polen.
1938	Die Enigma wird durch zwei weitere austauschbare Walzen wieder sicher (drei beliebige der fünf Walzen werden eingesetzt).
1939	Der Großangriff der Briten auf die Enigma in Bletchley Park beginnt und ist auch bald erfolgreich. Alan Turing baut verbesserte Bomben, die schon eingeschränkt programmierbar sind (erste Computer).
1942	Neue Enigma mit vier Walzen ist wieder sicher und wird im U-Boot-Krieg gegen die amerikanischen Versorgungskonvois eingesetzt.
1943	Nach fast einem Jahr wird die 4-Walzen-Enigma geknackt, u. a. helfen Wettermeldungen deutscher U-Boote, sog. Menus für die Bomben bzw. Computer zu erstellen. Hier kam **Colossus**, der erste programmierbare britische Computer zum Einsatz. Er arbeitete mit Röhren und als Programmspeicher diente ein endlos umlaufender Lochstreifen.

in der täglichen Routine immer wieder Fehler. Beispielsweise wurden die militärischen Meldungen in festen Formaten durchgegeben. Bestimmte Teile von Nachrichten waren immer gleich und der dadurch mögliche Known-Plaintext-Angriff erleichterte die Arbeit.

Durch Spionage und abgeschossene U-Boote gelangten trotz strenger Vorschriften der deutschen Wehrmacht erbeutete Codebücher, Walzen oder ganze Enigmas in die Hände der Alliierten. Zum Beispiel mussten die Funker der U-Boote beim Aufgeben eines U-Bootes nach einem Abschuss das Codebuch in einer speziellen Bleitasche versenken. Es gab jedoch Fälle, in denen auch das nicht half, denn schon im ersten Weltkrieg wurde von russischen Tauchern ein Codebuch geborgen. Ein anderes wurde zufällig von einem Fischerboot im Netz gefunden. Derartige Hinweise und Zufälle vereinfachten die Arbeit der Kryptologen in Bletchley Park.

Außerdem hatte die Enigma einen konstruktionsbedingten Schwachpunkt, der die Analyse erleichterte. Man könnte meinen, dass die Eigenschaft, kein Zeichen auf sich selbst abzubilden, die Chiffrierung sicherer macht. Das Gegenteil ist der Fall. Zum einen wird der Schlüsselraum etwas eingeschränkt. Wichtiger jedoch ist, dass der Kryptanalytiker dadurch sofort weiß, dass ein Chiffretextzeichen an der gleichen Stelle im Klartext ausgeschlossen werden kann. Die so genannte Methode der „wahrscheinlichen Wörter" basiert auf dieser Eigenschaft. Sie wurde benutzt, um bei bekannter Steckbrettverschaltung die Anfangsstellung der Walzen zu finden [Bau00, Dew89]. Der Aufwand für die Kryptanalyse wurde weiter reduziert durch die selbstinverse Eigenschaft der Enigma. Wusste der Analytiker beispielsweise, dass ‚p' in ‚f' verschlüsselt wird, dann wusste er auch, dass bei der gleichen Walzenstellung ‚f' in ‚p' abgebildet wird.

Zyklen verraten die Walzenstellung

In den Codebüchern von Heer und Marine der deutschen Wehrmacht waren Steckbrettverschaltung, Walzenlage (Position der Walzen in der Maschine) und Anfangsstellung der Walzen für jeden Tag vorgegeben. Da die Enigma von vielen Funkern in der gesamten Wehrmacht eingesetzt wurde, hatten die Alliierten Kryptologen durchaus die Möglichkeit, jeden Tag aufs Neue große Mengen an Chiffretext abzufangen. Um statistische Angriffe, basierend auf Häufigkeitsanalysen, zu verhindern, wurden die Benutzer der Enigmas angewiesen, für jeden Funkspruch eine neue, möglichst zufällige Walzenstellung – den so genannten Spruchschlüssel – zu verwenden. Diese musste dann vor dem eigentlichen Funkspruch unter Verwendung des Tagesschlüssels übermittelt werden. Um Übertragungsfehler bei der Übermittlung des Spruchschlüssels zu erkennen, musste dieser zweimal hintereinander übertragen werden. Für den Spruchschlüssel ULJ wurde die Maschine auf die Tageswerte eingestellt und dann ULJULJ eingetippt. Danach wurden die Walzen auf ULJ eingestellt und damit der Rest der Nachricht verschlüsselt. Der polnische Kryptologe Marian Rejewski zeigte, dass dieses wiederholte Übertragen des Spruchschlüssels keine gute Idee war, denn er fand einen Angriff zur Ermittlung der Walzen-Anfangsstellung bei unbekannter Steckbrettverschaltung, welcher darauf basierte.

Bei diesem Angriff werden im Laufe eines Tages von vielen abgehörten Funksprüchen die jeweils ersten sechs Zeichen für die darauf folgende Analyse gesammelt. Die Liste der abgehörten Sechstupel könnte etwa so beginnen

    LOKTGM, AXUFMB, GLBCFJ, XOENGD, TFIIYK, ...

Nun erstellen wir eine Tabelle aller ersten und vierten Zeichen dieser Anfangsstücke:

1. Zeichen	A	B	C	D	E	F	G	H	I	J	K	L	M	N	O	P	Q	R	S	T	U	V	W	X	Y	Z
4. Zeichen	F	Y	Q	G	B	W	C	O	D	M	E	T	S	U	R	A	Z	X	H	I	J	L	P	N	K	V

Offenbar handelt es sich hier um eine injektive Abbildung des ersten Chiffretextzeichens auf das vierte Chiffretextzeichen, also um eine Permutation des Alphabets. Wir erkennen, dass A auf F abgebildet wird. F wird auf W, W auf P und dieses wiederum auf A abgebildet, womit der Zyklus A–F–W–P–A gefunden ist. Nun starten wir mit dem ersten Zeichen, welches in diesem Zyklus nicht vorkommt, also dem B, und finden als nächsten Zyklus B–Y–K–E–B. In der folgenden Tabelle sind alle Zyklen zusammen mit ihren Längen eingetragen.

Zyklus	Länge
A–F–W–P–A	4
B–Y–K–E–B	4
C–Q–Z–V–L–T–I–D–G–C	9
S–H–O–R–X–N–U–J–M–S	9

Die gefundene Abbildung und damit auch die Zyklen hängen von der Steckbrettverschaltung ab. Daher hilft die Abbildung an sich für das Finden der Walzenstellung nicht direkt weiter. Da das Steckbrett aber eine monoalphabetische Chiffre darstellt, ändern sich bei geänderter Steckbrettverschaltung zwar die Zyklen, aber die Zyklenlängen ändern sich nicht.

TABELLE 3.8 Zyklentripel für verschiedene Walzenstellungen bei der Walzenlage I, II, III

Walzen-stellung	Zyklenlängen		
	1.↦4. Zeichen	2.↦5. Zeichen	3.↦6. Zeichen
AAA	(13,13)	(13,13)	(13,13)
AAB	(13,13)	(13,13)	(1,1,12,12)
AAC	(13,13)	(1,1,12,12)	(13,13)
AAD	(1,1,12,12)	(13,13)	(4,4,9,9)
AAE	(13,13)	(4,4,9,9)	(1,1,12,12)
AAF	(4,4,9,9)	(1,1,12,12)	(13,13)
AAG	(1,1,12,12)	(13,13)	(1,1,2,2,10,10)
AAH	(13,13)	(1,1,2,2,10,10)	(1,1,1,1,11,11)
AAI	(1,1,2,2,10,10)	(1,1,1,1,11,11)	(1,1,2,2,10,10)
AAJ	(1,1,1,1,11,11)	(1,1,2,2,10,10)	(13,13)
AAK	(1,1,2,2,10,10)	(13,13)	(1,1,5,5,7,7)
AAL	(13,13)	(1,1,5,5,7,7)	(4,4,9,9)
AAM	(1,1,5,5,7,7)	(4,4,9,9)	(13,13)
AAN	(4,4,9,9)	(13,13)	(2,2,5,5,6,6)
AAO	(13,13)	(2,2,5,5,6,6)	(1,1,2,2,3,3,3,4,4)
AAP	(2,2,5,5,6,6)	(1,1,2,2,3,3,3,4,4)	(13,13)
AAQ	(1,1,2,2,3,3,3,4,4)	(13,13)	(13,13)
AAR	(13,13)	(13,13)	(1,1,12,12)
AAS	(13,13)	(1,1,12,12)	(2,2,11,11)
...	...	...	...

Sie sind nämlich unabhängig von der Steckbrettverschaltung! Damit ist die Liste $(4,4,9,9)$ ein grober Fingerabdruck von Walzenstellung und Walzenlage.

Diesen Fingerabdruck können wir noch verfeinern, wenn wir die gleiche Prozedur wiederholen für die jeweils zweiten und fünften Zeichen der Anfangsstücke der Nachrichten sowie für die jeweils dritten und sechsten Zeichen. Wir erhalten dann noch zwei weitere Listen von Zyklenlängen, zum Beispiel $(13,13)$ und $(1,1,3,3,9,9)$. Der gesamte Fingerabdruck der Walzenstellung ergibt sich also zu dem Tripel $((4,4,9,9),(13,13),(1,1,3,3,9,9))$. Um nun von solch einem gefundenen Fingerabdruck auf die Walzenstellung schließen zu können, fehlt nur noch eine Tabelle der Tripel von Zyklenlängen für alle Walzenstellungen. Rejewski erstellte diese Tabelle für alle Walzenlagen und Walzenstellungen mit insgesamt $6 \cdot 26^3 = 105456$ Anfangsstellungen in einem Jahr Arbeit. Ein Ausschnitt aus solch einer Tabelle ist in Tabelle 3.8 dargestellt.

Man erkennt in der Tabelle, dass bei AAA das gleiche Zyklentripel vorkommt, wie bei AAR, das heißt, man kann bei gegebenem Zyklentripel die Walzenstellung nicht immer eindeutig ermitteln. Für eine feste Walzenlage mit ihren 17576 Anfangsstellungen kommen in der Liste 6961 verschiedene Tripel vor. Im Mittel gehören also zu einem Tripel etwa $17576/6961 \approx 2.5$ verschiedene Walzenstellungen.

Gegen Ende des zweiten Weltkriegs wurde das Wiederholen der Spruchschlüssel aufgegeben und dieser Angriff war nicht mehr möglich. Alan Turing fand dann einen ähnlichen, auch auf Zyklen basierenden, Known-Plaintext-Angriff.

■ 3.8 Das One-Time-Pad, die perfekte Chiffre

Das One-Time-Pad wurde 1917 von Major J. Mauborgne und G. Vernam von AT&T erfunden [Kah67] und ist nichts anderes als eine Vigenère-Chiffre mit unendlich langem Schlüsselwort.[5] Jeder einzelne Schlüsselwortbuchstabe wird also genau einmal in höchstens einer Nachricht benutzt.

In der Praxis wird heute hauptsächlich binär verschlüsselt, d. h. über dem Alphabet $\{0,1\}$. Ein Klartextbit z wird mit dem Zufallsbit r des Schlüssels chiffriert durch die Vorschrift

$$z \mapsto (z+r) \bmod 2 = z\,\text{XOR}\,r = z \oplus r\,.$$

Zur Vereinfachung der Schreibweise wird im Folgenden statt XOR bzw. Addition modulo 2 auch das Zeichen „⊕" benutzt. Das Verschlüsseln erfolgt also durch bitweise XOR-Verknüpfung eines Stroms von Klartextbits mit einem Strom von echten Zufallsbits, wie in Bild 3.5 dargestellt. Das One-Time-Pad gehört damit zur Klasse der Stromchiffren. Wegen $z \oplus r \oplus r = z$ erfolgt das Dechiffrieren mit dem gleichen Schlüssel und der gleichen Funktion wie das Chiffrieren (siehe Übung 3.6). Nun zeigen wir, dass das One-Time-Pad uneingeschränkt sicher ist.

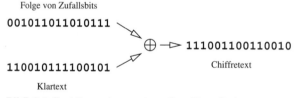

BILD 3.5 Funktionsschema eines One-Time-Pad

 Definition 3.5

Ein Chiffriersystem heißt **perfekt**, wenn bei beliebigem Klartext M und beliebigem Chiffretext C die a-priori-Wahrscheinlichkeit $p(M)$ gleich der bedingten Wahrscheinlichkeit (a-posteriori-Wahrscheinlichkeit) $p(M\,|\,C)$ ist, d. h.

$$p(M\,|\,C) = p(M)\,. \tag{3.4}$$

---

[5] In der Praxis genügt es, wenn das Schlüsselwort länger ist als alle bis zum nächsten Schlüsseltausch übertragenen Nachrichten zusammen.

Diese Definition besagt, dass ein beliebiger Klartext und der zugehörige Chiffretext statistisch unabhängig sein müssen, um perfekte Sicherheit zu garantieren, denn mit der Definition der bedingten Wahrscheinlichkeit folgt aus Gleichung 3.4

$$p(M \mid C) = \frac{p(M \wedge C)}{p(C)} = p(M), \quad (3.5)$$

was sich auch schreiben lässt als

$$p(M \wedge C) = p(M) \cdot p(C).$$

Dies ist die statistische Unabhängigkeit von Klartext M und Chiffretext C.

Definition 3.6
Eine Zahlenfolge (a_n) mit $a_i \in \{0,1\}$ heißt **(echte) Zufallsbitfolge**, wenn die Werte 0 und 1 jeweils mit Wahrscheinlichkeit 1/2 vorkommen und wenn es keine Möglichkeit gibt, aus der Kenntnis eines beliebig langen Anfangsstücks der Folge Informationen über den Rest der Folge abzuleiten. (Siehe auch Anhang B.)

Lemma 3.1
Sei X eine Zufallsvariable zur Erzeugung einer echten Zufallsbitfolge. Dann gilt

$$P(x \oplus 0 = 0) = P(x \oplus 0 = 1) = 1/2 \quad (3.6)$$
$$\text{und} \quad P(x \oplus 1 = 0) = P(x \oplus 1 = 1) = 1/2. \quad (3.7)$$

Beweis
Nach Voraussetzung gilt $P(x = 0) = P(x = 1) = 1/2$. Da $x \oplus 0 = x$, ist für die Gleichung 3.6 nichts zu zeigen. Da $x \oplus 1 = 1$ für $x = 0$ und $x \oplus 1 = 0$ für $x = 1$, werden die beiden Werte 0 und 1 für X gerade vertauscht. Die Wahrscheinlichkeiten bleiben damit bei 1/2.

Damit ist gezeigt, dass die XOR-Funktion mit einer gleichverteilten binären Zufallsvariablen wieder eine gleichverteilte binäre Zufallsvariable erzeugt und es lässt sich der folgende Satz herleiten:

Satz 3.2
Wird ein One-Time-Pad mit einer echten Zufallsbitfolge betrieben, so bietet es perfekte Sicherheit.

Beweis
Sei $\mathcal{M}$ die Menge aller Klartexte M der Länge n, $\mathcal{C}$ die Menge aller Chiffretexte C der Länge n und $\mathcal{K}$ die Menge aller Schlüssel K der Länge n. Bei einem One-Time-

Pad gilt

$$|\mathcal{M}| = |\mathcal{C}| = |\mathcal{K}| =: m = 2^n,$$

denn alle drei Mengen bestehen aus allen Texten der Länge n über einem vorgegebenen Alphabet. Da der Schlüssel aus Zufallszahlen besteht, wird wegen Lemma 3.1 für einen beliebig vorgegebenen Klartext jeder Chiffretext mit der gleichen Wahrscheinlichkeit $p(C) = 1/m$ erzeugt. Da es genau m Schlüssel der Länge n gibt, gibt es genau m unterschiedliche Chiffretexte zu jedem Klartext, die (wegen der Zufälligkeit der Schlüssel) alle mit der gleichen Wahrscheinlichkeit auftreten. Es gilt also

$$p(C \mid M) = \frac{1}{m}.$$

Wendet man wie in Gleichung 3.5 die Definition der bedingten Wahrscheinlichkeit auch auf $p(C \mid M)$ an, so erhält man aus beiden Gleichungen die bekannte (in Statistikbüchern zu findende) Bayes'sche Formel

$$p(C \mid M) p(M) = p(M \mid C) p(C).$$

Einsetzen ergibt

$$\frac{1}{m} p(M) = p(M \mid C) \frac{1}{m},$$

woraus

$$p(M \mid C) = p(M)$$

folgt, was zu beweisen war. ∎

Da es beim One-Time-Pad keine Möglichkeit gibt, aus einem beliebig langen Chiffretext den Klartext zu rekonstruieren, erfüllt es Definition 2.1, das heißt es ist uneingeschränkt sicher.

So sicher das One-Time-Pad auch ist, so schwierig ist es zu realisieren, denn echte Zufallszahlengeneratoren können prinzipiell nicht auf digitalen Computern (von-Neumann-Rechner) programmiert werden. Es können stattdessen Folgen von Pseudozufallszahlen benutzt werden. Allerdings ist dann die Sicherheit nicht mehr perfekt. Der einzige Weg zum Erzeugen von echten Zufallszahlen ist die Verwendung eines zufälligen physikalischen Prozesses. Das thermische Rauschen eines Widerstandes beispielsweise kann mittels relativ einfacher elektronischer Schaltungen auf Zufallszahlen sehr hoher Güte abgebildet werden (Anhang B).

Auch wenn man echte Zufallszahlen verwendet, ist das One-Time-Pad sehr unhandlich, denn auf dem Zielrechner, auf dem C entschlüsselt wird, muss die gleiche Schlüsselfolge wie auf dem Quellrechner benutzt werden. Es muss also auf beiden Rechnern eine lange Folge von Zufallsbits gespeichert werden. Der sehr aufwändige Schlüsseltausch stellt damit das größte Problem bei der praktischen Anwendung des One-Time-Pad dar. Für sehr sicherheitskritische Bereiche mag sich der Aufwand jedoch lohnen. Der heiße Draht zwischen Moskau und Washington soll mit einem One-Time-Pad verschlüsselt worden sein [Beu09]. Auch in Bletchley Park wurden One-Time-Pads benutzt um die abgefangenen und decodierten Funksprüche an die Regierung in London zu übermitteln. Dadurch blieb der deutschen Wehrmacht vermutlich bis zum Kriegsende der sichere Beweis für das Knacken der Enigma vorenthalten.

■ 3.9 One-Time-Pad fast ohne Schlüsseltausch

Für öffentliche Aufmerksamkeit sorgte im Frühjahr 2001 ein Artikel in der New York Times [Kol01], in dem behauptet wird, das Schlüsseltauschproblem beim One-Time-Pad sei gelöst. Der Artikel bezieht sich auf eine noch unveröffentlichte Arbeit von **Michael Rabin** und seinem Doktoranden **Yan Zong Ding**.

Die Idee ist einfach: Sender und Empfänger benutzen ein One-Time-Pad zum Verschlüsseln ihrer Nachrichten. Die Schlüsselbits lesen sie nicht aus irgend einem lokalen Speicher, sondern aus einem kontinuierlich von einem Satelliten weltweit per Broadcast gesendeten unverschlüsselten Datenstrom (siehe Bild 3.6). Der Satellit bezieht die Zufallsbits aus einer echten physikalischen Zufallsquelle und sendet sie mit sehr hoher Frequenz (10^{10} Bit pro Sekunde[6]) über den Globus. Will nun Alice eine geheime Nachricht an Bob schicken, so teilt sie ihm in einer kurzen, konventionell verschlüsselten Nachricht den Zeitpunkt mit, ab dem sie die Zufallsbits aus dem Äther benutzt, um ihre Nachricht per One-Time-Pad zu verschlüsseln. Außerdem schickt sie ihm vielleicht noch eine Auswahlfunktion – zum Beispiel einen Pseudozufallszahlengenerator – mit der Alices und Bobs Rechner nur einen Teil der empfangenen Bits selektieren. Bobs Rechner weiß nun, welche Bits er aufzeichnen muss, um die Nachricht von Alice decodieren zu können.

Jedermann weltweit, also auch ein Angreifer, kann die per Satellit versandten Schlüsselbits mithören. Wenn er nun aber Startzeitpunkt und Auswahlfunktion nicht weiß, könnte er versuchen, die Bitfolge einfach zu speichern und dann verschiedene Anfangszeitpunkte auszuprobieren. Oder er knackt in Ruhe die Nachricht mit dem verschlüsselten Startzeitpunkt und ruft dann die passenden Bits aus dem Speicher ab.

Bei 10^{10} Bit pro Sekunde und einem Zeitfenster von einer Stunde für den möglichen Start der Verschlüsselung müsste der Angreifer $3.6 \cdot 10^{13}$ Bit speichern. Das ergibt 4.5 TByte oder 45 Festplatten a 100 GByte. Ein weiteres technisches Problem wäre das Abspeichern der ankommenden Bits auf die Festplatten, denn deren maximale Schreibgeschwindigkeit liegt bei etwa 100 Megabit pro Sekunde. Man müsste also den Datenstrom aufteilen und parallel auf etwa 100 Festplatten schreiben.

Das Problem für den Angreifer liegt hier offensichtlich in der praktischen Unmöglichkeit, die immense Datenfülle der übertragenen Bits zu speichern. Wenn er aber den Bitstrom nicht speichern kann, dann nützt ihm eine geknackte Nachricht mit dem Startzeitpunkt wenig, es sei denn, er knackt diese Nachricht bevor die eigentliche Übertragung beginnt.

---

[6] In [Kol01] wird eine Zahl von 10^{13} Bit pro Sekunde genannt. Dies ist wohl ein Versehen, denn die höchste heute zur Informationsübermittlung nutzbare Frequenz liegt bei etwa 35 Gigahertz, woraus eine maximale Übertragungsrate von grob 10^{10} Bit pro Sekunde folgt.

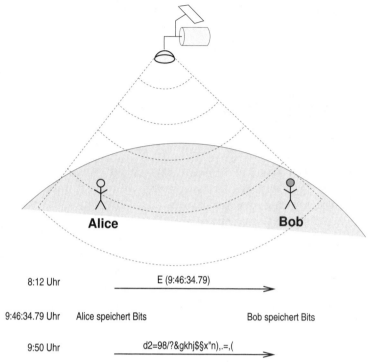

BILD 3.6 One-Time-Pad mit Schlüsseltausch per Satellit

Da noch nicht alle Details dieses Verfahren publiziert sind, steht der Beweis der technischen Realisierbarkeit und Sicherheit noch aus. In [Kol01] wird jedoch behauptet, Rabin und Ding können diesen Beweis liefern und einem erstrangigen Theoretiker wie Rabin kann man sicher vertrauen. Angenommen, das Verfahren funktioniert, so wird es sicher nicht die Chiffre für jedermann werden. Zum einen genügt dem Normalbürger eine moderne starke Verschlüsselung wie RSA und AES völlig. Außerdem wird für das vorgeschlagene Verfahren eine eventuell teure Spezialhardware benötigt.

Des weiteren ist der zentrale Satellit ein Angriffspunkt für Abhörinstitutionen wie die NSA. Was, wenn die Bits von einem Pseudozufallsgenerator erzeugt werden, der so gut ist, dass keiner der aktuell üblichen statistischen Tests dies erkennt? Derjenige, der die Bits erzeugt, könnte sie jederzeit reproduzieren und alle Botschaften knacken (Anhang B). Es bleibt daher die Frage, ob ein Anwender Vertrauen in die Bits von dem zentralen Satelliten hätte. Vielleicht gibt es irgendwann einen marktwirtschaftlichen Wettbewerb im Versenden von guten Zufallszahlen für One-Time-Pads, in dem dann mehrere Anbieter für ihre Zahlen werben und dabei unter anderem auch versuchen, die Anwender von der Qualität der Zahlen zu überzeugen.

So neu wie die New York Times und andere Zeitschriften das Verfahren darstellen ist es tatsächlich nicht. Varianten dieser Idee wurden schon 1997 und früher von **Ueli Maurer** und Christian Cachin [CM97, Mau01] sowie 1999 von Rabin und Aumann [AR99] veröffentlicht. Die Wissenschaft ist ein langwieriger – durchaus spannender – Prozess, der viel Geduld erfordert. Neue Ideen entwickeln sich langsam und setzen sich oft erst nach vielen Jahren durch, nämlich dann, wenn sie sich bewährt haben, von der Fachwelt akzeptiert worden sind – und vielleicht noch von einem der großen Fachleute einer renommierten Universität publiziert werden (siehe auch [Sch01b]).

■ 3.10 Zusammenfassung

Einfache statistische Verfahren genügen zum Aufbrechen monoalphabetischer Chiffren. Bei der Vigenère-Chiffre ist schon etwas mehr Anstrengung nötig. Mit der richtigen Mathematik ist bei kurzem Schlüsselwort das Knacken auch hier kein großes Problem. Die Vigenère-Chiffre zeigt besonders schön, wie sich die Sicherheit skalieren lässt, von der unsicheren Verschiebechiffre im Fall eines Schlüsselworts der Länge 1 bis hin zum (mathematisch) absolut sicheren One-Time-Pad bei Verwendung eines unendlich langen echt zufälligen Schlüsselworts. Die modernen symmetrischen Verfahren liegen in ihrer Sicherheit also irgendwo zwischen der Verschiebechiffre und dem One-Time-Pad. Wegen des in der Praxis zu hohen Aufwands für den Schlüsseltausch besitzt das One-Time-Pad jedoch keine praktische Bedeutung im Vergleich zu den modernen Blockchiffren, die mit etwa 128 Schlüsselbits auskommen.

Übungen

Aufgabe 3.1
a) Berechnen Sie die Zahl der monoalphabetischen Chiffren über einem Alphabet der Mächtigkeit n. Geben Sie konkrete Zahlenbeispiele an!

b) Zeigen Sie, dass es unendlich viele polyalphabetische Chiffren gibt!

Aufgabe 3.2
a) Wie viele unterschiedliche Abbildungen gibt es von einer n-elementigen Menge auf sich selbst?

b) Wie viele von diesen Abbildungen sind invertierbar?

c) Wie viele Blockchiffren gibt es bei einer Blockgröße von 64 Bit?

d) Angenommen wir hätten ein Chiffriersystem, das den ganzen Raum aller 64-Bit-Blockchiffren abdeckt. Wie lang wäre dann der Schlüssel?

Aufgabe 3.3
Entwerfen Sie eine homophone Chiffre für binär codierte Daten, bei denen 72 % der Bits Nullen sind. Berechnen Sie die Größe des Schlüsselraumes und diskutieren Sie Vor- und Nachteile Ihres Algorithmus.

Aufgabe 3.4
Gegeben sei der Chiffretext

```
HRYTSBRWOKRIYZMVWKKPMGAAGYJMFNCXKRHIFVVEIUODJAQKGYKWEVIYRFYITLALIDF
YCNCWRUGWFVVXETNDVOMVMVTIOVALYEJHFZIJDKGYGTZMRUJISFGETKUQFQMKTRZMFA
BWRVORFMCNIIREFFAAKVYGINMLDLTKERZOEYXWDUMARCOGIXMAXWAISQIKZFXPJROWR
VORFEJWWKOQNGMFOIGRLUMAXXOFUQIKWGKDJSQKGYKJBPPOMJYIOMCJHZGKOBAWHVXE
QCMFHZFMUVAOMIJZPZAQWKKQBHAWMEKVENBWRSGRLOMJIZZWCRPSRUKPURZXEVRPFHV
```

```
VZFXLBALWRVTVFTMDRVDXSNPAIIZHBZQLMJZPFKUWHZTHFETSKVLYFERWHVHIMVMTMX
KWZZXLSDQSNOQFEKOSONCLSDGXJFKZIZTIEVIYRFYIAHOWRVXMFEMFESKVBHKZMEAQH
RSWLIZISEQULKARHIWFFVYXJZULIEQVBASZIZZIONCXQFKKMVKZIJEQQGWEIQAWDUTA
IJYIOQMJYDMEOTUAXNGLSFKZIZTPJPPCIZZIOOQWXVZHJRKZEEIIERVSVQZXFPPFMJI
LAHMFXCGWURVXSIJISGQZRRHISTTWMTNDFVBAKUGDVNCXWVORXVAKIEKBQYQRMKFYNN
KZIEAREMCJHZYOVFAASEFYTGMDPVTHBZQLFVYXFUBVMVSSFTTAGYQIJGLAICKMTGCFK
JLEFUQYOVOXVALVEJBISFBSIEJRJFUWHZFMOVAULVXHJNOFSJKDVIMJFVYWFEV
```

Er wurde mit einer Vigenère-Chiffre auf dem deutschen Alphabet mit 26 Buchstaben ohne Leerzeichen erzeugt. Decodieren Sie ihn mit Hilfe der beschriebenen Verfahren.

Aufgabe 3.5

a) Geben Sie für folgende Permutation f die Zyklen an:

x	A	B	C	D	E	F	G	H	I	J	K	L	M	N	O	P	Q	R	S	T	U	V	W	X	Y	Z
$f(x)$	F	Q	H	P	L	W	O	G	B	M	V	R	X	U	Y	C	Z	I	T	N	J	E	A	S	D	K

b) Geben Sie für folgende Zyklen die Permutation an: A–Z–Y–B–A, C–C, D–E–F–G–H–I–D, J–J, K–K, L–M–N–O–P–L, Q–R–Q, S–T–U–V–W–X–S.

c) Zeigen Sie, dass jede Permutation Zyklen enthält. Wie viele Zyklen gibt es mindestens und wie viele höchstens?

Aufgabe 3.6

Zeigen Sie, dass beim One-Time-Pad Verschlüsseln und Entschlüsseln genau gleich funktionieren, d. h. dass für jedes Klartextbit z und ein Zufallsbit r gilt $z \oplus r \oplus r = z$.

Aufgabe 3.7

Im Jahr 1929 erfand der Mathematiker Lester Hill eine Blockchiffre mit variabler Blocklänge für das Alphabet a, b, c, ..., z, ä, ö, ü, wobei für die Chiffrierung die Nummern der Zeichen (0, ..., 28) benutzt werden. Für die Blocklänge 2 besteht der Schlüssel aus einer Matrix

$$\mathbf{K} = \begin{pmatrix} k_{11} & k_{12} \\ k_{21} & k_{22} \end{pmatrix}.$$

Jeder Klartextblock **M** in Form eines Vektors der Länge 2 wird chiffriert in

$$\mathbf{C} = \mathbf{K} \cdot \mathbf{M},$$

wobei alle Additionen und Multiplikationen modulo 29 zu berechnen sind.

a) Knacken Sie mit einem Known-Plaintext-Angriff die Hill-Chiffre. Der Chiffretext zu „turing" sei „UÖIHGH". Finden Sie die Schlüsselmatrix **K** bzw. deren Inverse und entschlüsseln Sie den restlichen Geheimtext „EJEFHDNUAHRX".

b) Warum wäre hier ein Alphabet mit 26 Buchstaben keine gute Wahl?

4 Moderne Blockchiffren

Claude Shannon [Sha49] forderte, dass der Geheimtext durch Konfusion und Diffusion aus dem Klartext gebildet wird. Konfusion bedeutet in etwa Mischen, das heißt, die statistischen Eigenschaften des Chiffretextes sollten möglichst gut einer Folge aus Zufallszahlen gleichen, auch wenn der Klartext stark strukturiert ist. Diffusion bedeutet, dass jedes Klartextbit auf möglichst viele Chiffretextbits verteilt wird. Damit werden Angriffe erschwert, die auf der Zuordnung eines Klartextteiles zu einem bestimmten Chiffretextteil und dem Schlüssel basieren. Als ein vernünftiger Kompromiss aus Diffusion und Effizienz der Implementierung werden heute meist Blocklängen von 64 oder 128 Bit gewählt. Bevor wir nun auf die Details bestimmter Blockchiffren eingehen, wollen wir einige allgemeine Überlegungen anstellen.

Um eine möglichst hohe Sicherheit zu erreichen, wäre es wünschenswert, den Schlüsselraum so groß wie möglich zu machen. Dies ist leider nicht möglich, denn die Gesamtzahl aller Chiffren mit einer Blocklänge von 64 Bit beträgt 2^{64}! (Fakultät!). Um eine spezielle Chiffre zu codieren wird also ein Schlüssel der Länge $\log_2(2^{64}!) \approx 2^{70} \approx 10^{21}$ Bit benötigt. Das sind etwa 10^{11} GByte. Um einen einzigen derartigen Schlüssel zu speichern, würde man mehr als 10^9 Festplatten mit einer Kapazität von je 100 GByte benötigen, die zusammen etwa 500 000 Tonnen schwer wären. Man wird sich also in der Praxis auf eine kleine Teilmenge von Blockchiffren – mit kurzem Schlüssel – beschränken, die Diffusion und Konfusion möglichst gut realisieren.

4.1 Data-Encryption-Standard DES

DES ist der derzeit weitest verbreitete und wichtigste Vertreter der symmetrischen Blockchiffren. Im Jahr 1973 wurde von Horst Feistel im Auftrag von IBM ein Algorithmus namens LUCIFER vorgestellt [Fei73], der auf 64-Bit-Blöcken mit einem 128-Bit-Schlüssel basiert. Er arbeitet abwechselnd mit Substitution und Permutation auf den Blöcken und wiederholt diesen Prozess mehrfach mit unterschiedlichen Teilen des Schlüssels. Bis heute wurden viele andere Chiffren basierend auf diesem Prinzip entwickelt. Sie werden nach dem Erfinder als **Feistel-Chiffren** bezeichnet.

Als eine einfach in Hardware realisierbare Weiterentwicklung von LUCIFER wurde ein Vorläufer von DES vorgestellt. Nach einer öffentlichen Ausschreibung wurde im Jahre 1977

DES veröffentlicht und in den USA offiziell eingeführt, unter anderem zur Verwendung für alle nicht geheimen – aber offenbar auch nicht öffentlichen – Regierungsvorgänge (siehe auch Tabelle 4.1). Das Kerkhoffs-Prinzip war mit der Veröffentlichung von DES voll erfüllt. Als Konsequenz kann von den Kryptographieexperten laufend die Sicherheit geprüft werden. Die Anwender wissen daher immer zuverlässig über die Sicherheit Bescheid, wodurch das Vertrauen in DES wächst. Dass jedoch gewisse Behörden nicht immer an der Veröffentlichung aller Details interessiert sind, schreibt Bruce Schneier in [Sch05]:

> Inoffiziell bezeichnete die NSA den DES als einen ihrer größten Fehler. Hätte die Behörde gewusst, dass die Einzelheiten herausgegeben und Software-Implementierungen möglich würden, hätte sie niemals zugestimmt.

TABELLE 4.1 Geschichte von DES in Stichworten

vor 1970	wurde Kryptographie im Wesentlichen zur militärischen Kommunikation genutzt. Durch das Aufkommen der elektronischen Datenverarbeitung entsteht Bedarf zum Verschlüsseln von Daten und zur Authentifikation.
Mai 1973:	Das NIST (National Institute of Standards and Technology, USA) startet eine öffentliche Ausschreibung für einen standardisierten kryptographischen Algorithmus.
August 1974:	Mangels qualifizierter Einreichungen veröffentlicht das NIST eine zweite Ausschreibung. Schließlich wird ein Algorithmus eingereicht.
17.3.1975:	Im amerikanischen Bundesanzeiger werden Einzelheiten eines von IBM entwickelten und von der NSA (National Security Agency) geprüften Algorithmus veröffentlicht.
1.8.1975:	Im amerikanischen Bundesanzeiger wird die Öffentlichkeit zu Stellungnahmen aufgefordert, die dann im Folgenden die undurchschaubare Rolle der NSA kritisierten.
15.6.1977:	Der Data-Encryption-Standard wird veröffentlicht. Unter anderem schreibt der Standard eine Zertifizierung von DES-Implementierungen durch das NIST vor. Außerdem muss DES alle fünf Jahre überprüft werden.
1981:	ANSI (American National Standards Institute) erkennt DES als Standard an.
1982-1986:	Basierend auf DES werden Standards für die Verschlüsselung von PINs, für die verschiedensten Finanztransaktionen, zur Schlüsselverteilung sowie für Telekommunikation und FAX definiert.
1983:	DES wird geprüft und ohne Probleme neu zertifiziert.
1987:	Nach langen Debatten wird DES neu zertifiziert.
1993:	DES wird erneut zertifiziert (mit der Bemerkung, dass es Ende der 90er Jahre überholt sein würde).
1994:	Mit einem Rechenaufwand von 50 Tagen auf 12 HP-9735-Workstations wurde DES erstmals geknackt.
1997:	NIST kündigt die Entwicklung des Advanced-Encryption-Standard (AES) an.
17.7.1998:	Die Electronic Frontier Foundation (EFF) knackt DES mit einem Spezialchip in weniger als drei Tagen.
19.4.1999:	100 000 PCs von Distributed.net und der EFF Spezialrechner knacken DES in 22 Stunden, 15 Minuten.

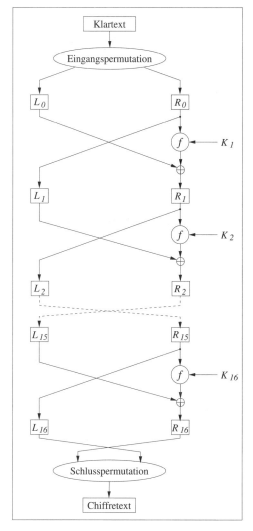

BILD 4.1 Die 16 Runden von DES

DES galt lange Zeit als sehr sicher. 1994 wurde es erstmals geknackt. Heute wird DES nicht mehr verwendet, denn es gibt viele neue sichere Blockchiffren (Abschnitte 4.2, 4.4). Bis jetzt immer noch sicher ist Triple-DES (siehe Abschnitt 4.1.7).

4.1.1 Übersicht

Die Funktion von DES im Überblick ist in Bild 4.1 dargestellt[1]. Der Klartext wird zuerst durch die Eingangspermutation (Tabelle 4.2) gemischt, durchläuft dann die 16 Runden und nach der Schlusspermutation ist der Chiffretext erzeugt. Die Schlusspermutation ist invers

---

[1] Bei den Flussdiagrammen von Algorithmen in diesem Kapitel stehen Rechtecke generell für Daten und Ellipsen bzw. Kreise für Programme oder Aktionen.

4 Moderne Blockchiffren

TABELLE 4.2 Die DES-Permutationen; liest man die Tabellen zeilenweise von links oben nach rechts unten, so bedeutet eine Zahl z an Position i, dass das Bit z auf Bit i abgebildet wird.

Eingangspermutation:

58	50	42	34	26	18	10	2	60	52	44	36	28	20	12	4
62	54	46	38	30	22	14	6	64	56	48	40	32	24	16	8
57	49	41	33	25	17	9	1	59	51	43	35	27	19	11	3
61	53	45	37	29	21	13	5	63	55	47	39	31	23	15	7

Schlusspermutation:

40	8	48	16	56	24	64	32	39	7	47	15	55	23	63	31
38	6	46	14	54	22	62	30	37	5	45	13	53	21	61	29
36	4	44	12	52	20	60	28	35	3	43	11	51	19	59	27
34	2	42	10	50	18	58	26	33	1	41	9	49	17	57	25

Kompressionspermutation:

14	17	11	24	1	5	3	28	15	6	21	10
23	19	12	4	26	8	16	7	27	20	13	2
41	52	31	37	47	55	30	40	51	45	33	48
44	49	39	56	34	53	46	42	50	36	29	32

Expansionspermutation:

32	1	2	3	4	5
4	5	6	7	8	9
8	9	10	11	12	13
12	13	14	15	16	17
16	17	18	19	20	21
20	21	22	23	24	25
24	25	26	27	28	29
28	29	30	31	32	1

P-Box-Permutation:

16	7	20	21	29	12	28	17	1	15	23	26	5	18	31	10
2	8	24	14	32	27	3	9	19	13	30	6	22	11	4	25

Schlüsselpermutation:

57	49	41	33	25	17	9	1	58	50	42	34	26	18
10	2	59	51	43	35	27	19	11	3	60	52	44	36
63	55	47	39	31	23	15	7	62	54	46	38	30	22
14	6	61	53	45	37	29	21	13	5	28	20	12	4

Schlüsselverschiebungen:

Runde	1	2	3	4	5	6	7	8	9	10	11	12	13	14	15	16
Anzahl	1	1	2	2	2	2	2	2	1	2	2	2	2	2	2	1

zur Eingangspermutation. Die Eingangs- und Schlusspermutationen tragen zur Sicherheit von DES nicht bei, denn es handelt sich hier um schlüsselunabhängige Operationen. Vermutlich wurden sie nur entworfen, um bei einer Hardware-Implementierung die 64 Bit in entsprechende Register zu speichern. Aus dem Schlüssel K werden 16 Teilschlüssel generiert, für jede Runde einer.

4.1.2 Eine Runde

Nach der Eingangspermutation wird der 64-Bit-Block in die linke Hälfte L_0 und die rechte Hälfte R_0 mit je 32 Bit geteilt. In jeder der 16 Runden wird die rechte Hälfte unverändert als linke Hälfte der nächsten Runde übernommen, das heißt, es gilt $L_i = R_{i-1}$. Auf den Teilschlüssel K_i und die rechte Hälfte R_{i-1} wird nun die Funktion f angewendet. Das Ergebnis wird mit der linken Hälfte L_{i-1} XOR-verknüpft und als rechte Hälfte der nächsten Runde übernommen. Dieser Vorgang wird 16-mal wiederholt. Die Berechnungen einer Runde lassen sich formal beschreiben durch

$$L_i = R_{i-1},$$
$$R_i = L_{i-1} \oplus f(R_{i-1}, K_i).$$

Innerhalb der Funktion f werden zuerst die rechten 32 Bit R_{i-1} durch die Expansionspermutation (Tabelle 4.2) auf 48 Bit aufgeweitet und dann mit dem ebenfalls 48 Bit langen

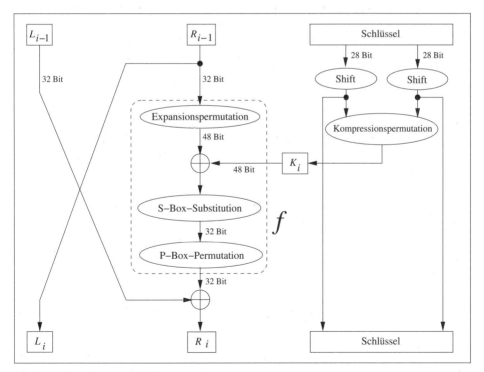

BILD 4.2 Eine Runde von DES

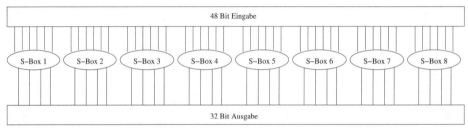

BILD 4.3 Die S-Box-Transformation

Teilschlüssel K_i XOR-verknüpft (Bild 4.2). Nun folgt der für die Sicherheit von DES wichtigste Teil, die S-Box-Transformation. Zunächst werden die 48 Bit in acht Sechserblöcke aufgeteilt, je ein Block als Eingabe für eine S-Box (Bild 4.3). Das jeweils erste und letzte Bit eines Blocks, als Zahl interpretiert, bestimmen die Zeile in der zugehörigen S-Box und die von den Bits 2 bis 5 dargestellte Zahl wird zur Auswahl der Spalte benutzt. Der an dieser Stelle in der S-Box gefundene Eintrag ist eine Zahl zwischen 0 und 15, die als 4-Bit-Binärzahl ausgegeben wird (Tabelle 4.3). Alle S-Boxen zusammen liefern ein 32-Bit-Wort, das durch die P-Box-Permutation permutiert und als Ergebnis von f mit L_{i-1} XOR-verknüpft wird (siehe oben).

Beispiel 4.1

Angenommen, die Eingabe der S-Box 5 ist binär ‚110100'. Die Bits 1 und 6 ergeben den Zeilenindex 2, das heißt die dritte Zeile in S-Box 5 und die restlichen Bits führen zu Spalte 10, wo wir die Zahl 12 finden. Die Ausgabe der S-Box lautet also ‚1100'. ∎

4.1.3 Die 16 Teilschlüssel

Der ursprünglich 64 Bit lange Schlüssel wird durch die Schlüsselpermutation in Tabelle 4.2 auf 56 Bit verkürzt und dann in zwei gleiche Hälften X_0 und Y_0 aufgeteilt. In Runde i werden nun beide Hälften X_{i-1} und Y_{i-1} abhängig vom Rundenindex entsprechend Tabelle 4.2 zyklisch um ein oder zwei Bits nach links verschoben und dienen in der nächsten Runde als neue Hälften X_i und Y_i. Nun werden durch die Kompressionspermutation 48 der 56 Bits X_i und Y_i ausgewählt und als Teilschlüssel K_i an die Funktion f übergeben.

Bei der Anwendung von DES müssen bestimmte schwache Schlüssel vermieden werden. Beispiele sind alle Schlüssel, deren zwei Hälften nur aus Einsen oder Nullen bestehen, denn die daraus generierten Teilschlüssel sind alle identisch, wie man in Bild 4.2 leicht nachvollziehen kann.

4.1.4 Die Dechiffrierfunktion

Betrachtet man den Kern von DES, nämlich die S-Boxen, so erkennt man, dass diese nicht invertierbar sind, denn sie komprimieren je 6 Bit auf 4 Bit. Trotzdem ist DES als Ganzes invertierbar. Allerdings dürfen die S-Boxen und damit auch die f-Funktion nicht rückwärts

TABELLE 4.3 Die S-Boxen von DES

S-Box 1:

14	4	13	1	2	15	11	8	3	10	6	12	5	9	0	7
0	15	7	4	14	2	13	1	10	6	12	11	9	5	3	8
4	1	14	8	13	6	2	11	15	12	9	7	3	10	5	0
15	12	8	2	4	9	1	7	5	11	3	14	10	0	6	13

S-Box 2:

15	1	8	14	6	11	3	4	9	7	2	13	12	0	5	10
3	13	4	7	15	2	8	14	12	0	1	10	6	9	11	5
0	14	7	11	10	4	13	1	5	8	12	6	9	3	2	15
13	8	10	1	3	15	4	2	11	6	7	12	0	5	14	9

S-Box 3:

10	0	9	14	6	3	15	5	1	13	12	7	11	4	2	8
13	7	0	9	3	4	6	10	2	8	5	14	12	11	15	1
13	6	4	9	8	15	3	0	11	1	2	12	5	10	14	7
1	10	13	0	6	9	8	7	4	15	14	3	11	5	2	12

S-Box 4:

7	13	14	3	0	6	9	10	1	2	8	5	11	12	4	15
13	8	11	5	6	15	0	3	4	7	2	12	1	10	14	9
10	6	9	0	12	11	7	13	15	1	3	14	5	2	8	4
3	15	0	6	10	1	13	8	9	4	5	11	12	7	2	14

S-Box 5:

2	12	4	1	7	10	11	6	8	5	3	15	13	0	14	9
14	11	2	12	4	7	13	1	5	0	15	10	3	9	8	6
4	2	1	11	10	13	7	8	15	9	12	5	6	3	0	14
11	8	12	7	1	14	2	13	6	15	0	9	10	4	5	3

S-Box 6:

12	1	10	15	9	2	6	8	0	13	3	4	14	7	5	11
10	15	4	2	7	12	9	5	6	1	13	14	0	11	3	8
9	14	15	5	2	8	12	3	7	0	4	10	1	13	11	6
4	3	2	12	9	5	15	10	11	14	1	7	6	0	8	13

S-Box 7:

4	11	2	14	15	0	8	13	3	12	9	7	5	10	6	1
13	0	11	7	4	9	1	10	14	3	5	12	2	15	8	6
1	4	11	13	12	3	7	14	10	15	6	8	0	5	9	2
6	11	13	8	1	4	10	7	9	5	0	15	14	2	3	12

TABELLE 4.3 *(Fortsetzung)*

S-Box 8:

13	2	8	4	6	15	11	1	10	9	3	14	5	0	12	7
1	15	13	8	10	3	7	4	12	5	6	11	0	14	9	2
7	11	4	1	9	12	14	2	0	6	10	13	15	3	5	8
2	1	14	7	4	10	8	13	15	12	9	0	3	5	6	11

durchlaufen werden. Die Umkehrfunktion von DES erhält man aber trotzdem, indem man in Bild 4.1 unten beim Chiffretext startet und das Diagramm rückwärts durchläuft. Wichtig ist hierbei, dass man alle Pfeile, außer denen zu und von den f-Funktionen, in umgekehrter Richtung passiert. Die f-Funktionen werden ganz normal durchlaufen. Man erkennt hierbei, dass beim Rückwärtsdurchlaufen zum Beispiel L_{15} und R_{15} den gleichen Wert haben wie beim Vorwärtsdurchlaufen. Dies gilt auch für alle anderen Werte L_i und R_i. DES besitzt übrigens die bemerkenswerte Eigenschaft, dass der gleiche Algorithmus zur Entschlüsselung benutzt wird. Es müssen nur die Teilschlüssel in umgekehrter Reihenfolge angewendet werden. Dies erreicht man, indem die Schlüsselverschiebungen nach rechts statt links erfolgen, denn die Verschiebungen sind zyklisch.

4.1.5 Sicherheit und Nichtlinearität

Wie schon erwähnt, basiert die Sicherheit von DES auf der Konstruktion der S-Boxen. Diese bewirken unter anderem, dass eine minimale Änderung des Klartextes zu einer dramatischen Änderung des Geheimtextes führt. Diese Eigenschaft von DES wird als **Lawineneffekt** bezeichnet. Dies wollen wir aufzeigen am Beispiel der beiden Klartexte

M_1 = 00000000 00000000 00000000 00000000 00000000 00000000 00000000 00000000 ,

M_2 = 00000000 00000000 00000000 00000000 00000000 00000000 00000000 00000001 ,

die sich um genau ein Bit unterscheiden. Wir lassen M_1 und M_2 durch DES laufen und vergleichen nach jeder Runde die beiden 64-Bit-Blöcke, indem wir ihren Hammingabstand[2] berechnen. In Bild 4.4 links erkennt man, dass ab der ersten Runde bis zu Runde 4 der Hammingabstand monoton wächst und dann um den Wert 32 pendelt. Wird das gleiche Experiment mit 1000 zufälligen 64-Bit-Vektoren wiederholt und der Hammingabstand gemittelt, so ergibt sich ab Runde 5 ein Mittelwert, der sehr nahe bei 32 liegt.

Wir zeigen nun, dass dies nur mit linearen Funktionen nicht erreichbar wäre. Eine Funktion f heißt linear, wenn für alle Argumente x und y gilt

$$f(x \oplus y) = f(x) \oplus f(y),$$

wobei hier die bitweise Addition modulo zwei betrachtet wird.[3] Jede lineare Funktion ist ähnlichkeitserhaltend, das heißt, kleine Änderungen im Argument bewirken kleine Än-

---

[2] Der Hammingabstand zweier Bitvektoren ist die Anzahl der Stellen, an denen sich die Vektoren unterscheiden.
[3] Die Forderung $f(\lambda x) = \lambda f(x)$ ist hier nicht nötig, denn sie folgt direkt aus $f(x \oplus y) = f(x) \oplus f(y)$.

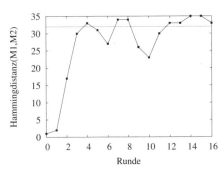 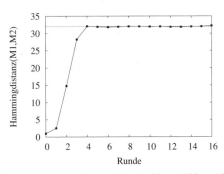

BILD 4.4 Der Hammingabstand zweier um ein Bit verschiedener Klartextblöcke M_1 und M_2 nach allen 16 Runden von DES (links). Das rechte Bild zeigt die Mittelwerte des Hammingabstands über 1000 zufällig erzeugte Klartextblöcke (M_1), bei denen das letzte Bit negiert wurde (M_2).

derungen im Ergebnis. Eine lineare Funktion f, angewandt auf zwei Blöcke M_3 und M_4, die sich zum Beispiel nur um das letzte Bit unterscheiden, d. h. für die gilt $M_4 = M_3 \oplus M_2$, ergibt

$$f(M_4) = f(M_3 \oplus M_2) = f(M_3) \oplus f(M_2).$$

Das heißt, aus der Kenntnis der Chiffretexte $f(M_3)$ und $f(M_2)$ lässt sich ganz einfach der Chiffretext $f(M_4)$ ermitteln.

In der linearen Algebra im $\mathbb{R}^n$ kann eine lineare Abbildung A eindeutig bestimmt werden aus n linear unabhängigen Vektoren und deren Bildvektoren unter A. Analog kann man die Menge der 64-Bit-Vektoren als Elemente des zum Körper $\mathbb{Z}_2$ gehörenden Vektorraums der Dimension 64 sehen. Eine lineare Abbildung in diesem Raum kann durch eine 64×64-Matrix mit Elementen aus $\{0, 1\}$ dargestellt werden. Eine derartige Matrix ist eindeutig bestimmt durch 64 linear unabhängige Vektoren und deren Bilder. Soll nun eine lineare Abbildung von 64-Bit-Blöcken als Chiffre benutzt werden, so entspricht das Bestimmen der Matrix aus den bekannten Vektoren einem Known-Plaintext-Angriff für den 64 linear unabhängige Klartextblöcke und deren Chiffretexte benötigt werden. Die zu dieser Matrix inverse Matrix realisiert dann die Dechiffrierfunktion. Eine lineare Chiffre auf 64-Bit-Blöcken ist also sehr leicht zu knacken. Am Beispiel einer Blockchiffre mit Blöcken der Länge 2 über dem deutschen Alphabet soll in Aufgabe 3.7 dieser Angriff geübt werden. Im Vergleich dazu werden bei der differentiellen Kryptanalyse 2^{47} gewählte Klartextblöcke und deren Chiffretext für einen Known-Plaintext-Angriff benötigt!

Dass die Permutationen von DES alle linear sind, erkennt man leicht, wenn man bedenkt, dass sich jede Permutation eines Vektors der Länge n durch Multiplikation mit einer $n \times n$-Matrix darstellen lässt. Am Beispiel $n = 5$ wird die Permutation

$$\boxed{3 \quad 1 \quad 4 \quad 5 \quad 2} \text{ dargestellt durch die Matrix } \begin{pmatrix} 0 & 0 & 1 & 0 & 0 \\ 1 & 0 & 0 & 0 & 0 \\ 0 & 0 & 0 & 1 & 0 \\ 0 & 0 & 0 & 0 & 1 \\ 0 & 1 & 0 & 0 & 0 \end{pmatrix}.$$

Aus derartigen Überlegungen und den Erfahrungen bei der Entwicklung von DES wurden in [Cop94] Designkriterien für gute S-Boxen festgehalten.

4.1.6 Sicherheit und Geschwindigkeit

Im Jahr 1996 konnten auf einem HP 9000 Rechner mit 125 MHz 196 000 DES-Blöcke pro Sekunde chiffriert werden [Sch05]. Heute erreichen Software-Implementierungen Geschwindigkeiten von über einer Million Blöcken pro Sekunde. Bei einem Schlüsselraum der Größe $2^{56} \approx 7.2 \cdot 10^{16}$ würde ein derartiger Rechner im Mittel etwa 1142 Jahre benötigen, um in einem Brute-Force-Angriff die Hälfte aller Schlüssel durchzuprobieren.

Der bislang schnellste Angriff gegen DES vom 19.4.1999 wurde im Rahmen der RSA-DES-Challenge-III durchgeführt [RSA99]. 100 000 weltweit vernetzte PCs von Distributed.net und ein Spezialrechner der Electronic Frontier Foundation [EFF99] zusammen knackten einen 88 Byte langen vorgegebenen Chiffretext in 22 Stunden mit einer Rechenleistung von $2.45 \cdot 10^{11}$ Blöcken pro Sekunde. Zum Durchsuchen des gesamten Schlüsselraumes von DES wären etwa 82 Stunden nötig gewesen. Dieser Brute-Force-Angriff war also erfolgreich nach etwas mehr als einem Viertel des Schlüsselraumes. Der Spezialrechner der EFF im Wert von etwa 250 000 US$, mit einer Taktfrequenz von 40 MHz und insgesamt 36 864 parallel arbeitenden Einheiten auf 1 536 ASICs kann pro Sekunde $9.22 \cdot 10^{10}$ DES-Schlüssel testen und benötigt daher im Mittel 4.52 Tage um einen DES-Schlüssel zu knacken.

4.1.7 Triple-DES

Viele Verbesserungen von DES wurden vorgeschlagen. Die erfolgreichste, heute vielfach eingesetzte, ist Triple-DES, welches DES dreimal hintereinander mit zwei verschiedenen Schlüsseln anwendet und zwar nach dem Schema

$$C = E_{K_1}\left(D_{K_2}\left(E_{K_1}(M)\right)\right).$$

Der gesamte Schlüsselraum hat damit die Größe 2^{112}. Warum wird hier DES dreimal mit zwei Schlüsseln angewendet? Es wäre doch effizienter, DES mit zwei Schlüsseln zweimal anzuwenden. Das zweifache DES ist jedoch anfällig gegen einen Meet-in-the-Middle-Angriff. Wenn man zum Beispiel das Schema $C = E_{K_2}\left(E_{K_1}(M)\right)$ verwendet, so ist ein erfolgreicher Known-Plaintext-Angriff möglich. Man berechnet für alle Schlüssel K_1 den Zwischenwert $E_{K_1}(M)$ und für alle Schlüssel K_2 den Wert $D_{K_2}(C)$ und vergleicht die beiden Ergebnisse. Sind sie gleich, so ist das Schlüsselpaar gefunden. Dieser Angriff ist nur doppelt so aufwändig wie der gleiche bei einfachem DES, d. h. das zweifache DES hat eine effektive Schlüssellänge von nur 57 Bit.

Hardware-Implementierungen von Triple-DES erreichen heute Geschwindigkeiten von bis zu mehreren hundert Megabit pro Sekunde. Im Vergleich dazu können mit einfachem DES etwa zehn Gigabit pro Sekunde erreicht werden.

4.2 Advanced-Encryption-Standard AES

Im Jahr 1997 initiierte die amerikanische Normungsbehörde NIST die längst überfällige Suche nach einem neuen Standard als Nachfolger für DES. Offenbar hatte das NIST aus

TABELLE 4.4 Geschichte von AES in Stichworten

2.1.1997:	Ankündigung der AES Entwicklungsanstrengungen durch das NIST.
12.9.1997:	Formaler „call for algorithms" für AES. AES sollte öffentlich, lizenzfrei und weltweit verfügbarsein. Technisch sollte AES Blöcke mit mindestens 128 Bit und Schlüssellängen von 128, 192 und 256 Bit unterstützen.
20.8.1998:	Das NIST gibt auf der ersten AES Candidate Conference (AES1) die 15 AES-Kandidaten bekannt. NIST bittet um Kommentare zu den Algorithmen.
15.4.1999:	Die Kandidaten für das Finale werden bekannt gegeben. Es sind MARS, RC6, Rijndael, Serpent und Twofish (siehe Abschnitt 4.4). Wieder bittet NIST öffentlich um Kommentare zu den Algorithmen.
13.–14.4.2000:	Dritte AES Candidate Conference (AES3) mit öffentlichen Diskussionen der fünf Kandidaten-Algorithmen.
15.5.2000:	Abgabeschluss für öffentliche Kommentare.
2.10.2000:	Bekanntgabe des Gewinners. Der Algorithmus heißt Rijndael und wurde von den beiden belgischen Kryptologen J. Daemen und V. Rijmen [DR99] entwickelt.
bis Feb. 2001:	Öffentliche Kommentare zu AES sind erwünscht.
Dezember 2001:	AES wird offiziell zum „federal information processing standard" (FIPS 197) erklärt, der am 26. Mai 2002 in Kraft tritt.

den Erfahrungen mit DES gelernt, denn bei der Entwicklung von AES wurde ein vorbildlicher offener Prozess angestoßen. Wie aus Tabelle 4.4 hervorgeht, wurde AES offen ausgeschrieben, in einem mehrstufigen Verfahren ausgewählt und in allen Stufen wurden die Kandidaten ausgiebig diskutiert [AES00]. Dies führte zu einem großen Vertrauen der Anwender in AES von der ersten Minute an. Folgende Anforderungen an AES stellte das NIST:

Formal muss AES eine symmetrische Blockchiffre sein, welche auf einer Blockgröße von 128 Bit bei Schlüssellängen von 128, 192 und 256 Bit arbeitet.

Sicherheit gegen Angriffe aller Art. Gefordert war auch eine mathematische Rechtfertigung der Sicherheit.

Einfachheit des Designs.

Flexibilität: AES soll nach Möglichkeit auch andere Blockgrößen und Schlüssellängen unterstützen.

Effizienz: AES soll effizienter als Triple-DES sein.

Implementierung in Hardware und Software soll einfach sein.

Seit dem 2. Oktober 2000 ist der Sieger des Wettbewerbs bekannt. Der Algorithmus für AES heißt Rijndael und wurde in Belgien von **Joan Daemen** und **Vincent Rijmen** entwickelt [DR99]. Laut NIST erfüllten alle fünf Kandidaten der Endrunde die gestellten Sicherheitsanforderungen. Rijndael erfüllt daneben auch alle anderen Kriterien in hohem Maße.

4.2.1 Die Blockchiffre Rijndael

Rijndael ist eine iterierte Blockchiffre, deren Blocklänge b und Schlüssellänge k unabhängig auf einen der Werte 128, 192 oder 256 gesetzt werden können. Die Zahl r der Runden

TABELLE 4.5 Zahl der Runden von Rijndael, abhängig von Blockgröße b und Schlüssellänge k

r	$b = 128$	$b = 192$	$b = 256$
$k = 128$	10	12	14
$k = 192$	12	12	14
$k = 256$	14	14	14

$a_{0,0}$	$a_{0,1}$	$a_{0,2}$	$a_{0,3}$		$k_{0,0}$	$k_{0,1}$	$k_{0,2}$	$k_{0,3}$	$k_{0,4}$	$k_{0,5}$
$a_{1,0}$	$a_{1,1}$	$a_{1,2}$	$a_{1,3}$		$k_{1,0}$	$k_{1,1}$	$k_{1,2}$	$k_{1,3}$	$k_{1,4}$	$k_{1,5}$
$a_{2,0}$	$a_{2,1}$	$a_{2,2}$	$a_{2,3}$		$k_{2,0}$	$k_{2,1}$	$k_{2,2}$	$k_{2,3}$	$k_{2,4}$	$k_{2,5}$
$a_{3,0}$	$a_{3,1}$	$a_{3,2}$	$a_{3,3}$		$k_{3,0}$	$k_{3,1}$	$k_{3,2}$	$k_{3,3}$	$k_{3,4}$	$k_{3,5}$

BILD 4.5 Zustand und Schlüssel von Rijndael

variiert, abhängig von diesen Werten zwischen zehn und 14 entsprechend Tabelle 4.5. Im Folgenden sind die Beispiele und Grafiken auf die Blocklänge 128 und Schlüssellänge 192 angepasst. Die Zwischenergebnisse des Verschlüsselungsprozesses von Rijndael werden Zustand genannt und mit S_i bezeichnet. Der Zustand ist in Bild 4.5 links als Matrix dargestellt, wobei jedes Element für ein Byte steht und jede Spalte für ein 32-Bit-Wort. Vor der ersten Runde werden also Klartextblock und Schlüssel wortweise in die Spalten der Zustandsmatrix beziehungsweise der Schlüsselmatrix gespeichert.

Der grobe Ablauf der Verschlüsselung ist in Bild 4.6 dargestellt. Die Schlüsselexpansion erzeugt $r + 1$ Rundenschlüssel $K_0, \ldots, K_r$ der Länge b aus dem Schlüssel der Länge k. Die Rundenschlüssel haben die gleiche Länge wie der jeweilige Zustand. Vor der ersten Runde und nach jeder Runde wird der Schlüssel XOR-verknüpft mit dem aktuellen Zustand. Das Ergebnis dient als Eingabe für die nächste Runde bzw. als Chiffretext. Jede Runde außer der letzten besteht aus den unten beschriebenen drei Funktionen `ByteSub`, `ShiftRow`, `MixColumn`. In der letzten Runde fällt die Funktion `MixColumn` weg. Bemerkenswert ist, dass alle Transformationen in den Runden außer den XOR-Verknüpfungen schlüsselunabhängig sind.

4.2.2 Die ByteSub-Transformation

Diese Transformation stellt die nichtlineare S-Box von AES dar. Sie wird auf jedes Byte des Zustands angewendet. Sie wird implementiert als „table-lookup" und entspricht dem Berechnen der multiplikativen Inversen in $GF(2^8)$ (Abschnitt A.6.2) gefolgt von der affinen Transformation

$$\begin{pmatrix} y_0 \\ y_1 \\ y_2 \\ y_3 \\ y_4 \\ y_5 \\ y_6 \\ y_7 \end{pmatrix} = \begin{pmatrix} 1 & 0 & 0 & 0 & 1 & 1 & 1 & 1 \\ 1 & 1 & 0 & 0 & 0 & 1 & 1 & 1 \\ 1 & 1 & 1 & 0 & 0 & 0 & 1 & 1 \\ 1 & 1 & 1 & 1 & 0 & 0 & 0 & 1 \\ 1 & 1 & 1 & 1 & 1 & 0 & 0 & 0 \\ 0 & 1 & 1 & 1 & 1 & 1 & 0 & 0 \\ 0 & 0 & 1 & 1 & 1 & 1 & 1 & 0 \\ 0 & 0 & 0 & 1 & 1 & 1 & 1 & 1 \end{pmatrix} \cdot \begin{pmatrix} x_0 \\ x_1 \\ x_2 \\ x_3 \\ x_4 \\ x_5 \\ x_6 \\ x_7 \end{pmatrix} + \begin{pmatrix} 1 \\ 1 \\ 0 \\ 0 \\ 0 \\ 1 \\ 1 \\ 0 \end{pmatrix}.$$

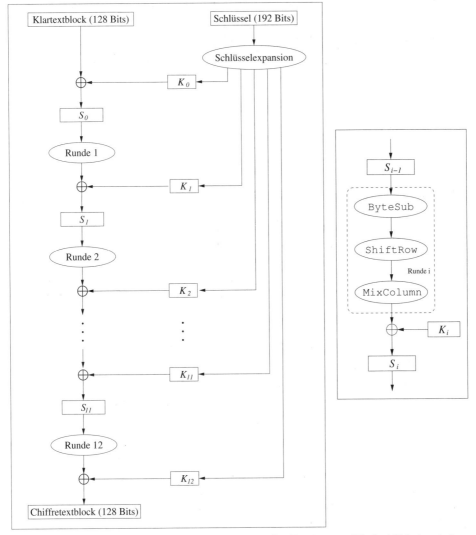

BILD 4.6 Schematischer Ablauf der Verschlüsselung aller Runden von Rijndael (links) und einer einzelnen Runde (rechts) bei Blockgröße 128 Bit und Schlüssellänge 192 Bit

Die einzelnen Multiplikationen und Additionen der Komponenten sind modulo zwei zu berechnen. Die Umkehrung von ByteSub erfolgt durch Anwendung der inversen affinen Transformation gefolgt von der multiplikativen Inversen in $GF(2^8)$.

4.2.3 Die ShiftRow-Transformation

ShiftRow verschiebt die Zeilen 1 bis 3 der Zustandsmatrix zyklisch nach links. Zeile 0 wird nicht verändert. Zeile 1 wird um c_1 Bytes, Zeile 2 um c_2 Bytes und Zeile 3 um c_3 Bytes verschoben. Die von der Blockgröße abhängigen Verschiebungen sind in Tabelle 4.6 an-

TABELLE 4.6 Beträge der zyklischen Linksverschiebungen von ShiftRow

	$b = 128$	$b = 192$	$b = 256$
c_1	1	1	1
c_2	2	2	3
c_3	3	3	4

gegeben. Zum Dechiffrieren erhält man die inverse Transformation durch Ausführen der zyklischen Verschiebungen nach rechts.

4.2.4 Die MixColumn-Transformation

Die MixColumn-Transformation bildet jede Spalte $(a_{0,i}, a_{1,i}, a_{2,i}, a_{3,i})$ des Zustands ab durch die Matrixmultiplikation

$$\begin{pmatrix} 02 & 03 & 01 & 01 \\ 01 & 02 & 03 & 01 \\ 01 & 01 & 02 & 03 \\ 03 & 01 & 01 & 02 \end{pmatrix} \begin{pmatrix} a_{0,i} \\ a_{1,i} \\ a_{2,i} \\ a_{3,i} \end{pmatrix}.$$

Die Matrixelemente sind Bytes in hexadezimaler Darstellung. Bei der Matrixmultiplikation werden die Bytes der Matrix und die Bytes des Zustandsvektors $(a_{0,i}, a_{1,i}, a_{2,i}, a_{3,i})$ als Elemente in $GF(2^8)$ verstanden und nach den entsprechenden Regeln multipliziert. Auch die MixColumn-Transformation ist invertierbar (siehe Abschnitt A.6.3 bzw. [DR99]).

4.2.5 Die Schlüsselexpansion

Wie in Bild 4.6 dargestellt, wird der Schlüssel durch die Schlüsselexpansion so aufgeweitet, dass sich $r+1$ Teilschlüssel mit je b Bit daraus bilden lassen. Bei einer Blocklänge von 128 Bit und zwölf Runden werden $128 \cdot 13 = 1\,664$ Schlüsselbits benötigt. Für Schlüssellängen bis 192 Bit wird folgendes Verfahren verwendet.

Die ersten k Bit des expandierten Schlüssels sind eine Kopie des Schlüssels. Jedes folgende 32-Bit-Wort W_i ist gleich dem XOR des vorhergehenden Wortes W_{i-1} und des Wortes $W_{i-k/32}$, welches eine Schlüssellänge früher beginnt. Für Worte, die bei einem Vielfachen der Schlüssellänge beginnen, wird vor dem XOR eine nichtlineare Substitution auf W_{i-1} angewendet, welche unter anderem die S-Box aufruft (siehe [DR99]). Die Auswahl der Rundenschlüssel aus dem expandierten Schlüssel erfolgt wortweise sequentiell wie folgt:

192-Bit Chiffrierschlüssel										...
W_0	W_1	W_2	W_3	W_4	W_5	W_6	W_7	W_8	W_9 W_{10}	...
128-Bit-Schl. Runde 1				128-Bit-Schl. Runde 2				...		

4.2.6 Die inverse Chiffre

Jede einzelne Transformation von Rijndael ist invertierbar. Die Umkehrung des ganzen Algorithmus erfolgt daher, indem man alle Transformationen durch ihre Inverse ersetzt und deren Reihenfolge umkehrt.

4.2.7 Geschwindigkeit

Die von den Entwicklern und anderen gemessenen Geschwindigkeiten von Rijndael liegen bei Schlüssellänge 192 Bit und Blocklänge 128 Bit auf einem 200-MHz-Pentium-Pro Rechner, abhängig vom verwendeten C-Compiler, zwischen 22 und 59 MBit/sec. Auf einem entsprechenden 1000-MHz-Rechner sind somit Geschwindigkeiten im Bereich von etwa 200 MBit/sec möglich. Damit ist AES um ein Vielfaches schneller als DES. Rijndael ist leicht parallelisierbar, was zu weiteren deutlichen Geschwindigkeitssteigerungen insbesondere von Software-Implementierungen führen wird.

Ähnlich wie DES ist auch AES effizient in Hardware implementierbar, da nur einfache Bit-Operationen wie XOR und zyklische Verschiebungen verwendet werden. Die erreichbaren Geschwindigkeiten werden sicher weit über einem Gigabit pro Sekunde liegen. Da die Elemente von $GF(2^8)$ Bytes sind, lässt sich Rijndael auch sehr effizient auf den einfachen 8-Bit-Prozessoren von Chipkarten implementieren. Auf den Prozessoren Intel 8051 und Motorola 68HC08 benötigt der Programmcode nur etwa ein Kilobyte Speicherplatz und das für die Daten benötigte RAM beschränkt sich bei Blocklänge 128 Bit auf 36 bis 52 Byte je nach verwendeter Schlüssellänge.

4.2.8 Sicherheit

Die Sicherheit von Rijndael wurde von den Entwicklern theoretisch untersucht. Hierbei konnten sie beweisen, dass Rijndael gegen differentielle Kryptanalyse und gegen lineare Kryptanalyse resistent ist, das heißt dass beispielsweise die Input-Output-Korrelationen pro Runde von AES weit unter den für eine erfolgreiche Analyse benötigten Werten liegen.

Neben diesen theoretischen Untersuchungen der Entwickler wurden während des AES-Wettbewerbs von vielen Kryptanalytikern – unter anderem auch von den Entwicklern der Konkurrenzalgorithmen – Angriffe gegen Rijndael unternommen, die aber ohne Erfolg blieben. Kurz nach Inkrafttreten des FIPS-Standards wurden im Sommer 2002 verschiedene theoretisch mögliche Angriffe gegen AES publiziert [Sch02], die jedoch aus zwei Gründen keine praktische Bedeutung haben. Erstens liegt die berechnete Komplexität für diese Angriffe bei mindestens 2^{100} Rechenschritten. Zweitens sind diese Angriffe unter Experten umstritten und es ist noch unklar wie sie implementiert werden könnten.

Das makellose Image von AES ist dadurch ein wenig angekratzt. Man muss allerdings bedenken, dass es für keinen Verschlüsselungsalgorithmus außer dem One-Time-Pad einen harten Sicherheitsbeweis gibt. AES ist daher nicht garantiert auf ewige Zeit sicher. Die Benutzer können aber – unter anderem auch wegen der laufenden Angriffe und Analysen der Kryptographen – in sehr hohem Maß auf die Sicherheit von AES vertrauen.

4.2.9 Andere Funktionalitäten

Natürlich ist Rijndael wie andere Blockchiffren auch in den verschiedensten Bereichen einsetzbar, zum Beispiel in der Telekommunikation und der Satellitenübertragung von digitalen Daten jeder Art. Aber auch für Aufgaben, die nicht dem Verschlüsseln dienen, lässt sich Rijndael anwenden. In [DR99] wird gezeigt wie man Rijndael als Message-Authentication-Code (MAC, Abschnitt 6.7), als Einweg-Hash-Funktion (Abschnitt 6.1) sowie als Stromchiffre und als Pseudozufallszahlengenerator einsetzen kann.

■ 4.3 Betriebsmodi von Blockchiffren

Die einfachste Art, eine Blockchiffre anzuwenden, ist das Verschlüsseln eines Blocks nach dem anderen mit dem gleichen Schlüssel. Gleiche Blöcke werden also gleich verschlüsselt. Betrachtet man die Menge aller 64-Bit-Blöcke als Alphabet, so handelt es sich um eine monoalphabetische Chiffre mit ihren in Kapitel 3 erwähnten Nachteilen. Allerdings hat hier das Alphabet die Mächtigkeit 2^{64}, das heißt es ist viel größer als alle in der Praxis auftretenden Klartexte. Ein Nachteil der monoalphabetischen Chiffre bleibt jedoch erhalten. Es ist nämlich ganz einfach, Block-Strukturen – zum Beispiel Wiederholungen von 64-Bit-Blöcken – im Chiffretext zu finden. Diese entsprechen direkt Strukturen im Klartext. Für einen festen Schlüssel ließe sich außerdem im Prinzip eine Tabelle aller Klartext-Chiffretext-Paare anlegen, ein so genanntes electronic codebook (**ECB**), weshalb dieses einfache Schema auch **ECB-Modus** genannt wird.

Ein weiterer, durchaus ernster Angriffspunkt des ECB-Modus entsteht dadurch, dass es für einen Angreifer einfach ist, bestimmte Blöcke durch andere zu ersetzen, zu löschen oder neue einzufügen. Der Angreifer könnte etwa bei einer Banküberweisung, die immer nach dem gleichen Format codiert wird, genau den Block mit Betrag und Kontonummer auswechseln. Durch eine selbst getätigte Überweisung und anschließendes Abhören der Datenübertragung könnte er sich den entsprechenden Chiffretext für Betrag und Kontonummer leicht besorgen.

Die Probleme des ECB-Modus treten im **CBC-Modus** (cipher block chaining) nicht mehr auf. Für alle Blöcke ab dem zweiten wird vor Verschlüsselung der Chiffretext des Vorgängerblocks mit dem aktuellen Klartextblock XOR-verknüpft und dann erst verschlüsselt. In Formeln ausgedrückt heißt das

$C_0 = E_K(M_0)$
$C_1 = E_K(C_0 \oplus M_1)$
$\vdots$
$C_i = E_K(C_{i-1} \oplus M_i)$
$\vdots$

Bei festem Schlüssel werden jedoch auch im CBC-Modus gleiche Klartexte identisch verschlüsselt. Dies kann man verhindern, indem man als ersten Block einen zufälligen

Initialisierungsvektor (IV) verwendet. CBC mit IV wird daher in vielen Anwendungen eingesetzt.

Unabhängig vom eingesetzten Betriebsmodus stellt sich die Frage, wie DES oder auch eine andere Blockchiffre den letzten, eventuell nicht mehr ganz vollen Block des Klartextes verschlüsselt, denn die Blockchiffre an sich ist nur definiert für ganz volle Blöcke. Die sicherste Methode ist das **padding**, bei dem der Rest des letzten Blocks mit Zufallsbits aufgefüllt wird. Das Auffüllen des letzten Blocks mit Nullen wäre unsicher, weil dann der Angreifer Information über den Klartext im letzten Block besitzt.

■ 4.4 Andere Blockchiffren

Nach der Einführung von AES werden voraussichtlich die meisten anderen Blockchiffren an Bedeutung verlieren. Trotzdem seien einige wichtige Algorithmen kurz erwähnt. So bekannt wie die Algorithmen sind auch deren Entwickler.

An der Eidgenössischen Technischen Hochschule (ETH) in Zürich entwickelten James Massey und Xuejia Lai 1990 **IDEA** (international data encryption algorithm) [LM90]. IDEA arbeitet auf 64-Bit-Blöcken mit einem 128-Bit-Schlüssel. Es hat auch eine Rundenstruktur, ist jedoch keine Feistel-Chiffre. Die elementaren Operationen sind Addition modulo zwei und Multiplikation modulo $2^{16}+1$. IDEA wird zum Beispiel in PGP eingesetzt und gilt als sehr sicher.

Bruce Schneier entwickelte 1994 **Blowfish** [Sch94], eine einfache Feistel-Chiffre mit variabler Schlüssellänge, die insbesondere auf Geschwindigkeit und einfache Implementierbarkeit getrimmt wurde. Im Unterschied zu DES sind bei Blowfish die S-Boxen schlüsselabhängig, was mit zu seinem Ruf als einer der sichersten Blockalgorithmen beiträgt. Schneiers neuestes Produkt, **Twofish** [SKW$^+$98], ist eine 128-Bit-Blockchiffre mit variabler Schlüssellänge bis 256 Bit. Es ist eine Feistel-Chiffre mit bijektiven schlüsselabhängigen 8x8-Bit-S-Boxen und einer Matrix über dem Galoiskörper $GF(2^8)$ und anderen Transformationen. Wie alle anderen AES-Kandidaten ist Twofish frei verfügbar und nicht patentiert.

Der große Theoretiker Ron Rivest vom MIT entwickelte mehrere symmetrische Algorithmen. **RC2** wie auch die anderen wurden für die Firma RSA Data Security entwickelt. RC2, entwickelt Anfang der 90er Jahre, wurde erst 1997 veröffentlicht [Riv98b]. Er wird eingesetzt in S/MIME (Abschnitt 8.2) mit Schlüssellängen von 40 bis 128 Bit. **RC5** [Riv95] wurde 1995 vorgestellt und erlaubt ähnlich wie Rijndael verschiedene Blockgrößen, Schlüssellängen und Rundenzahlen. RC5 wird in verschiedenen Produkten von RSA Data Security eingesetzt. RC6 [RC698] erreichte wie Twofish im AES-Wettbewerb die Runde der letzten fünf Kandidaten. Dies spricht für seine Qualitäten.

Den zweiten Platz bei der Auswahl von AES belegte **Serpent** [ABK98], ein zu DES sehr ähnliches Feistel-Netz mit 32 Runden und einem bewusst konservativen, bewährten Design, entwickelt von Ross Anderson, Eli Biham und Lars Knudsen. Schließlich bleibt noch **MARS** [Bea99], ein von Don Coppersmith et al. bei IBM entwickeltes Typ-3-Feistel-Netz, das auch die Runde der letzten fünf AES-Kandidaten erreichte.

Übungen

Aufgabe 4.1

Berechnen Sie den Aufwand zum Knacken von Triple-DES mit einem Meet-in-the-Middle-Angriff und vergleichen Sie diesen mit dem Aufwand zum Knacken von einfachem DES.

Aufgabe 4.2

a) Zeigen Sie anhand einer der S-Boxen von DES, dass diese nichtlinear ist.
b) Zeigen Sie, dass das Vertauschen der linken und rechten Hälfte der 64-Bit-Blöcke nach jeder Runde eine lineare Operation ist.
c) Zeigen Sie, dass das nacheinander Ausführen von zwei linearen Abbildungen wieder eine lineare Abbildung ist.
d) Die S-Boxen in DES sind das einzige nichtlineare Element von DES, worauf die Sicherheit basiert. Warum wäre DES mit linearen S-Boxen unsicher? Beschreiben Sie einen Angriff gegen ein derartiges lineares DES!

Aufgabe 4.3

Gegeben sei eine 64-Bit-Blockchiffre, die bei festem Schlüssel k die beiden Klartextvektoren

M_1 = 00000000 00000000 00000000 00000000 00000000 00000000 00000000 00000000,
M_2 = 10000000 00000000 00000000 00000000 00000000 00000000 00000000 00000000

abbildet auf die Chiffretextvektoren

C_1 = 01101000 01011100 10110010 11001110 10010100 01010011 00010101 11110100,
C_2 = 01100101 10010100 00110110 10001010 10011000 11001011 10110011 01010000.

a) Welches Problem stellen Sie hier fest?
b) Angenommen dieses Problem tritt für viele Klartexte auf. Warum handelt es sich hier um eine unsichere Chiffre?
c) Welcher Angriff wird dadurch erleichtert?

Aufgabe 4.4

Beschaffen Sie sich eine Implementierung von DES oder AES, bei der Sie auf die Ergebnisse der einzelnen Runden zugreifen können (z. B. www.hs-weingarten.de/~ertel/kryptobuch/des.zip oder www.cryptool.de oder http://csrc.nist.gov/CryptoToolkit/aes/). Untersuchen Sie den Lawineneffekt anhand der Entwicklung von Bitblöcken nach den einzelnen Runden.

5 Public-Key-Kryptographie

Auch ein beliebig sicherer und extrem schneller AES bietet keine Lösung für das Schlüsseltauschproblem. Dieses Problem stellt sich zum Beispiel für Alice, wenn sie mit ihrem neuen Geschäftspartner Bob in Übersee sicher kommunizieren will. Wie tauscht sie mit ihm über einen unsicheren Kanal einen Schlüssel aus? Auf diese Frage gab es bis Mitte der 70er Jahre keine befriedigende Antwort. Die Erfindung der Public-Key-Kryptographie lieferte plötzlich eine elegante Lösung für dieses Problem. Sie ermöglicht es jedem Computer-Anwender mit entsprechender Software, auf sicherem Wege mit beliebigen Partnern, zum Beispiel per Internet, mit einem Public-Key-System zu kommunizieren.

Wir starten mit Merkles Rätsel, einem einfachen, lehrreichen Verfahren, das aber nicht praktisch angewendet wird. Dann gehen wir im Detail auf den in der Praxis überaus erfolgreichen und verblüffend einfachen RSA-Algorithmus ein, der zum Verschlüsseln und zum Signieren geeignet ist. Der erste, 1976 publizierte, Public-Key-Algorithmus von Diffie und Hellman wird kurz beschrieben. Er dient dem Schlüsseltausch, kann aber nicht zum Signieren verwendet werden. Eine Verallgemeinerung, die auch zum Verschlüsseln und Signieren taugt, ist der Algorithmus von ElGamal. Für weitere Algorithmen, wie zum Beispiel den theoretisch sehr interessanten Rucksack-Algorithmus wird der interessierte Leser verwiesen auf [Sch05].

Erst 1997 wurde bekannt, dass die Public-Key-Kryptographie schon 1970 erfunden wurde und zwar in der Communications-Electronics Security Group (CESG) der britischen Regierung [Ell87]. CESG ist die britische Entsprechung zur NSA. J. H. Ellis erfand 1970 ein Verfahren mit einer gewissen Ähnlichkeit zu Merkles Rätsel, das aber, wie dieses, nicht praktisch anwendbar war [Ell70]. Drei Jahre später erfand dann C. Cocks eine Variante des RSA-Verfahrens [Coc73] und noch ein Jahr danach wurde von M. Williamson der Diffie-Hellman-Algorithmus vorgestellt [Wil74]. Offenbar sind diese Algorithmen so schön und überzeugend, dass sie erfunden werden „mussten". Andererseits ist es beruhigend, im Nachhinein zu erfahren, dass Algorithmen, die Geheimdienste als erste erfinden, kurze Zeit später auch von „freien" Wissenschaftlern erfunden werden.

5.1 Merkles Rätsel

Ralph Merkle, ein Student an der University of California in Berkeley, fand 1974 ein Verfahren zur sicheren Kommunikation, ohne einen geheimen Schlüssel zu vereinbaren, womit er eine Lösung für das Schlüsseltauschproblem anbot.

Nehmen wir an, Alice möchte eine geheime Nachricht an Bob schicken. Bevor Alice mit dem Verschlüsseln beginnen kann, erzeugt Bob n Nummern $x_1,\ldots,x_n$ sowie zweimal n Schlüssel $y_1,\ldots,y_n$ und $k_1,\ldots,k_n$. Nun benutzt er einen symmetrischen Algorithmus, um daraus n Rätsel zu erzeugen. Rätsel i entsteht durch Verschlüsselung von (x_i, y_i) mit dem Schlüssel k_i. Er schickt nun alle n Rätsel an Alice. Sie sucht sich zufällig aus den n Rätseln eines (z. B. Nummer j) aus und knackt den Schlüssel k_j mit einem Brute-Force-Angriff. Nun kennt sie die Nummer x_j und den Schlüssel y_j, den sie benutzt, um ihre Nachricht M zu verschlüsseln. Damit Bob weiß, welchen Schlüssel Alice benutzt hat, schickt sie ihm auch noch die Nummer x_j mit. Nun muss er nur noch in seinen gespeicherten Paaren (x_i, y_i) die Nummer x_j suchen und mit dem zugehörigen Schlüssel y_j den von Alice erhaltenen Chiffretext C entschlüsseln.

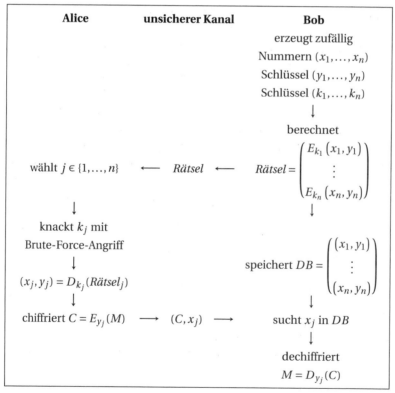

BILD 5.1 Ablaufschema von Merkles Rätsel

Warum ist dieses Verfahren sicher? Hört nun Eve[1] den Kanal zwischen Alice und Bob ab, so kennt sie alle Rätsel, aber weder Bobs Datenbank noch die von Alice gewählte Zufallszahl j. Um die Nachricht zu dechiffrieren, muss Eve nun alle Rätsel lösen, zumindest so viele bis sie die Nummer x_j findet. Wie sicher ist das Verfahren nun?

Die Antwort geben wir mit einem Zahlenbeispiel. Damit die Arbeit zwischen Alice und Bob etwa ausgeglichen ist, einigen sich Alice und Bob vor der ersten geheimen Nachricht auf einen Schlüsselraum mit genau n Schlüsseln, die durchaus bekannt sein dürfen.

Wenn Bob und Alice ca. 10 000 Schlüssel pro Sekunde testen können, so wählen sie z. B. $n = 2^{20}$. Damit kann Bob in knapp zwei Minuten $2^{20} = 1\,048\,576$ Paare (x_i, y_i) verschlüsseln und Alice kann ebenfalls in knapp zwei Minuten alle 2^{20} Schlüssel k_i durchprobieren (im Mittel wird sie jedoch nur die Hälfte aller Schlüssel probieren müssen).

Eve, die die Rätsel und die Nachricht (C, x_j) abhört, muss im Mittel für $2^{20}/2$ Rätsel je 2^{20} Schlüssel testen, bis sie in einem Rätsel die Zahl x_j gefunden hat. Dafür würde Eve (bei gleicher Ausstattung wie Alice und Bob) ca. 636 Tage benötigen. Der Aufwand von Alice und Bob wächst also linear mit n, wogegen der Aufwand von Eve quadratisch mit n wächst.

Merkles Rätsel wird zwar nicht in der Praxis eingesetzt, es zeigt jedoch schön, dass die Kryptanalyse einer Nachricht durch die Angreiferin Eve viel aufwändiger ist als das Ver- und Entschlüsseln der Nachricht durch Alice und Bob. Die Sicherheit aller Verfahren außer dem One-Time-Pad basiert auf diesem Prinzip. Allerdings ist die Relation zwischen dem Aufwand zum Knacken und dem des Veschlüsselns bei allen praktisch eingesetzten Verfahren viel höher als bei Merkles Rätsel. Der Aufwand für die Kryptanalyse wächst typischerweise exponentiell oder fast exponentiell mit der Schlüssellänge und nicht nur quadratisch wie bei Merkles Rätsel.

5.2 Der RSA-Algorithmus

Das Prinzip der asymmetrischen Verschlüsselung mit öffentlichem und geheimem Schlüssel ist aus Abschnitt 2.4 schon bekannt. Hier beschreiben wir nun das mit Abstand populärste Public-Key-Verfahren, den 1978 vorgestellten und nach den Erfindern **Ron Rivest**, **Adi Shamir** und **Leonard Adleman** benannte RSA-Algorithmus [RSA78]. Das Verfahren besticht insbesondere durch seine Einfachheit. Der RSA-Algorithmus war patentiert bis September 2000 und ist nun wieder frei, ohne Lizenzgebühren, verwendbar.

Im Verlauf der Entwicklung des RSA-Algorithmus arbeitete Rivest an immer wieder neuen Versionen des Algorithmus, während Shamir versuchte, durch kryptographische Angriffe und mathematische Analysen die Schwächen des Algorithmus aufzudecken. Adleman wirkte auf beiden Seiten mit.

---

[1] Eve steht für einen passiv agierenden Abhörer (von *eavesdropper*).

5.2.1 Der Algorithmus

Der Algorithmus besteht aus zwei Teilen. Neben dem eigentlichen Chiffrieralgorithmus ist die Schlüsselerzeugung von großer Wichtigkeit für die Sicherheit des Verfahrens.

Definition 5.1 (Schlüsselerzeugung)

- Wähle zufällig zwei große Primzahlen p und q. Die Länge der Zahlen sollte mindestens 512 Bit betragen.
- Berechne $n = pq$ (n hat dann eine Länge von mindestens 1024 Bit.).
- Wähle eine kleine ungerade natürliche Zahl e, die zu $\varphi(n) = (p-1)(q-1)$ relativ prim ist, d. h. es gilt $\mathrm{ggT}(e, \varphi(n)) = 1$.
- Berechne d als Lösung der Gleichung $ed \bmod \varphi(n) = 1$. Aufgrund von Satz A.8 existiert d und ist eindeutig bestimmt. d kann berechnet werden mit dem erweiterten Euklidischen Algorithmus.
- Gib das Paar $P = (e, n)$ bekannt als **öffentlichen Schlüssel**.
- Halte das Paar $S = (d, n)$ geheim als **geheimen Schlüssel**.

Definition 5.2 (Anwendung von RSA)

Verschlüsseln: Die Nachricht $M \in \mathbb{Z}_n$ wird codiert durch

$$E(M) = M^e \bmod n. \tag{5.1}$$

Entschlüsseln: Ein Chiffretext $C \in \mathbb{Z}_n$ wird decodiert durch

$$D(C) = C^d \bmod n. \tag{5.2}$$

Der RSA-Algorithmus lässt sich wie in Abschnitt 2.4 beschrieben auch für digitale Signaturen anwenden. Nachdem nun das Verfahren definiert ist, benötigen wir zum Verständnis noch einige Erläuterungen und etwas Theorie. Wir werden die Korrektheit des Verfahrens nachweisen, die Sicherheit diskutieren sowie die Geschwindigkeit, bzw. effiziente Implementierbarkeit abschätzen. Zuvor betrachten wir ein Beispiel mit kleinen Zahlen.

Beispiel 5.1

Wir wählen $p = 61$ und $q = 97$ und erhalten

$$n = pq = 5917,$$

sowie

$$\varphi(n) = (p-1)(q-1) = 60 \cdot 96 = 5760.$$

Als Wert für e wählen wir 47 (teilerfremd zu 5760) und berechnen mit dem erweiterten Euklidischen Algorithmus

$$d = 47^{-1} \bmod 5760 = 1103.$$

Nun werden p und q vernichtet und $(47, 5917)$ als öffentlicher Schlüssel bekannt gegeben. Zur Verschlüsselung der Nachricht $M = 348\,613\,407\,195\,771\,184$ wird diese in Blöcke zerlegt, so dass jeder Block kleiner als $n = 5917$ ist. Wir wählen als Blocklänge drei Ziffern und schreiben

$M = 348\,613\,407\,195\,771\,184$.

Der erste Block wird verschlüsselt:

$348^{47} \bmod 5917 = 4479$.

Der Chiffretext lautet dann

$C = 4479\,1333\,3931\,2523\,3725\,1038$.

Das Entschlüsseln des ersten Blocks ergibt

$4479^{1103} \bmod 5917 = 348$.

Satz 5.1 (Korrektheit des RSA-Algorithmus)

Der RSA-Algorithmus ist korrekt. Das bedeutet, die in den Gleichungen 5.1 und 5.2 definierten Funktionen E und D sind invers zueinander und es gilt für beliebiges $M \in \mathbb{Z}_n$

$D(E(M)) = E(D(M)) = M$.

Beweis

(Siehe auch [CLR10, RSA78].) Aus den Gleichungen 5.1 und 5.2 folgt

$D(E(M)) = E(D(M)) = M^{ed} \bmod n$.

Es bleibt noch zu zeigen, dass $M^{ed} \equiv M \bmod n$. Da nach Konstruktion e und d multiplikative Inverse Modulo $\varphi(n) = (p-1)(q-1)$ sind, gibt es ein $k \in \mathbb{N}$ mit

$ed = 1 + k(p-1)(q-1)$.

Nun erhalten wir für $M \not\equiv 0 \bmod p$

$M^{ed} \equiv M^{1+k(p-1)(q-1)} \bmod p = M(M^{p-1})^{k(q-1)} \bmod p$
$= M \cdot 1^{k(q-1)} \bmod p = M \bmod p$,

wobei wir in der dritten Gleichung den Satz A.5 (Fermatschen) benutzt haben. Analog berechnet man $M^{ed} \equiv M \bmod q$. Nun benutzen wir eine einfache Folgerung des Chinesischen Restsatzes [BRK10], die aussagt, dass für Primzahlen p und q gilt:

$x \equiv a \bmod p \wedge x \equiv a \bmod q \;\Leftrightarrow\; x \equiv a \bmod pq$.

Damit folgt sofort $M^{ed} \equiv M \bmod pq = M \bmod n$.

5.2.2 Sicherheit von RSA

Die Sicherheit von RSA basiert auf der Schwierigkeit, große Zahlen in ihre Primfaktoren zu zerlegen. Der einfachste Algorithmus zur Faktorisierung einer Zahl n ist das Sieb des Eratosthenes. Dabei wird versucht, die Zahl n durch alle ungeraden Zahlen kleiner oder gleich $\sqrt{n}$ zu dividieren. War die Division durch eine Zahl erfolglos, so können sofort alle Vielfachen davon aus der Liste der möglichen Primfaktoren gestrichen werden. Die Rechenzeit wächst proportional zu $\sqrt{n}$. Wenn die Zahl n in Binärdarstellung b Bit lang ist, so ist $n \approx 2^b$ und für die Rechenzeit $T(b)$ gilt

$$T(b) \leq c \cdot \sqrt{n} \approx c \cdot \sqrt{2^b} = c \cdot \sqrt{2}^b,$$

sie wächst also exponentiell mit der Zahl der Bits von n. Auch die besten bekannten Algorithmen zur Primfaktorzerlegung arbeiten mittels Probieren. Sie benutzen zwar raffinierte Heuristiken, sind aber trotzdem sehr rechenintensiv. Beim schnellsten bekannten Verfahren, dem allgemeinen Zahlkörpersieb (number field sieve, NFS) [Sch05] wächst die zur Faktorisierung einer b-stelligen Binärzahl benötigte Rechenzeit in etwa proportional[2]

$$T(b) = e^{(1.92 + o(1)) \cdot b^{1/3} \cdot (\ln b)^{2/3}}. \tag{5.3}$$

Seit 1991 gibt es einen weltweiten Wettbewerb der Firma RSA Security, bei dem große RSA-Zahlen (Produkte zweier etwa gleich großer Primzahlen) faktorisiert werden sollen. Trotz großen Aufwands an Parallelrechnereinsatz und Bau von Spezialrechnern weltweit ist die bis heute größte faktorisierte Zahl RSA-640 mit 640 binären Stellen (193 Dezimalstellen). Im November 2005 wurde dieser Erfolg mit einem Aufwand von etwa 30 2.2GHz-Opteron-CPU-Jahren in etwa fünf Monaten realer Zeit erzielt. Im Jahr 1994 wurde RSA-129 mit 129 Dezimalstellen mit ähnlichem Aufwand faktorisiert. In elf Jahren hat man also eine Steigerung von 64 Dezimalstellen erreicht. Trägt man die Länge der größten faktorisierten Zahl ab dem Jahr 1970 über der Zeit auf (Bild 5.2), so ergibt sich ab etwa 1980 mit guter Näherung ein linearer Zusammenhang und die Extrapolation führt zu der Vermutung, dass ein 1024-Bit-Modul etwa im Jahr 2037 faktorisiert sein müsste [Sil01].

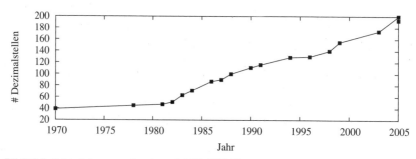

BILD 5.2 Faktorisierungsrekorde seit 1970 [Sil01]

Das bedeutet, dass man heute RSA mit einem Modul n von 1024 Bit (308 Dezimalstellen) als sicher betrachten kann (vgl. Übung 5.3). Die Firma RSA-Security empfiehlt (im Jahr

---

[2] Der Ausdruck $o(1)$ steht für eine Funktion von b, die für $n \to \infty$ nach oben beschränkt ist.

2001) eine Mindestschlüssellänge von 768 Bit [Sil01] und bemerkt, diese sei für die meisten Anwendungen ausreichend. Im Jahr 2007 sind 768 Bit nicht mehr ausreichend. Es sollten mindestens 1024 Bit verwendet werden.

Zum Thema Sicherheit von RSA sollten auch noch folgende zwei Fakten erwähnt werden:

- Der effizienteste bekannte Angriff auf RSA ist die Primfaktorzerlegung von n. Man hat bis heute aber noch nicht bewiesen, dass die Sicherheit von RSA auf dem Problem der Faktorisierung großer Zahlen beruht. Es könnte also theoretisch möglich sein, dass es einen anderen, einfacheren, Angriff gibt.
- Die Faktorisierung von großen Zahlen ist ein sehr schwieriges Problem. Die Experten *glauben*, dass es kein effizientes (polynomielles) Verfahren zur Faktorisierung gibt. Bewiesen ist dies jedoch *nicht*.

Über die Sicherheit von RSA in 50 Jahren kann daher heute niemand eine definitive Aussage machen.

Für die Sicherheit von RSA ist es sehr wichtig, dass die beiden gewählten Primzahlen p und q nicht öffentlich bekannt sind, bzw. dass sie schwer zu erraten sind. Daher müssen p und q effizient und möglichst zufällig aus einer möglichst großen Menge von Primzahlen gewählt werden. Dass dies möglich ist, zeigen wir im folgenden Abschnitt.

5.2.3 Effiziente Primzahltests

Zum zufälligen Erzeugen einer Primzahl p erzeugt man eine möglichst gute Zufallszahl und testet ob sie prim ist. Dies wiederholt man so lange bis eine Zufallszahl wirklich prim ist.

Man kann natürlich zum Testen einer Zahl auf Primalität einen Faktorisierungsalgorithmus verwenden. Wie im vorigen Abschnitt beschrieben haben die besten bekannten Faktorisierungsalgorithmen eine fast exponentielle Komplexität. Auf dieser Komplexität basiert, wie auch im vorigen Abschnitt gezeigt, die Sicherheit von RSA. Als Primzahltest ist die Faktorisierung daher nicht geeignet. Es gibt aber schnelle Verfahren, die ohne zu faktorisieren, testen ob eine Zahl prim ist (siehe Abschnitt A.5.1). Andernfalls würde RSA nicht funktionieren. Eines dieser Verfahren ist der auf Satz A.14 basierende Primzahltest von Miller und Rabin.

Wir können nun effizient entscheiden, ob eine vorgegebene Zahl prim ist. Für die Sicherheit von RSA ist es aber auch wichtig, dass es genügend viele Primzahlen mit einer vorgegebenen festen Länge gibt.[3] Dies ist tatsächlich der Fall, denn laut Satz A.13 gibt es etwa $\pi(n) \approx n/\ln n$ Primzahlen im Intervall $[1, n]$. Damit lässt sich die Zahl der Primzahlen mit einer Länge bis zu 512 Bit berechnen:

$$\pi\left(2^{512}\right) \approx \frac{2^{512}}{512 \ln 2} \approx \frac{1.34 \cdot 10^{154}}{354.9} \approx 3.8 \cdot 10^{151}.$$

Wollte man alle diese Primzahlen auf einer Festplatte abspeichern, die pro Gramm Masse 1 GByte Daten speichern könnte, dann wäre diese Platte so schwer, dass sie aufgrund ihrer

---

[3] Andernfalls könnte ein Angreifer vielleicht alle Primzahlen fester Länge abspeichern und einfach durchprobieren.

Masse zu einem schwarzen Loch kollabieren würde (siehe [Sch05]). Das Erraten und das Abspeichern der Primzahlen p und q ist daher nicht möglich. Auch über die Gefahr, dass zwei Personen zufällig die gleichen Primzahlen p und q wählen, brauchen wir uns keine Sorgen zu machen. Andererseits ist von 355 Zufallszahlen der Länge 512 Bit im Mittel etwa eine prim. Das heißt, die Suche nach einer Primzahl ist effizient möglich.

Das oben beschriebene Verfahren lässt sich noch etwas beschleunigen. Es genügt nämlich, eine Zufallszahl p zu erzeugen. Falls diese nicht prim ist, werden einfach alle folgenden Zahlen $p+1, p+2, \ldots$ getestet, solange bis eine prim ist.

5.2.4 Effizienz und Implementierung von RSA

Die modulare Exponentiation von RSA ist im Vergleich zu anderen Verfahren relativ aufwändig. Wenn wir zum Beispiel eine 1024-Bit-Zahl M mit einem 1024-Bit-Exponenten e verschlüsseln wollen, so kann die Berechnung von $M^e \bmod n$ zum Beispiel durch schrittweise Multiplikation von M mit sich selbst erfolgen. Dies wäre extrem zeitaufwändig, denn es müssten im naivsten Ansatz etwa $2^{1024} \approx 10^{308}$ Multiplikationen sowie Berechnungen des Restes durchgeführt werden. Dies lässt sich stark verbessern durch wiederholtes Quadrieren, wie man an folgendem Beispiel erkennt.

Beispiel 5.2

Die Berechnung von a^{19} kann man auch schreiben als

$$a^{19} = a^{2^4+2+1} = a^{2 \cdot 2 \cdot 2 \cdot 2} \cdot a^2 \cdot a = \left(\left(\left(a^2\right)^2\right)^2\right)^2 \cdot a^2 \cdot a.$$

Wenn nun noch nach jedem Quadrieren der Rest modulo n berechnet wird, so ist $a^{19} \bmod n$ ermittelt. ∎

Eine effiziente Realisierung dieser Idee stellt der folgende Algorithmus dar, welcher auf der binären Repräsentation des $k+1$-Bit-Exponenten $b = (b_k, \ldots, b_0)$ arbeitet. Zur Berechnung von $a^b \bmod n$ wird die Funktion

MODULAR-EXPONENT(a, b, n)
$d := 1$
for $i := k$ **downto** 0 **do**
    $d := (d \cdot d) \bmod n$
    if $b_i = 1$ **then**
        $d := (d \cdot a) \bmod n$
return d

benutzt. In Bild 5.3 ist die Arbeitsweise von MODULAR-EXPONENT an einem Beispiel gezeigt. Wenn a, b, n jeweils Zahlen der Länge k Bit sind, hat MODULAR-EXPONENT $O(k)$ arithmetische Operationen auszuführen bzw. $O(k^3)$ Bit-Operationen. Die kubische Komplexität führt zu relativ langen Rechenzeiten, insbesondere beim Entschlüsseln und bei der Signatur mit RSA, wo der längere geheime Schlüssel d benutzt wird.

```
19 = 1 0 0 1 1
```

$d = 1 \cdot 1 = 1$	$i = 4$
$d = 1 \cdot a = a$	
$d = a \cdot a = a^2$	$i = 3$
$d = a^2 \cdot a^2 = a^4$	$i = 2$
$d = a^4 \cdot a^4 = a^8$	$i = 1$
$d = a^8 \cdot a = a^9$	
$d = a^9 \cdot a^9 = a^{18}$	$i = 0$
$d = a^{18} \cdot a = a^{19}$	

BILD 5.3 Berechnung von a^{19} mod n mit MODULAR-EXPONENT

Software-Implementierungen von RSA sind daher derzeit etwa 100-mal langsamer als DES. Auf einer SUN SPARC II mit einem 512 Bit Modul sind beim Verschlüsseln Raten von 17 Kilobit/sec. und beim Entschlüsseln von 3.2 Kilobit/sec. möglich. Die höhere Geschwindigkeit beim Verschlüsseln erreicht man dadurch, dass man für den Verschlüsselungsexponenten e kleine Werte wählt, z. B. 3, 17 oder 65 537 (jeweils Primzahlen $e = 2^x + 1$, warum?).

Hardware-Implementierungen von RSA sind etwa 1000-mal langsamer als DES und erreichen einen Durchsatz von maximal 64 Kilobit/sec. In Planung sind Chips mit 1 Megabit/sec.

5.2.5 Schnellere Implementierung von RSA

Die lange Rechenzeit des RSA-Algorithmus beim Entschlüsseln und Signieren kann man um etwa den Faktor vier verringern durch folgendes Verfahren [MvOV97, KR01]. Zuerst wird die Repräsentation des geheimen Schlüssels geändert von (d, n) in $(d, n, p, q, \bar{p})$, mit d, n, p, q aus Definition 5.1 und $\bar{p} = p^{-1}$ mod q sowie $p < q$. Der öffentliche Schlüssel bleibt unverändert (e, n). Das abgeänderte Verfahren beschreiben wir nun am Beispiel der Signatur eines Dokuments M, wobei wir annehmen, dass M direkt signiert wird oder dass M der zu signierende Hash-Wert des Dokuments ist (Abschnitt 6.3). Die Signatur S wird nun erzeugt durch folgende Prozedur:

$$S_1 = M^d \text{ mod } p, \tag{5.4}$$

$$S_2 = M^d \text{ mod } q, \tag{5.5}$$

$$h = \bar{p} \cdot (S_2 - S_1) \text{ mod } q, \tag{5.6}$$

$$S = (S_1 + p \cdot h) \text{ mod } n. \tag{5.7}$$

Satz 5.2

Mit e, d, n, p, q wie in Definition 5.1 und $\bar{p} = p^{-1}$ mod q gilt $S = S_1 + p \cdot h \equiv M^d$ mod n, d. h. das geänderte Verfahren implementiert RSA korrekt.

Beweis

Wir zeigen, dass $S_1 + p \cdot h \equiv M^d \bmod p$ und $S_1 + p \cdot h \equiv M^d \bmod q$ und wenden dann den chinesischen Restsatz an. Es gilt

$$(S_1 + p \cdot h) \bmod p = (S_1 + p[\bar{p} \cdot (S_2 - S_1) \bmod q]) \bmod p$$
$$= S_1 \bmod p = M^d \bmod p,$$

$$(S_1 + p \cdot h) \bmod q = (S_1 + p[\bar{p} \cdot (S_2 - S_1) \bmod q]) \bmod q$$
$$= S_1 \bmod q + (p\bar{p}) \bmod q \cdot (S_2 - S_1) \bmod q$$
$$= S_1 \bmod q + S_2 \bmod q - S_1 \bmod q$$
$$= S_2 \bmod q = M^d \bmod q.$$

Mit dem chinesischen Restsatz folgt $S_1 + p \cdot h \equiv M^d \bmod pq = M^d \bmod n$. ∎

Die Rechenzeit verringert sich bei diesem Verfahren, da hier M^d modulo p und q berechnet wird und weil p und q beide etwa halb so viele Bits haben wie n. Hat n die Länge k Bit, so ist nach Abschnitt 5.2.4 die Zahl der modularen Multiplikationen in jeder der Gleichungen 5.4 und 5.5 proportional $(k/2)^3 = 1/8 k^3$. Damit reduziert sich die Rechenzeit etwa um den Faktor vier. Diese RSA-Variante hat aber auch ihre Tücken. Im OpenPGP-Standard wurde eine erhebliche Sicherheitslücke bei der Speicherung des geheimen Schlüssels aufgedeckt, die wir in (Abschnitt 8.1.4) kurz beschreiben.

5.2.6 Angriffe gegen RSA

Neben dem oben erwähnten Angriff gibt es noch eine Reihe weiterer möglicher Angriffe gegen den RSA-Algorithmus, die in Tabelle 5.1 kurz tabellarisch zusammen mit den Erkenntnissen aufgelistet sind. Für Details wird auf [Sch05] verwiesen.

TABELLE 5.1 Angriffe gegen RSA

Angriff	Erkenntnis
Chosen-Ciphertext-Angriff gegen RSA-Signatur.	1. Niemals beliebige, von Unbekannten vorgelegte Dokumente unterzeichnen. 2. Vor dem Signieren immer eine Einweg-Hash-Funktion anwenden (Abschnitt 6.3).
Angriff gegen RSA mit gemeinsamem Modul (siehe Abschnitt 5.3.1)	Eine Benutzergruppe darf niemals den gleichen Wert für n wählen.
Bei kleinem Verschlüsselungsexponenten e (siehe Abschnitt 5.2.4) und kurzen Nachrichten ist ein Angriff möglich.	Nachrichten vor der Verschlüsselung auffüllen. Blöcke von M sollten etwa gleich lang sein wie n. PGP tut dies automatisch.
Angriff gegen RSA mit kleinem Entschlüsselungsexponenten d.	Großes d wählen. Dies ist bei kleinem e automatisch der Fall.
Angriff gegen Nachrichten, die zuerst verschlüsselt und dann signiert wurden.	Immer zuerst die Nachricht (Klartext) signieren und dann verschlüsseln.

5.3 Angriffe gegen Public-Key-Verfahren

Im Gegensatz zu symmetrischen Verfahren besitzen (die meisten) Public-Key-Verfahren eine deutliche Schwäche. Gegen sie kann ganz einfach ein Chosen-Plaintext-Angriff durchgeführt werden, denn mit dem öffentlichen Schlüssel ist es leicht, sich für beliebige Mengen von Klartext den zugehörigen Chiffretext zu erzeugen.

Will Eve einen vorgegebenen Geheimtext C entschlüsseln, der an Alice mit deren öffentlichem Schlüssel P_A gesendet wurde, so verschlüsselt sie mit P_A systematisch alle Klartexte M so lange, bis $E_{P_A}(M) = C$ gilt. Insbesondere für kurze Nachrichten ist dieser Angriff effektiv einsetzbar. Abhilfe schafft hier die *Probabilistische Verschlüsselung* [Sch05], bei der ein fester Klartext zufällig auf einen von mehreren Geheimtexten abgebildet wird.

5.3.1 Chosen-Ciphertext-Angriff mit Social Engineering

Bei folgendem Angriff gegen Public-Key-Systeme beschafft sich Eve relativ einfach eine geheime Nachricht von Alice an Bob. Der Angriff setzt voraus, dass bei einer zweimal mit verschiedenen Schlüsseln verschlüsselten Nachricht das Ergebnis unabhängig von der Reihenfolge der Verschlüsselungen ist. Diese Voraussetzung ist zwar normalerweise nicht gegeben, aber sie macht den Angriff besonders einfach und anschaulich. Er hat folgenden Ablauf:

1. Alice schickt die verschlüsselte Nachricht $E_{P_B}(M)$ an Bob.
2. Eve hört die Nachricht ab.
3. Später verschlüsselt Eve die abgehörte Nachricht nochmal mit ihrem eigenen öffentlichen Schlüssel P_E. Sie schickt $E_{P_E}(E_{P_B}(M))$ an Bob.
4. Bob packt die Nachricht aus. Wegen $E_{P_E}(E_{P_B}(M)) = E_{P_B}(E_{P_E}(M))$ erhält Bob

$$D_{S_B}(E_{P_E}(E_{P_B}(M))) = D_{S_B}(E_{P_B}(E_{P_E}(M))) = E_{P_E}(M).$$

Da es sich hier um einen Chiffretext handelt, kann Bob damit nicht viel anfangen.

5. Eve überzeugt Bob davon, ihr, etwa zur Analyse eines Übertragungsfehlers, diesen Buchstabensalat zu schicken.
6. Bob schickt $E_{P_E}(M)$ an Eve.
7. Eve rekonstruiert den Klartext $M = D_{S_E}(E_{P_E}(M))$.

Der Angriff ist erfolgreich, wenn die Reihenfolge des Verschlüsselns keine Rolle spielt. Dies ist zum Beispiel bei RSA der Fall, wenn Alice und Eve den gleichen Modul verwenden (was sie laut Tabelle 5.1 nicht tun sollten!). Ein auf dieser Idee basierender praktisch einsetzbarer Angriff auf Email-Systeme wie PGP und GnuPG mit Public-Key-Verschlüsselung wird beschrieben in [JKS02].

5.3.2 Angriffe aufgrund von Seiteneffekten

Einen Angriff ganz neuer Dimension gegen Kryptosysteme entdeckte im Jahr 1995 **Paul Kocher**, ein unabhängiger Kryptographie-Berater [Koc96]. Beim so genannten timing-attack nutzte er die Tatsache, dass bei vielen Chiffren die Rechenzeit vom Schlüssel abhängt. Am

Beispiel von RSA konzentriert sich der Angriff auf die in Abschnitt 5.2.4 beschriebene Funktion MODULAR-EXPONENT. Die Rechenzeit jedes einzelnen Durchlaufs der Schleife hängt davon ab, ob das jeweilige Schlüsselbit '1' oder '0' ist. Wenn der Angreifer nun physikalischen Zugriff auf den Rechner hat, so kann er eventuell die Laufzeiten von MODULAR-EXPONENT messen. Will der Angreifer etwa den geheimen Schlüssel einer Chipkarte auslesen, so kann er zum Beispiel die Chiffretexte abhören und zu jedem Chiffretextblock die Zeit für das Entschlüsseln messen. Am einfachsten zu verstehen ist der Angriff, wenn man annimmt, dass für einige wenige Kombinationen von d und a das modulare Produkt $d \cdot a \mod n$ sehr viel Zeit benötigt, sonst aber sehr schnell ist.

Der Angreifer versucht nun nacheinander alle Schlüsselbits zu bestimmen. Unter der Annahme, dass die ersten $i-1$ Schlüsselbits schon bekannt sind, wird das Bit b_i wie folgt bestimmt. Der Angreifer, der den Algorithmus MODULAR-EXPONENT kennt, führt diesen aus bis zum Bit b_{i-1}. Nun berechnet er das neue d nach $d := (d \cdot d) \mod n$ und bestimmt die Zeit T von $d := (d \cdot a) \mod n$. (Beim ersten Bit ist $d = 1$.) Ist diese Zeit für ein a sehr lang, so muss die am Zielsystem gemessene Zeit immer dann sehr lang sein, wenn $b_i = 1$.

Wenn also das unbekannte Schlüsselbit $b_i = 1$ ist, wird $d := (d \cdot a) \mod n$ berechnet, sonst nicht. Ist nun für alle a mit langer Zeit T, die am Zielsystem gemessene Zeit für MODULAR-EXPONENT sehr lang, so ist mit hoher Wahrscheinlichkeit $b_i = 1$. Ist jedoch unter den a mit langer Zeit T mindestens einmal die Zeit von MODULAR-EXPONENT sehr kurz, so ist $b_k = 0$ mit Sicherheit. Dieses Schema wird für alle Bits angewendet. Ab dem zweiten Bit müssen alle vorhergehenden Bits bekannt sein, um den aktuellen Wert von d zu berechnen, mit dem in $d := d \cdot a \mod n$ multipliziert wird.

Sind die Rechenzeiten für die Multiplikationen nicht extrem unterschiedlich, so muss mit aufwändigeren statistischen Verfahren gearbeitet werden. Der Angriff ist damit bei genügender Datenmenge mit hoher Erfolgsquote möglich. Glücklicherweise gibt es relativ einfache Maßnahmen gegen diesen Angriff.

- Man kann zum Beispiel MODULAR-EXPONENT so verändern, dass die Laufzeit konstant gleich der maximalen Laufzeit wird. Das kostet natürlich wertvolle Zeit.
- Man fügt bei jedem Aufruf von MODULAR-EXPONENT eine kurze Warteschleife mit zufälliger Dauer an. Das kostet etwas weniger zusätzliche Rechenzeit, ist aber nicht ganz sicher, denn das durch die Warteschleife erzeugte Rauschen kann bei genügender Datenmenge herausgefiltert werden.
- Man versucht den Gegner zu blenden, indem man den Chiffretext vor dem Entschlüsseln mit einer Zufallszahl r multipliziert:
    1. Erzeuge eine Zufallszahl r zwischen 0 und $n-1$, die teilerfremd zum Modul n ist.
    2. Berechne $c' = cr^e \mod n$, wobei e der öffentliche Exponent ist.
    3. Berechne $m' = (c')^d \mod n$ mit MODULAR-EXPONENT.
    4. Berechne $m = m'r^{-1} \mod n$ (Übung 5.5).

  Damit ist die Laufzeit für die Dechiffrierung unabhängig vom Chiffretext c und es gibt keine Möglichkeit, den Schlüssel zu bestimmen.

Neben der Messung der Rechenzeit kann der Angriff auch über die Messung des Stromverbrauch (simple power analysis, differential power analysis, DPA) geführt werden, falls dieser vom Wert des Schlüssels in irgend einer Form abhängig ist. Angriffe aufgrund von Seiteneffekten wurden zwar erstmals auf Public-Key-Systeme angewendet, sie sind aber nicht auf diese beschränkt. Sie können zum Beispiel auch auf Blockchiffren angewandt werden. Daher sollte bei Entwurf und Implementierung von kryptographischer Software immer an mögliche Seiteneffekte gedacht werden.

5.3.3 Angriffe mit Spezialhardware

Im Jahr 1999 wurde von **Adi Shamir** [Sha99] ein optoelektronischer Spezialrechner entworfen, um die Berechnungen des Zahlkörpersiebs zur Faktorisierung großer Zahlen zu beschleunigen. Damit soll sich die Zahl der Bits faktorisierbarer RSA-Zahlen um 100 bis 200 Bits erhöhen, das heißt, dass ein RSA-Modul der Länge 768 Bit heute nicht mehr als sicher gelten kann. Die Maschine wurde allerdings noch nicht gebaut. In [Ber01] wird eine spezielle Parallelrechnerarchitektur vorgestellt, mit sich die Zahl der faktorisierbaren Bits verdreifachen lassen soll. Die Realisierbarkeit dieser Maschine ist allerdings stark umstritten [SSS02].

■ 5.4 Schlüsseltausch

Da Public-Key-Algorithmen deutlich langsamer sind als symmetrische Chiffren, spielen letztere heute immer noch eine wichtige Rolle. Kommunizieren nun zwei Parteien mit geheimem Schlüssel, d. h. mit einem symmetrischen Verfahren, so wird die Kommunikation umso sicherer, je öfter der Schlüssel gewechselt wird. Das gilt jedoch nur, wenn der Schlüsseltausch sicher erfolgt. Aus diesem Grund sind sichere Protokolle zum Schlüsseltausch über unsichere Kanäle sehr wichtig.

5.4.1 Schlüsseltausch mit symmetrischen Verfahren

Bei diesem Protokoll wird eine dritte Partei, das Trustcenter – hier Trent genannt – zur Mithilfe herangezogen. Das Protokoll setzt voraus, dass jede Partei auf irgendeinem Wege mit Trent einen eigenen geheimen Schlüssel vereinbart hat, nämlich k_A im Fall von Alice und

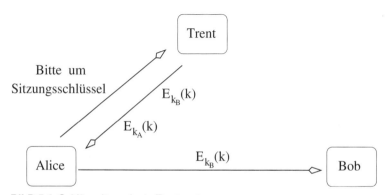

BILD 5.4 Schlüsseltausch via Trustcenter

k_B im Fall von Bob. Will nun Alice mit Bob kommunizieren, so veranlasst sie Trent, ihr und Bob einen geheimen Sitzungsschlüssel k zukommen zu lassen (Bild 5.4).

Der kritische Punkt an diesem Protokoll ist die zentrale Anlaufstelle bei Trent. Zum einen stellt Trent einen Engpass dar, da bei jeder Kommunikation Trent kontaktiert werden muss. Zum anderen wird bei einem eventuellen gewalttätigen Angriff auf Trent schlagartig das ganze Netz unsicher, eventuell sogar ohne dass die Teilnehmer dies wissen.

5.4.2 Man-in-the-Middle-Angriff

Der Angreifer – hier Mallory[4] genannt – trennt die Verbindung zwischen Alice und Bob in der Mitte auf und täuscht Alice vor, Bob zu sein und umgekehrt. Mallory kann Nachrichten abfangen und in veränderter Form weiterleiten bzw. beantworten. Beim Angriff auf Public-Key-Algorithmen kann Mallory so alle Nachrichten abhören und sogar verändert weiterleiten, ohne den Algorithmus selbst anzugreifen oder gar zu knacken. Beim Schlüsseltausch mit einem Public-Key-Algorithmus fängt Mallory die beiden öffentlichen Schlüssel P_A, P_B ab und leitet jeweils seinen eigenen öffentlichen Schlüssel P_M weiter.

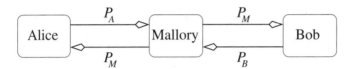

Dieser Angriff ist immer dann möglich, wenn es für Alice und Bob keine Möglichkeit gibt, zu überprüfen, mit wem sie tatsächlich kommunizieren. Um dem Man-in-the-Middle-Angriff vorzubeugen sollte möglichst immer folgendes beachtet werden (siehe auch Abschnitte 7 und 8.1).

 Bei der Verwendung eines fremden öffentlichen Schlüssels muss möglichst immer die Authentizität des Schlüssels geprüft bzw. sichergestellt werden.

5.4.3 Das Interlock-Protokoll

Der Man-in-the-Middle-Angriff kann deutlich erschwert werden durch das von Rivest und Shamir entwickelte Interlock-Protokoll [Sch05]:

1. Alice sendet Bob ihren öffentlichen Schlüssel.
2. Bob sendet Alice seinen öffentlichen Schlüssel.
3. Alice chiffriert ihre Nachricht mit Bobs öffentlichem Schlüssel und sendet die Hälfte davon an Bob.
4. Bob chiffriert seine Nachricht mit Alices öffentlichem Schlüssel und sendet die Hälfte davon an Alice.

---
[4] Mallory, von *malicious* (böswillig), ist ein aktiver gewalttätiger Angreifer.

5. Alice schickt Bob die zweite Hälfte ihrer verschlüsselten Nachricht.
6. Bob schickt Alice die zweite Hälfte seiner verschlüsselten Nachricht.
7. Bob fügt die beiden Hälften von Alices Nachricht zusammen und dechiffriert sie mit seinem geheimen Schlüssel.
8. Alice fügt die beiden Hälften von Bobs Nachricht zusammen und dechiffriert sie mit ihrem geheimen Schlüssel.

Bei diesem Protokoll hat Mallory ein Problem. Er kann zwar in den Schritten 1 und 2 erfolgreich Alice und Bob mit einem Man-in-the-Middle-Angriff täuschen, aber er kann die erste Hälfte einer von Alice mit P_M verschlüsselten Nachricht nicht entschlüsseln und mit P_B verschlüsselt an Bob weiterleiten. Er hat jedoch eine andere, in den meisten Fällen viel schwierigere, Möglichkeit, Alice und Bob zu hintergehen (Übung 5.6).

In der Praxis ist das Interlock-Protokoll oft zu umständlich. Wer möchte schon alle seine E-Mails in zwei Teile aufspalten und diese in einem synchronisierten Prozess austauschen. Wegen der Möglichkeit eines Man-in-the-Middle-Angriffs bleibt daher bei allen Public-Key-Verfahren das Problem der Authentizität öffentlicher Schlüssel bestehen. In der Praxis wird es durch die in einer Public-Key-Infrastruktur verwendeten Schlüsselzertifikate gelöst. Das ganze Kapitel 7 ist diesem wichtigen Thema gewidmet.

5.4.4 Schlüsseltausch mit Quantenkryptographie

Eine neue physikalische Möglichkeit des Schlüsseltauschs wird ermöglicht durch die Quantentheorie [TBG+99]. Wenn Alice und Bob einen sicheren Schlüssel vereinbaren wollen, dann verwenden sie für den Quantenschlüsseltausch ein Glasfaserkabel und verschicken über dieses einzelne polarisierte Photonen (Lichtquanten). Horizontal polarisierte Photonen codieren Null-Bits und vertikal polarisierte Photonen kodieren Eins-Bits. Die Sicherheit des Verfahrens basiert auf einer grundlegenden Eigenschaft der Quantentheorie. Es ist unmöglich, einen physikalischen Vorgang zu beobachten, ohne ihn zu beeinflussen. Wenn die Lauscherin Eve versucht, die Photonen in der Leitung abzugreifen, wird die Schlüsselübertragung gestört. Alice und Bob bemerken dies. Bemerken Alice und Bob hingegen keinen Fehler, so können sie sicher sein, dass niemand die Bits abgehört hat.

Die praktische Umsetzung dieser Idee ist im Labor auf Entfernungen von über zwanzig Kilometern erfolgreich. In Zukunft könnte der Quantenschlüsseltausch für Hochsicherheitsanwendungen eine sehr sichere Alternative darstellen. Für den normalen Anwender hingegen sind die zusätzlichen Kosten für die benötigten Apparaturen und die Leitung auf absehbare Zeit zu hoch.

■ 5.5 Der Diffie-Hellman-Algorithmus

Der Algorithmus von **Whitfield Diffie** und **Martin Hellman** ermöglicht den Austausch eines geheimen Schlüssels k zwischen Alice und Bob über einen unsicheren Kanal ohne die Mithilfe einer dritten Partei (Trent). Der geheime Schlüssel k kann dann benutzt werden, um mit einem symmetrischen Verfahren eine Nachricht zu verschlüsseln. Wie der RSA-Algorithmus ist auch der Diffie-Hellman-Algorithmus ein Public-Key-Algorithmus. Er wurde 1976, d. h. schon vor dem RSA-Algorithmus veröffentlicht und patentiert [DH76] und funktioniert wie folgt:

1. Alice und Bob einigen sich auf eine große Primzahl n und eine Zahl g. Diese beiden Zahlen dürfen öffentlich bekannt sein.
2. Alice wählt eine große Zufallszahl x und sendet $X = g^x \bmod n$ an Bob. (X, g, n) ist ihr öffentlicher Schlüssel und (x, g, n) ihr geheimer Schlüssel.
3. Bob wählt eine große Zufallszahl y und sendet $Y = g^y \bmod n$ an Alice. (Y, g, n) ist sein öffentlicher Schlüssel und (y, g, n) sein geheimer Schlüssel.
4. Alice berechnet den geheimen Schlüssel $k = Y^x \bmod n$.
5. Bob berechnet den geheimen Schlüssel $k' = X^y \bmod n$.

Es gilt $k = k'$, denn $k = Y^x \bmod n = g^{xy} \bmod n = X^y \bmod n = k'$.

Warum ist dieses Verfahren sicher? Wenn Eve den Kanal abhört, so kennt sie n, g, X, Y, aber nicht k. Wie kann sie k berechnen? Zum Beispiel dadurch, dass sie x und y berechnet durch Auflösen der Gleichungen

$$Y = g^y \bmod n \quad \text{und} \quad X = g^x \bmod n$$

nach x bzw. y. Beim Rechnen mit reellen Zahlen ist das einfach. Man berechnet z. B. $x = \log X / \log g$. In $\mathbb{Z}_n$ ist dies auch möglich, aber sehr schwierig und wird als das Problem des **diskreten Logarithmus** bezeichnet.

Die Sicherheit des Verfahrens hängt von der Wahl der Zahlen g und n ab. n muss eine möglichst große Primzahl sein, denn das Problem der Berechnung des diskreten Logarithmus ist mindestens so schwer wie die Primfaktorzerlegung. Die Zahl g sollte so gewählt sein, dass sie eine möglichst große Untergruppe von $\mathbb{Z}_n$ erzeugt, d. h. die Menge

$$\{g^1, g^2, \ldots, g^{n-1}\}$$

muss möglichst groß sein (Übung 5.7).

Wie jedes Public-Key-Verfahren ist auch dieses Protokoll anfällig gegen einen Man-in-the-Middle-Angriff. Mallory kann beim Tausch der öffentlichen Schlüssel diese gegen andere austauschen. Wegen dem oben erwähnten Problem der Authentizität öffentlicher Schlüssel muss beim Schlüsseltausch die Authentizität der Schlüssel gewährleistet, bzw. überprüft werden (Kapitel 7). Alice und Bob werden daher ihre öffentlichen Schlüssel nicht oft wechseln (z.B. einmal pro Jahr). Wenn sie nun bei jeder Kommunikation mit Diffie-Hellman einen geheimen Sitzungsschlüssel vereinbaren, wird dieser immer der gleiche sein. Dies erleichtert aber einen Angriff gegen das verwendete symmetrische Verfahren, denn der Angreifer verfügt dann über große Mengen von Chiffretext. Besser wäre es, wenn für jede Kommunikation ein neuer Sitzungsschlüssel vereinbart würde. Dies wird ermöglicht durch folgende Modifikation des Diffie-Hellman-Verfahrens.

5.6 Der ElGamal-Algorithmus

Der ElGamal-Algorithmus [ElG85] ist eine Verallgemeinerung des Diffie-Hellman-Algorithmus. Er eignet sich zum Verschlüsseln beliebiger Nachrichten. Damit kann unter anderem auch ein beliebiger symmetrischer Sitzungsschlüssel ausgetauscht werden. Bis zum Austausch der öffentlichen Schlüssel, das heißt bis zu Schritt 3 wird das Diffie-Hellman-Verfahren nicht verändert. Mit den gleichen Bezeichnungen wie oben wird dann wie folgt verfahren, wenn Alice zum Beispiel den Sitzungsschlüssel $k \in \{1, \ldots, n-1\}$ an Bob schicken will:

4. Alice wählt eine Zufallszahl r.
5. Alice berechnet $m_1 = g^r \bmod n$.
6. Alice berechnet $m_2 = kY^r \bmod n$.
7. Alice schickt (m_1, m_2) an Bob.
8. Bob berechnet $k = m_2 (m_1^y)^{-1} \bmod n$.

Wegen $m_2 \left(m_1^y\right)^{-1} \bmod n = kY^r \left(g^{ry}\right)^{-1} \bmod n = kg^{ry} \left(g^{ry}\right)^{-1} \bmod n = k$ ist das Verfahren korrekt. Es ist sicher wegen der Schwierigkeit des diskreten Logarithmus. Die Lauscherin Eve kann aus m_1 nicht r berechnen. Wenn Sie r nicht kennt, kann sie aber aus m_2 den Schlüssel k nicht berechnen.

5.7 Algorithmen mit Elliptischen Kurven

Die Lösungsmenge einer Gleichung der Form

$$y^2 = ax^3 + bx^2 + cx + d$$

wird Elliptische Kurve genannt. Ein Beispiel ist in Bild 5.5 gezeigt. Jede Gerade, die nicht eine Parallele zur y-Achse ist, besitzt einen oder drei Schnittpunkte mit der Kurve. Dies liegt daran, dass ein Polynom dritten Grades entweder eine oder drei reelle Nullstellen besitzt (Übung 5.8).

Nun definieren wir eine Verknüpfung von Punkten in der Ebene. Seien $A = (a_x, a_y)$ und $B = (b_x, b_y)$ Punkte mit $a_x \neq b_x$ auf der elliptischen Kurve. Diese zwei Punkte definieren

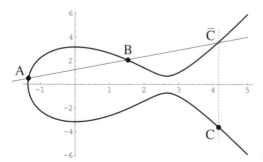

BILD 5.5 Die elliptische Kurve zu $y^2 = x^3 - 4x^2 + 10$

eine Gerade, die einen dritten Schnittpunkt $\bar{C}$ mit der Kurve besitzt. Die Summe von A und B definiert man nun so:

$$A + B = C := -\bar{C} = (\bar{c}_x, -\bar{c}_y).$$

Damit wird sichergestellt, dass

$$C + (-B) = A$$

gilt. Zur Addition eines Punktes A mit sich selbst nimmt man die Tangente in A und sucht deren dritten Schnittpunkt D mit der Kurve. Dann gilt $2A = A + A = -D$. Nimmt man nun noch einen „Punkt im Unendlichen" als Nullelement hinzu, so gilt $A + 0 = A$, oder $A - A = 0$, denn eine senkrechte Gerade hat ihren dritten Schnittpunkt im Unendlichen. Man kann zeigen, dass die so definierte Addition eine kommukative Gruppe erzeugt. Die Punkte auf einer elliptischen Kurve sind also nun die Objekte einer Algebra, mit denen man – wegen der Gruppeneigenschaft – rechnen kann wie mit ganzen Zahlen. Man kann auch skalar multiplizieren, denn zum Beispiel ist

$$4A = A + A + A + A. \tag{5.8}$$

Nennt man die Gruppenoperation nicht „+" sondern „·", so haben wir eine multiplikative Gruppe definiert und Gleichung 5.8 wird zu

$$A^4 = A \cdot A \cdot A \cdot A.$$

Mit dieser Multiplikation auf Punkten elliptischer Kurven kann man zum Beispiel für einen Punkt M und eine natürliche Zahl e, ähnlich wie beim RSA-Algorithmus, M^e berechnen. Dies taugt jedoch nicht zum Verschlüsseln, unter anderem weil auf einer endlichen Punktmenge die Multiplikation nicht abgeschlossen ist. Man wechselt nun also, wie bei den bekannten Algorithmen, zu einem endlichen Körper und betrachtet elliptische Kurven über diesem endlichen Körper, definiert die Multiplikation wie oben und rechnet dann modulo n. Die Mathematik wird hier sehr anspruchsvoll und übersteigt den Rahmen dieses Buches.

Mit einer entsprechend definierten Multiplikation auf Punkten elliptischer Kurven über einem endlichen Körper kann man rechnen wie in den uns bekannten Strukturen $\mathbb{Z}_n$. Man kann nun zum Beispiel den RSA-Algorithmus und den Diffie-Hellman-Algorithmus in der neuen Arithmetik implementieren. Für die Praxis sehr interessant sind die elliptischen Kurven über einem Galoiskörper $GF(2^n)$, denn die Arithmetik kann sehr effizient implementiert werden, genau wie dies auch bei Rijndael (Abschnitt 4.2) der Fall ist. Man kann nun zeigen, dass bei Verwendung von elliptischen Kurven die benötigten Schlüssellängen für gleiche Sicherheit wesentlich kürzer sind als bei den „normalen" Public-Key-Algorithmen. RSA mit elliptischen Kurven ist mit 160 Bit langem Schlüssel etwa gleich sicher wie RSA ohne elliptische Kurven mit einem 1024 Bit langen Schlüssel. Dies macht die Kryptographie mit elliptischen Kurven für zukünftige Implementierungen sehr attraktiv. Zur weiterführenden Lektüre wird der Leser verwiesen auf [Sti05, Men93, Kob94].

Übungen

Aufgabe 5.1

Verschlüsseln Sie mit dem RSA-Algorithmus bei $p = 23$, $q = 59$ und $e = 15$ den Klartext $M = 348613407195771184$. Warum wäre hier $e = 11$ keine gute Wahl für den öffentlichen Schlüssel?

Aufgabe 5.2

Die Schlüsselerzeugung beim RSA-Algorithmus wäre noch einfacher, würde man Definition 5.1 durch folgende ersetzen:

1. Wähle eine große Primzahlen n.
2. Wähle eine kleine ungerade Zahl e, die zu n relativ prim ist, d. h. ggT$(e, n) = 1$.
3. Berechne d als Lösung der Gleichung $ed \bmod n = 1$. Aufgrund von Satz A.5 kann d einfach berechnet werden.
4. Gib das Paar $P = (e, n)$ bekannt als öffentlichen Schlüssel.
5. Halte das Paar $S = (d, n)$ geheim als geheimen Schlüssel.

a) Zeigen Sie, dass dieses Verfahren nicht korrekt ist, d. h. dass $M^{ed} \equiv M \bmod n$ nicht für alle M gilt (siehe Beispiel A.6).
b) Zeigen Sie, dass dieses Verfahren nicht sicher ist.

Aufgabe 5.3

Untersuchen Sie die Sicherheit von RSA, indem Sie das Wachstum der Funktion $T(b)$ aus Gleichung 5.3 betrachten. Ersetzen Sie hierzu den Term $O(1)$ durch Null.

a) Erstellen Sie einen Graphen der Funktion T im Bereich 1 bis 1000.
b) Vergleichen Sie das Wachstum dieser Funktion mit dem einer Exponentialfunktion a^b.
c) Die längste heute faktorisierte RSA-Zahl hat 640 Bit, was etwa 193 Dezimalstellen entspricht. Um welchen Faktor wäre der Aufwand zum Faktorisieren eines 1024 Bit langen RSA-Moduls größer?
d) Wieviel Rechenzeit würde ein Angriff auf einen 1024-Bit-Modul in etwa kosten, wenn 100 000 PCs mit einer Rechenleistung von je etwa 3 GHz verfügbar wären? Verwenden Sie die in Abschnitt 5.2.2 angegebenen Daten des Angriffs von 2005.

Aufgabe 5.4

Zeigen Sie, dass für Zahlen a, b, n der Länge k Bit die Funktion MODULAR-EXPONENT aus Abschnitt 5.2.4 $O(k)$ arithmetische Operationen bzw. $O(k^3)$ Bit-Operationen durchführt. Was bedeutet dies für die tatsächliche Rechenzeit von RSA auf einem 32-Bit-Rechner? Unter welchen Voraussetzungen ist die Rechenzeit linear?

Aufgabe 5.5

Zeigen Sie, dass für das in Abschnitt 5.3.2 beschriebene ‚Blenden' des Angreifers beim ‚timing-attack' tatsächlich $m = m'r^{-1} \bmod n$ gilt.

Aufgabe 5.6

Welche Möglichkeit hat Mallory, Alice und Bob beim Interlock-Protokoll zu hintergehen? Diskutieren Sie Einsatzszenarien, bei denen dadurch das Interlock-Protokoll unsicher wird.

Aufgabe 5.7

Warum muss beim Diffie-Hellman-Algorithmus die Zahl g so gewählt werden, dass sie eine möglichst große Untergruppe von $\mathbb{Z}_n$ erzeugt?

Aufgabe 5.8

Zeigen Sie, dass eine Gerade mit endlicher Steigung entweder einen oder drei Schnittpunkte mit einer elliptischen Kurve besitzt.

6 Authentifikation und digitale Signatur

Im Zeitalter der digitalen und drahtlosen Kommunikation wird der klassische Brief immer mehr durch E-Mail abgelöst. Die Vorteile des neuen Mediums liegen auf der Hand: Mit geringem Aufwand können E-Mails verschickt werden und sie erreichen den Empfänger sehr schnell und asynchron. Das bedeutet, dass die E-Mail im Gegensatz zum Telefonanruf auch dann empfangen wird, wenn der Empfänger nicht am Platz ist. Mit Hilfe von Attachments können beliebige Multimedia-Dokumente als Anlage beigefügt werden. Trotz dieser klaren Vorteile wird E-Mail bis heute für wichtige offizielle Dokumente wie zum Beispiel Kaufverträge, Angebote und Rechnungen immer noch sehr selten eingesetzt. Hierfür gibt es einen einfachen offensichtlichen Grund, nämlich die fehlende Authentifikation des Absenders in Form einer Unterschrift. Die Absenderadresse einer E-Mail kann mit vielen E-Mail-Programmen sogar vom Laien beliebig verändert werden. Inhalt und Absenderadresse einer E-Mail können von einem versierten Angreifer leicht verändert werden.

Seit der Erfindung der Public-Key-Kryptographie gibt es eine elegante Lösung für dieses Problem. Sie heißt **digitale Signatur** oder elektronische Unterschrift. Mittlerweile ist die Technik ausgereift und bereit zum flächendeckenden Einsatz (Kapitel 7). Durch die digitale Signatur wird das Medium E-Mail zu einem ernsthaften und effizienten Werkzeug im Geschäftsverkehr. Verträge jeglicher Art können schnell und verbindlich unterzeichnet werden, ohne aufwändige Reisen oder zeitraubenden Postversand. Das deutsche **Signaturgesetz** (Abschnitt 6.5) hat den juristischen Boden hierfür geebnet und der neue Personalausweis stellt endlich das passende für Jedermann nutzbare Werkzeug dazu bereit.

Das Problem der Authentizität stellt sich nicht nur bei E-Mails sondern zum Beispiel beim Zugang zu Rechnern, der Echtheit von Web-Seiten, beim Zugang zum Online-Banking und vielen anderen Anwendungen. Im Folgenden werden die wichtigsten Algorithmen und Protokolle zur Authentifikation vorgestellt. Ein wichtiges Hilfsmittel sind die Einwegfunktionen.

6.1 Einwegfunktionen und Einweg-Hash-Funktionen

Bei der digitalen Signatur wird (im Prinzip) das zu signierende Dokument mit dem geheimen Schlüssel des Unterzeichners verschlüsselt. Der offensichtliche Nachteil dieses Verfahrens ist eine Signatur, deren Größe linear mit der Dokumentgröße wächst. Um Signaturen fester Länge zu erhalten wird nun nicht das ganze Dokument, sondern nur dessen **kryptographischer Fingerabdruck**, der **Hash-Wert** verschlüsselt. Berechnet wird der Hash-Wert mit Hilfe einer Einwegfunktion.

Definition 6.1 (Einwegfunktionen)

Einwegfunktionen sind Funktionen f, die sich leicht berechnen lassen, deren Umkehrung f^{-1} jedoch nicht oder nur sehr schwer (d. h. mit nicht vertretbarem Aufwand) zu berechnen ist, insbesondere, wenn die Funktion f öffentlich bekannt ist.

In der Mathematik gibt es viele Einwegfunktionen bzw. Funktionen, die dieser Eigenschaft sehr nahe kommen. Bekanntermaßen ist das Berechnen der Stammfunktion einer Funktion die Umkehrung des Differenzierens. Das Differenzieren ist berechenbar, das heißt, man kann ein Programm schreiben für diese Aufgabe. Hingegen ist das Finden einer Stammfunktion nicht berechenbar. Daher ist das Differenzieren eine Einwegfunktion.[1] Schon das Ausmultiplizieren einfacher Ausdrücke ist nicht umkehrbar, wie folgendes Beispiel zeigt.

Beispiel 6.1

Durch stures Ausmultiplizieren kann man zeigen, dass gilt

$$(x-1)(x-2)(x-3)(x-4)(x-5)(x-6)(x-7)(x-8)(x-9)(x-10)(x-11)$$
$$= x^{11} - 66x^{10} + 1925x^9 - 32670x^8 + 357423x^7 - 2637558x^6 + 13339535x^5$$
$$- 45995730x^4 + 105258076x^3 - 150917976x^2 + 120543840x - 39916800.$$

Jeder Schüler in der achten Klasse weiß wie das geht. Bei der Umkehrung müssen aber sogar die besten Mathematiker kapitulieren. Schon für Polynome fünften Grades wie etwa

$$x^5 + x^4 + x^3 + x^2 + x - 1$$

gibt es kein allgemeines Verfahren zur Bestimmung der Nullstellen und damit auch kein Verfahren für die Zerlegung in Linearfaktoren. Dass es ein derartiges Verfahren für Polynome fünften und höheren Grades nicht geben kann, wurde mit Hilfe der Galoistheorie bewiesen [RS98, KM10].

---

[1] Genau genommen handelt es sich hier um ein Einwegfunktional, denn das Differenzieren bildet Funktionen auf Funktionen ab.

Ein weiteres Beispiel für eine Einwegfunktion ist die RSA-Verschlüsselung (Abschnitt 5.2). Es ist einfach, M^e mod n zu berechnen, die Umkehrung (modulare Wurzel) ohne Kenntnis des geheimen Schlüssels d ist jedoch sehr schwierig.

Definition 6.2 (Einweg-Hash-Funktionen)

Einweg-Hash-Funktionen sind Einwegfunktionen, die *beliebig lange* Klartexte auf einen Hash-Wert *fester Länge* abbilden.

Diese Abbildung ist nicht injektiv, da der Hash-Wert meist kürzer als der Klartext ist. Es werden also auf einen Hash-Wert viele Klartexte abgebildet. Daher wird an Einweg-Hash-Funktionen zusätzlich folgende Forderung gestellt:

Es muss sehr schwierig sein, zwei Klartexte mit dem gleichen Hash-Wert zu finden.

Die meisten Einweg-Hash-Funktionen benutzen eine Einwegfunktion f, die Eingaben *fester Länge m* auf einen Hash-Wert h der Länge n mit $n < m$ abbildet. Eine Eingabe M beliebiger Länge wird dann zerlegt in k Teile M_i der Länge $m - n$, d. h.

$$M = (M_1, M_2, \ldots, M_k).$$

Die Einwegfunktion f wird dann wie folgt rekursiv angewendet

$$h_0 = 0, \tag{6.1}$$
$$h_i = f(M_i, h_{i-1}) \tag{6.2}$$

und der letzte berechnete Wert h_k ist dann der Hash-Wert von M.[2]

Für AES wird in [DR99] folgende Formel zur Konstruktion einer Einweg-Hash-Funktion empfohlen. Ist $E_k(M)$ der mit dem Schlüssel k aus dem Klartextblock M erzeugte Chiffretextblock, so wird Gleichung 6.2 ersetzt durch

$$h_i = E_{M_i}(h_{i-1}) \oplus h_{i-1}.$$

Zur Berechnung des Hash-Wertes werden also nacheinander die Teile M_i der Eingabe als Schlüssel für AES verwendet. Einige wichtige Einweg-Hash-Funktionen sind:

MD4 (MD steht für *message digest*) MD4 wurde von Ron Rivest entwickelt und teilweise kryptanalysiert. Der Hash-Wert ist 128 Bit lang.

MD5 Verbesserung von MD4 mit ebenfalls 128 Bit Hash-Wert, daher sicherer aber nicht unumstritten. Wird in PGP angewendet.

SHA (Secure-Hash-Algorithm) wurde 1993 von der NSA und NIST entwickelt und ist auch eine Verbesserung von MD4. Eine 1995 überarbeitete Version hat nun den Namen SHA-1. Der Hash-Wert von SHA-1 ist 160 Bit lang.

RIPE-MD Eine weitere Variante von MD4 mit 160 Bit langem Hash-Wert, die im EU-Projekt RIPE entwickelt wurde und sehr sicher sein soll.

---

[2] Tatsächlich werden an die Funktion f nicht die zwei Argumente M_i und h_{i-1} übergeben, sondern die Konkatenation von M_i und h_{i-1}, denn f ist eine Funktion einer Variablen.

6.1.1 Passwortverschlüsselung

Einwegfunktionen werden angewendet bei der **Passwortverschlüsselung**, die wiederum zur **Benutzerauthentifikation** auf Rechnern dient. Auf Unix-Systemen waren bis vor einigen Jahren die Passwortdateien für jedermann lesbar. Trotzdem war diese Datei vor Missbrauch geschützt (wenn die Benutzer *gute* Passwörter wählten). Tippt ein Benutzer sein Passwort ein, so wird es mit der Einwegfunktion verschlüsselt und dann mit dem gespeicherten Wert verglichen. Daher ist es *nicht* notwendig, die Passwörter im Klartext zu speichern. Für die Sicherheit der Passwörter ist daher die Qualität der Einwegfunktion von elementarer Bedeutung.

Trotzdem gibt es erfolgreiche Angriffe gegen Passwörter, die so genannten Wörterbuchangriffe. Mallory stellt eine Liste der 100 000 gängigsten Passwörter auf, wendet die (bekannte) Einwegfunktion auf alle Passwörter an und speichert die Ergebnisse zusammen mit den Passwörtern. Nun stiehlt Mallory eine Passwortdatei und vergleicht diese mit seiner Datei auf Übereinstimmungen.

Einen gewissen Schutz gegen diesen Angriff bietet **Salt**. Das Passwort wird mit einer Zufallssequenz verknüpft, dann verschlüsselt und zusammen mit der Zufallssequenz abgespeichert. Dadurch wird das Vorausberechnen einer Passwortdatei erheblich erschwert, jedoch nicht unmöglich, wie man an folgendem Beispiel erkennt. Bei Unix-Systemen wird z. B. 12-Bit-Salt verwendet. Es existiert ein Liste in der etwa 732 000 übliche Passwörter mit allen 4 096 Salt-Werten verknüpft und verschlüsselt wurden. Diese Datei, mit der ca. 30% aller Passwörter zu knacken sein sollen, hat bei 13 Byte langen verschlüsselten Passwörtern eine Größe von etwa

$$732\,000 \cdot 4\,096 \cdot 13\,\text{Byte} = 3.9 \cdot 10^{10}\,\text{Byte} = 39\,\text{GByte}.$$

Sie ist immer noch viel kleiner als die Datei mit allen Passwörtern bestehend aus sechs Tastaturzeichen, die auch ohne Salt schon etwa

$$96^6 \cdot 13\,\text{Byte} = 10\,\text{TByte}$$

groß wäre. Neben den Wörterbuchangriffen gibt es auch Angriffe, die nach gewissen Regeln aus Benutzername und Login-Name Passwörter raten und diese testen.

6.1.2 Der Geburtstagsangriff

Eine wichtige Anwendung von Einweg-Hash-Funktionen sind digitale Signaturen (siehe 6.3), bei denen oft die Signatur auf den Hash-Wert des Dokuments angewendet wird. Ein potenzieller Angriff gegen die Signatur könnte nun darin bestehen, dass Mallory das Dokument gegen ein anderes austauscht, das jedoch den gleichen Hash-Wert liefert.

Ein wesentlich einfacherer Angriff ist möglich, wenn der „Vertragspartner" Mallory heißt und so lange unterschiedliche Versionen eines Dokuments erzeugt, bis zwei Versionen den gleichen Hash-Wert liefern. Dieser Angriff heißt Geburtstagsangriff, nach dem *Geburtstags-Paradoxon*:

Frage 1
Wieviele Leute müssen in einem Raum sein, so dass mit hoher Wahrscheinlichkeit (> 0.5) eine Person heute Geburtstag hat?

Frage 2
Wieviele Leute müssen in einem Raum sein, so dass mit hoher Wahrscheinlichkeit (> 0.5) mindestens zwei Personen am gleichen Tag Geburtstag haben?

Zu Frage 1
Sei g_i der Geburtstag von Person i für $i = 1,\ldots,n$. Damit im Mittel mindestens eine Person am Tag x Geburtstag hat, muss die Wahrscheinlichkeit hierfür > 0.5 sein, also

$$P(g_1 = x \vee g_2 = x \vee \ldots \vee g_n = x) = 1 - P(g_1 \neq x \wedge g_2 \neq x \wedge \ldots \wedge g_n \neq x)$$
$$= 1 - \left(\frac{364}{365}\right)^n > 0.5.$$

Daraus lässt sich n berechnen, indem man

$$\left(\frac{364}{365}\right)^n < 0.5$$

nach n auflöst und $\boldsymbol{n \geq 253}$ erhält.

Zu Frage 2
Gesucht ist nun die Zahl k der Personen, so dass im Mittel mindestens zwei Personen am gleichen Tag Geburtstag haben? Es muss also gelten

$$P(g_1 = g_2 \vee g_1 = g_3 \vee \ldots \vee g_{k-1} = g_k) = 1 - P(g_1 \neq g_2 \wedge g_1 \neq g_3 \wedge \ldots \wedge g_{k-1} \neq g_k)$$
$$= 1 - \left(\frac{364}{365}\right)^{\frac{k(k-1)}{2}} > 0.5.$$

Setzt man nun $k(k-1)/2 = n$, so erhält man

$$k = \frac{1}{2} + \sqrt{\frac{1}{4} + 2n} = 22.98.$$

Es müssen also $\boldsymbol{k \geq 23}$ Personen im Raum sein. Für große n gilt näherungsweise $k = \sqrt{2n}$.

Zurück zum Angriff auf Hash-Funktionen. Wenn der Hash-Wert aus m Bit besteht, dann müssen bei vorgegebenem Hash-Wert ca. $n = 2^{m-1}$ Dokumente getestet werden, bis Übereinstimmung erzielt wird. Beim Geburtstagsangriff hingegen gilt $k \approx \sqrt{2n}$, d. h.

$$k \approx \sqrt{2 \cdot 2^{m-1}} = \sqrt{2^m} = 2^{\frac{m}{2}}.$$

Um also eine Einweg-Hash-Funktion auch vor Geburtstagsangriffen zu schützen, muss der Hash-Wert doppelt so lang gewählt werden wie für einfache Angriffe. In der Praxis werden heute Längen von 128 bis 160 Bit verwendet. Der Secure-Hash-Standard (SHS), der in SHA [SHA94] implementiert ist, erzeugt z. B. 160 Bit lange Werte.

■ 6.2 Zero-Knowledge-Protokolle

Auch wenn zur Passwortverschlüsselung eine sichere Einweg-Hash-Funktion verwendet wird, ist die Benutzerauthentifikation noch nicht sicher, denn das Passwort muss vom Benutzer im Klartext eingetippt und dann zum Rechner übertragen werden. Besonders gefährlich ist diese Prozedur, wenn man sich z. B. über das Internet in einen Rechner einwählen will. Daher wurden Protokolle entwickelt, die ohne Übertragen des Schlüsim Klartext arbeiten.

6.2.1 Challenge-and-Response

Das Protokoll des *Herausfordern und Antworten* ist in Bild 6.1 dargestellt. Bob fordert Alice auf, mit einer Einweg-Hash-Funktion f ihr Passwort und eine Zufallszahl zu verschlüsseln und ihm dann das Ergebnis zu schicken. Der Vorteil dieses Protokolls ist, dass kein Schlüssel übertragen wird und dass bei jeder neuen Authentifikation andere Daten übertragen werden. Ein Protokoll, das Alice's Passwort zwar verschlüsselt, dies aber immer gleich tut, wäre anfällig gegen einen *Replay-Angriff*, bei dem der Angreifer einfach eine Sitzung abhört und dann die gleichen Daten wieder an den Server (Bob) schickt.

Der Nachteil von Challenge-and-Response ist jedoch, dass Bob in seiner Datenbank die Schlüssel (Passwörter) aller Benutzer im Klartext abspeichern muss. Daher ist dieses Protokoll auch kein Zero-Knowledge-Protokoll. Aber auch für dieses Problem gibt es eine elegante Lösung, wie im folgenden Abschnitt gezeigt wird. Da dieses Protokoll sehr einfach ist

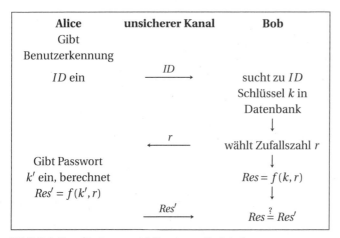

BILD 6.1 Das Challenge-and-Response-Protokoll

und außerdem immer wieder andere Daten übermittelt werden, wird es als Authentifikationsverfahren für Chipkarten eingesetzt.

6.2.2 Die Idee der Zero-Knowledge-Protokolle

Zero-Knowledge-Protokolle werden manchmal auch Zero-Knowledge-Beweise genannt. Sie werden dazu benutzt, jemanden, z. B. einen Host-Rechner oder ein Bank-Terminal, davon zu überzeugen, *dass man ein Geheimnis kennt, ohne jedoch auch nur ein Bit an Information über das Geheimnis preiszugeben.* Das Prinzip wird zuerst an zwei einfachen Beispielen erläutert.

Beispiel 6.2: Lösen kubischer Gleichungen

Der italienische Mathematiker Niccolò Tartaglia entdeckte 1535 die Formel zur Lösung von kubischen Gleichungen. Um seinen Fachkollegen zu beweisen, dass er die Formel kannte, benutzte er einen Zero-Knowledge-Beweis. Das heißt er wollte sie überzeugen, ohne jedoch die Formel zu verraten. Er ließ sich von den Kollegen kubische Gleichungen nennen, löste sie unbeobachtet und gab dann die Lösung bekannt. Die Kollegen konnten (durch Einsetzen) ganz leicht verifizieren, dass die Lösung korrekt war.

Beispiel 6.3: Der geheimnisvolle Geheimgang

Auf der Kryptographie-Konferenz CRYPTO wurde das in Bild 6.2 gezeigte anschauliche Beispiel vorgestellt [QG90]. Peggy (*prover*) kennt eine Zauberformel um die Tür des Geheimgangs zu öffnen. Sie überzeugt Victor (*verifier*) von ihrer magischen Kraft durch folgenden Beweis: Während Victor am Punkt A steht, geht sie in die Höhle zur magischen Tür durch einen der beiden Gänge. Dann geht Victor zu Punkt B und ruft ihr zu, durch welchen der beiden Gänge sie zurück kommen soll. Kommt sie nach zehn Wiederholung dieses Spiels immer durch den richtigen Gang zurück, so glaubt Victor an Peggys magische Kraft. Die magische Kraft ist jedoch damit nicht bewiesen. Peggy könnte einfach nur zehn mal Glück gehabt haben. Victor hat jedoch die Freiheit, Peggy beliebig oft zu testen. Falls Peggy keine magischen Kräfte besitzt und nur pokert, ist sie bei k Wiederholungen mit einer Wahrscheinlichkeit von $\frac{1}{2^k}$ erfolgreich. Die Wahrscheinlichkeit für einen erfolgreichen Betrug bei 100 Wiederholungen ist daher $2^{-100} \approx 10^{-30}$.

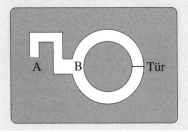

BILD 6.2 Peggy überzeugt Victor

6.2.3 Das Fiat-Shamir-Protokoll

Dieses von A. Fiat, A. Shamir und U. Feige entwickelte Authentifikationsprotokoll benutzt einen *Zero-Knowledge-Beweis*. Peggy, die ihre Identität beweist, besitzt, wie bei der Signatur mit einem Public-Key-Verfahren, einen geheimen Schlüssel s. Um Victor ihre Identität zu beweisen schickt sie ihm Zahlen, die jedoch keinerlei Informationen über ihre Identität, d. h. über s enthalten.

Bevor Peggy und Victor aktiv werden können, muss ein vertrauenswürdiger Vermittlungsrechner (ähnlich wie beim RSA-Algorithmus) zwei zufällige Primzahlen p und q wählen, deren Produkt den Modul n ergibt. Peggys *geheimer Schlüssel s* wird dann zufällig bestimmt. Ihr *öffentlicher Schlüssel v* wird berechnet nach der einfachen Vorschrift

$$v = s^2 \bmod n$$

und öffentlich bekannt gegeben (zumindest Victor muss v kennen). Peggy könnte nun versuchen, Victor mit dem Protokoll in Bild 6.3 von ihrer Identität zu überzeugen. Victor wird sich weigern, dieses Protokoll zu benutzen. Man könnte meinen, dass die Kenntnis von s nötig ist, um Victor zu überzeugen. Peggy kann aber ohne Kenntnis von s z. B. $y = 2$ wählen, die Gleichung

$$y^2 = x \cdot v \bmod n$$

nach x auflösen und x, y an Victor schicken. Dieser Betrug wird verhindert durch das in Bild 6.4 dargestellte Protokoll. Wählt nun Peggy ein beliebiges y, so wird sie in jeder Runde mit Wahrscheinlichkeit 1/2 scheitern. Wie oben hat auch hier Victor nach k Runden eine Sicherheit von $1 - \frac{1}{2^k}$. Das heißt, er kann durch Wahl von k eine beliebig kleine Wahrscheinlichkeit für erfolgreichen Betrug erreichen.

Peggy	unsicherer Kanal	Victor
Wählt Zufallszahl r, berechnet $x = r^2 \bmod n$ und $y = r\,s \bmod n$		
	$\xrightarrow{x,y}$	
		Verifiziert $y^2 \bmod n = x\,v \bmod n$

BILD 6.3 Ein unsicheres Protokoll

Die Sicherheit des Verfahrens basiert wesentlich auf der *Schwierigkeit der Berechnung modularer Quadratwurzeln*, denn wenn Peggy $s = \sqrt{v} \bmod n$ berechnen könnte, so könnte sie Victor überzeugen, ohne dass sie s kennt. Mit anderen Worten: Jede(r) könnte s aus v berechnen. Es gilt folgender Satz:

Satz 6.1

Seien p und q Primzahlen und $n = p \cdot q$. Dann ist das Berechnen einer Lösung s von $v = s^2 \bmod n$ gleich schwierig[3] wie die Primfaktorzerlegung von n. ∎

```
┌─────────────────────────────────────────────────────────────────┐
│         Peggy              unsicherer Kanal         Victor       │
│  Wählt Zufallszahl r,                                            │
│  berechnet x = r² mod n                                          │
│                              ─── x ──▶                           │
│                                                                  │
│                                              Wählt zufällig ein Bit b │
│                              ◀── b ───                           │
│  Berechnet                                                       │
│  Falls b = 1:                                                    │
│  y = r s mod n                                                   │
│  Falls b = 0:                                                    │
│  y = r mod n                                                     │
│                              ─── y ──▶                           │
│                                              Verifiziert         │
│                                              Falls b = 1:        │
│                                              y² mod n = x v mod n│
│                                              Falls b = 0:        │
│                                              y² mod n = x        │
└─────────────────────────────────────────────────────────────────┘
```

BILD 6.4 Das Fiat-Shamir-Protokoll

Aufgrund der Einfachheit und der Tatsache, dass kein geheimer Schlüssel übertragen wird, eignet sich auch dieses Protokoll sehr gut für die Implementierung auf Chipkarten.

■ 6.3 Digitale Signaturen

Eine gute Unterschrift besitzt folgende Eigenschaften ([Sch05]):

1. Sie ist **authentisch**, d. h. sie zeigt, dass der Unterzeichner willentlich unterschrieben hat.
2. Sie ist **fälschungssicher**. Sie beweist, dass der Unterzeichner und kein anderer das Dokument unterschrieben hat.
3. Sie ist **nicht wiederverwendbar**. Die Unterschrift kann nicht auf ein anderes Dokument kopiert werden.
4. Das unterzeichnete Dokument ist **unveränderbar**. Nach der Unterzeichnung kann es nicht mehr geändert werden.
5. Die Unterschrift ist **bindend**. Die Unterzeichnerin kann später nicht behaupten, dass sie das Dokument nicht unterschrieben hat.

---

[3] Zwei Probleme A und B heißen gleich schwierig, wenn gilt:

A lässt sich effizient lösen ⇔ B lässt sich effizient lösen.

Unterschriften mit Tinte auf Papier erfüllen keine dieser Aussagen vollständig. Digitale Signaturen erfüllen alle bis auf die erste Aussage mit sehr hoher Sicherheit. Die erste Aussage kann prinzipiell nicht garantiert werden.

Soll ein Dokument signiert und nicht verschlüsselt werden, so ist die einfachste Möglichkeit die Verwendung eines **Public-Key-Algorithmus**, wie z. B. RSA. Zum Signieren eines Dokuments M wird Alice dieses mit dem geheimen Schlüssel S_A verschlüsseln. Das signierte Dokument ist dann das Paar

$$(M, E_{S_A}(M)).$$

Zum Überprüfen der Unterschrift berechnet Bob $D_{P_A}(E_{S_A}(M))$ und vergleicht das Resultat mit M. Bei Gleichheit ist die Unterschrift gültig. Unter der Voraussetzung, dass der verwendete Public-Key-Algorithmus sicher ist, erfüllt diese Signatur die Forderungen 2 bis 5. Mehr ist nicht erreichbar, denn Forderung 1 kann prinzipiell nicht garantiert werden.

In der praktischen Anwendung werden derartige digitale Signaturen jedoch selten eingesetzt, weil bei umfangreichen Dokumenten der Rechenaufwand für ein Public-Key-Verfahren sehr groß wird. Stattdessen wird in der Praxis nicht das ganze Dokument signiert, sondern nur der mittels einer öffentlich bekannten **Einweg-Hash-Funktion** f berechnete Hash-Wert und man erhält als signiertes Dokument

$$(M, E_{S_A}(f(M))). \tag{6.3}$$

Zum überprüfen der Unterschrift berechnet Bob jetzt $D_{P_A}(E_{S_A}(f(M)))$ und $f(M)$ und vergleicht die beiden Werte.

Für die Sicherheit des Verfahrens ist es wichtig, dass eine **Einweg**-Hash-Funktion benutzt wird, denn es muss schwierig sein, zwei Dokumente M und M' mit dem gleichen Hash-Wert zu finden. Andernfalls könnte Mallory zwei Dokumente M und M' mit dem gleichem Hash-Wert erzeugen. Dann bittet er Alice, M zu signieren. Diese Unterschrift kopiert er dann unter das Dokument M'. Damit besitzt er eine gültige Unterschrift von Alice unter einem Dokument, das sie nie signiert hat. Bei einer Einweg-Hash-Funktion, die gegen den Geburtstagsangriff sicher ist, kann das nicht passieren. Die Eigenschaften 3 und 4 sind damit erfüllt.

Eigenschaft 2 ist gewährleistet, wenn Alice ihren geheimen Schlüssel immer sicher verwahrt. Dann kann nur sie den Hash-Wert des Dokuments M signieren. Eigenschaft 5 folgt aus Eigenschaft 2, denn wenn nur Alice mit ihrem Schlüssel signieren kann, muss sie auch zu ihrer Signatur stehen. Die einzigen Ausnahmen sind Schlüsseldiebstahl oder ein (sehr unwahrscheinlicher) erfolgreicher Angriff auf ihren Signaturalgorithmus.

6.3.1 Digital Signature Algorithm (DSA)

Im Jahr 1991 suchte das NIST nach einem Standard für digitale Signaturen und beauftragte die NSA mit der Entwicklung des Digital Signature Algorithm (DSA). Dieser Algorithmus ist in [DSS94] beschrieben. Im Gegensatz zu anderen Algorithmen wie RSA oder ElGamal eignet er sich nicht zum Verschlüsseln. In der Folge gab es heftige Diskussionen über den Sinn der Einführung eines neuen Algorithmus als Standard. Viele Firmen wollten RSA als Standard für digitale Signaturen haben [Sch05]. Schließlich wurde doch der neue Algorithmus

DSA zum Digital Signature Standard (DSS) für das Signieren von amerikanischen Regierungsdokumenten. DSA wird zum Beispiel in PGP ab Version fünf eingesetzt.

6.3.2 Blinde Signaturen

Eine Signatur heißt blind, wenn der Unterzeichner beim Unterschreiben das Dokument nicht sieht. Für elektronisches Bargeld (siehe Kapitel 9) spielen blinde Signaturen eine wichtige Rolle. Sie basieren auf folgender Idee: Will Alice ein Dokument M von Bob blind signieren lassen, so verpackt (verschlüsselt) sie dieses, lässt es von Bob signieren und packt es dann wieder aus (entschlüsselt es), und zwar so, dass die Unterschrift erhalten bleibt.[4] Dies funktioniert genau dann, wenn Verschlüsseln und Signieren vertauschbar sind, d. h. wenn die entsprechenden mathematischen Operationen kommutativ sind.

Am Beispiel des RSA-Algorithmus mit dem Modul n ist ein spezielles Verfahren in folgendem Diagramm erläutert. Bob, der Unterzeichner, hat den öffentlichen Schlüssel e und den geheimen Schlüssel d.

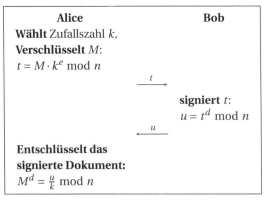

BILD 6.5 Ein Protokoll für blinde Signaturen

Was hier aussieht wie Zauberei, ist ganz einfach:

$$\frac{u}{k} \bmod n = \frac{t^d}{k} \bmod n = \frac{(M \cdot k^e)^d}{k} \bmod n = \frac{M^d \cdot k^{ed}}{k} \bmod n = M^d \bmod n.$$

Da M mit der Zufallszahl k^e multipliziert wird, hat Bob keine Möglichkeit, t beim Unterschreiben zu entschlüsseln, d. h. er signiert M blind. Blinde Signaturen wurden von D. Chaum [Cha85, Cha92] erfunden und in die Praxis umgesetzt. Sie werden hauptsächlich eingesetzt, um die Anonymität des Bezahlens mit elektronischem Bargeld sicherzustellen.

---

[4] Packt man einen Brief mit einem Blatt Kohlepapier in einen Umschlag, so hat man ein Protokoll für blinde Signaturen „von Hand".

6.4 Digitale Signatur in der Praxis

Wenn Alice zum Beispiel eine E-Mail signieren will, so wird sie in ihrem E-Mail-Programm eine Schaltfläche „signieren" anklicken. Dann wird sie aufgefordert, ihr Passwort (passphrase) einzugeben. Der „passphrase" ist ein möglichst langes (s. u.) Passwort, mit dem ihr geheimer Schlüssel, symmetrisch verschlüsselt, gespeichert ist, zum Beispiel auf der Festplatte ihres Computers, besser aber auf Diskette. Nun wird der geheime Schlüssel von Alice dechiffriert und die E-Mail wird signiert. Das Ergebnis hat dann bei Verwendung von PGP (Abschnitt 8.1) die in Bild 8.3 (S. 125) dargestellte Form. Zum Überprüfen dieser Signatur klickt der Empfänger zum Beispiel auf eine Schaltfläche „Signatur verifizieren". Hierfür benötigt er natürlich den öffentlichen Schlüssel von Alice.

Eine digitale Signatur ist, wie oben gezeigt, zweifellos sicherer als Unterschriften „von Hand". Sie besitzt viele praktische Vorteile, zum Beispiel die Gewährleistung der Authentizität von E-Mails und die Möglichkeit, Verträge und andere wichtige bindende Dokumente per E-Mail auszutauschen und eben zu signieren. Die Technik und die benötigte Software ist schon seit mehreren Jahren ausgereift und für den praktischen Einsatz tauglich (Abschnitt 8). Die digitale Signatur ist also sehr sicher und einfach zu benutzen. Trotzdem gibt es in der Praxis einige Probleme, die hier etwas genauer beleuchtet werden.

6.4.1 Speichern des geheimen Schlüssels

Der geheime Schlüssel ist untrennbar verbunden mit Alices Identität. Wird er von Mallory gestohlen, so besitzt Mallory ihre Identität. Er kann damit zum Beispiel Verträge unterzeichnen, für die Alice haftet. Er kann im Namen von Alice E-Mails verschicken, denen der Empfänger – wegen der Signatur von Alice – ganz besonders vertraut. Daher ist eine äußerst sichere Verwahrung des geheimen Schlüssels essentiell für die Sicherheit der digitalen Unterschrift.

Die derzeit noch häufigste Methode (zum Beispiel bei Verwendung von PGP) ist das Speichern des geheimen Schlüssels auf der Festplatte. Das zum Verschlüsseln des Schlüssels benutzte Passwort muss so lang sein, dass der Aufwand zum Knacken des Passworts etwa gleich groß ist wie der Aufwand zum Fälschen der Unterschrift. Angenommen, Alice benutzt zum Signieren eine sichere Einweg-Hash-Funktion und den RSA-Algorithmus mit einem 1024-Bit-Schlüssel und ihr geheimer Schlüssel wird mit einem starken symmetrischen Verfahren, zum Beispiel AES verschlüsselt. Man kann heute ganz grob davon ausgehen, dass ein starkes symmetrisches Verfahren, das nur mit einem Brute-Force-Angriff geknackt werden kann, bei einem 128-Bit-Schlüssel in etwa so sicher ist wie RSA mit 1024 Bit. Das heißt, Alice sollte ein Passwort benutzen, das 128 Bit lang ist. Da sie sich aber keine Zufallsfolge aus 128 Bits merken kann, wählt sie ein Passwort, bzw. einen ganzen Satz bestehend aus Tastaturzeichen. Wenn sie diesen Satz echt zufällig aus Groß-, Kleinbuchstaben und Ziffern zusammensetzt, kommt sie auf etwa 64 verschiedene Zeichen. Jedes Zeichen in ihrem Passwort entspricht also etwa 6 Bit. Ein echt zufälliges Passwort müsste daher etwa 21 Zeichen lang sein, denn

$$\frac{128 \text{ Bit}}{6 \text{ Bit/Zeichen}} \approx 21 \text{ Zeichen}.$$

Kein Mensch kann sich jedoch ein echt zufälliges Passwort merken, auch Alice nicht. Also wählt sie aus Groß-, Kleinbuchstaben und Ziffern einen Satz der deutschen Sprache aus. Deutsche Texte lassen sich um etwa einen Faktor 3 bis 4 komprimieren. Daher muss dieser deutsche Satz mindestens 80 Zeichen lang sein, damit ihr geheimer Schlüssel auch wirklich seine 1024 Bit wert ist.

Das Passwort (passphrase) für die Verschlüsselung des geheimen Schlüssels eines Public-Key-Verfahrens muss mindestens 80 Zeichen lang sein.

Angenommen, Alice kann sich den gewählten Satz tatsächlich merken, so ergibt sich das nächste Problem. Bei jedem Signieren oder Entschlüsseln einer E-Mail muss sie diesen Satz eintippen, und zwar unsichtbar. Die Wahrscheinlichkeit für einen Tippfehler bei 80 Zeichen ist nicht klein. Also braucht sie mehrere Versuche. Bald wird sie daher ihr Passwort deutlich kürzer machen und ihre ursprünglich 1024 Bit lange Identität ist plötzlich nur noch 100 Bit wert. Diese Problematik ist übrigens der Grund dafür, dass ein auf der Festplatte gespeicherter geheimer Schlüssel die Anforderungen des Signaturgesetzes (Abschnitt 6.5) nicht erfüllt.

Es gibt jedoch auch Lösungen für diese Problematik. Die billigste ist das Speichern des geheimen Schlüssels auf Diskette. Alice muss diese Diskette allerdings jedesmal beim Signieren einlegen und vor allem sicher verwahren. Die bessere Lösung ist die Speicherung des geheimen Schlüssels auf einer Chipkarte, wie dies zum Beispiel beim neuen Personalausweis möglich ist (siehe Abschnitt 8.7). Zum Signieren wird dann die Chipkarte in einen Kartenleser eingelegt, und das Passwort, bzw. der PIN-Code (zum Schutz gegen Diebstahl) eingegeben. Ganz wichtig hierbei ist, dass das Signieren auf der Chipkarte erfolgt, damit der geheime Schlüssel nie aus der Chipkarte ausgelesen werden muss und damit auch nie über eine Leitung übertragen wird. Wenn man die Chipkarte immer sicher verwahrt, kann man nun auch das Passwort zum Schutz der Chipkarte gegen Verlust eventuell kürzer wählen als oben berechnet. Beim Diebstahl der Karte wird es aber gefährlich. Detaillierte Informationen zum Thema Chipkarten sind in [RE08] zu finden.

6.4.2 Vertrauen in die Software

Bei einer Unterschrift „von Hand" führt der/die Unterzeichnende den Stift mit seiner/ihrer eigenen Hand und kontrolliert gleichzeitig noch mit den Augen direkt den Schriftzug. Dadurch hat er/sie zumindest subjektiv das Gefühl, das richtige Dokument ohne Änderungen zu unterschreiben. Diese unmittelbare Kontrolle ist bei digitalen Signaturen nicht mehr gegeben, denn der/die Unterzeichnende kann nicht unmittelbar kontrollieren, was im Hauptspeicher und in der CPU des Rechners abläuft. Zum Beispiel könnte ein manipuliertes Signatur-Programm den Benutzer um das Passwort zur Signatur bitten und dann das Dokument signieren, gleichzeitig mit dem geheimen Schlüssel aber auch noch andere Dokumente signieren, von denen der Benutzer nicht weiß [Sch00b].

Das oben erwähnte Signieren mit Chipkarte bietet einen gewissen Schutz. Wie kann der Anwender jedoch kontrollieren was seine Chipkarte signiert? Man könnte fordern, dass die Chipkarte bei jeder Eingabe des Passworts genau eine Signatur erstellt und dass der Benutzer hinterher mit seinem öffentlichen Schlüssel die Signatur kontrolliert. Bei großen Dokumenten kann aber das Berechnen des Hash-Wertes (aus Speicherplatz- und Geschwindigkeitsgründen) nicht auf der Chipkarte erfolgen, sondern nur das Verschlüsseln des Hash-Wertes mit dem geheimen Schlüssel. Der Anwender muss also der Software auf seinem PC voll vertrauen können.

Ein Autofahrer hat Vertrauen in die Funktionstüchtigkeit der Bremsen seines Fahrzeuges, wenn es regelmässig gewartet wird. Ähnlich hat auch der Computer-Nutzer Vertrauen in ein Programm, das er auf Original-CD im seriösen Fachhandel gekauft hat. Anders als beim Automobil hat er praktisch keine Möglichkeit, selbst die Authentizität und Integrität seiner Software zu kontrollieren. Da diese Kontrolle bei kryptographischer Software jedoch sehr wichtig ist, wird das gesamte Programmpaket vom Hersteller signiert und der Anwender muss bei der Installation die Signatur des Hersteller kontrollieren. Eigentlich sollte der Anwender sogar vor jedem Start seines Signaturprogramms die Signatur seines Herstellers kontrollieren, um damit Authentizität und Integrität zu garantieren. Diese Forderung muss noch verallgemeinert werden:

Der Anwender sollte bei der Installation und vor jedem Start eines Kryptographie-Programms die Signatur des Herstellers kontrollieren.

Um ganz sicher zu sein, sollte er dazu ein anderes Programm benutzen, welches wiederum signiert ist, und so weiter ... Noch besser als die Signatur des Herstellers ist die Signatur einer unabhängigen Prüf- und Zertifizierungsstelle, wie zum Beispiel des Bundesamtes für Sicherheit in der Informationstechnik (BSI) [BSI12]. Auch die Soft- und Hardware der Chipkarten muss zertifiziert werden. Dieser Prozess der Zertifizierung der Chipkarten und der Software wird derzeit von den deutschen Trustcentern durchgeführt. Teilweise ist er schon abgeschlossen. Er ist jedoch sehr aufwändig, weshalb es noch etwa bis zum Jahr 2003 dauern wird, bis zertifizierte Systeme in großem Umfang zu akzeptablem Preis für den Anwender bereitstehen werden.

6.4.3 Zusammenfassung

Die vorgestellten Probleme und Gefahren bei der Verwendung von digitalen Signaturen sollten den Anwender nicht davon abhalten, sie zu benutzen. Digitale Signaturen sind heute relativ komfortabel anwendbar und sicher und bieten für viele Anwendungen große Vorteile, insbesondere wenn der Anwender die Gefahren kennt. Im Fall eines Rechtsstreits hat zum Beispiel eine E-Mail mit digitaler Signatur viel mehr Gewicht als eine E-Mail ohne Signatur (siehe Abschnitt 6.5: Signaturgesetz). Beispielsweise ist es möglich, dass Firmen in Form eines Vertrages sich gegenseitig ihre Signaturen als rechtlich bindend anerkennen.

Wie bei vielen Entscheidungen muss der Anwender die möglichen Risiken in Relation zu den offensichtlichen Vorteilen (hohe Sicherheit, Zeitersparnis, papierloses Büro und damit saubere Datenverwaltung) sehen.

6.5 Das Signaturgesetz

Deutschland war 1997 eines der ersten Länder mit einem Gesetz für digitale Signaturen [Sig97a] und einer Signaturverordnung [Sig97b]. Digitale Signaturen sind also seit dieser Zeit in Deutschland rechtlich gültig. Allerdings erfüllte die Infrastruktur der wenigsten Benutzer die strengen Vorgaben zur Anwendung des Gesetzes.

Das Gesetz verlangte zum Beispiel, dass der geheime Schlüssel nicht auf einem Computer gespeichert sein darf und dass die verwendete Software und Hardware wie zum Beispiel Chipkarten zertifiziert sind. Auch das Trustcenter, welches die Personalisierung der Chipkarten durchführt, musste zertifiziert sein. Es zeigte sich, dass diese Forderungen zu stark waren, denn die Trustcenter hatten große Schwierigkeiten die Anforderungen für die Zertifizierung zu erfüllen und auch für die meisten Kunden waren die Kosten zu hoch.

Im Dezember 1999 [Sig00] wurden dann vom EU-Parlament im „community framework for electronic signatures" Vorgaben für digitale Signaturen in der EU gemacht. In Artikel 2 wird dort unterschieden zwischen „electronic signature" und „advanced electronic signature". Eine derartige Unterscheidung zwischen verschiedenen Klassen digitaler Signatur war überfällig für die praktische Anwendung. Damit kann zum Beispiel juristisch sauber der Unterschied zwischen einer Signatur mit PGP und einer Signatur mit zertifizierter Chipkarte definiert werden. Eine detaillierte Liste der Signaturgesetze weltweit ist zu finden in [vdH01].

Basierend auf der EU-Verordnung wurde am 21. Mai 2001 das neue deutsche Signaturgesetz [Sig01] rechtskräftig. In Paragraph 2 sind drei Typen von Signaturen wörtlich wie folgt definiert.

Im Sinne dieses Gesetzes sind

1. *„elektronische Signaturen" Daten in elektronischer Form, die anderen elektronischen Daten beigefügt oder logisch mit ihnen verknüpft sind und die zur Authentifizierung dienen,*
2. *„fortgeschrittene elektronische Signaturen" elektronische Signaturen nach Nummer 1, die*
   (a) *ausschließlich dem Signaturschlüssel-Inhaber zugeordnet sind,*
   (b) *die Identifizierung des Signaturschlüssel-Inhabers ermöglichen,*
   (c) *mit Mitteln erzeugt werden, die der Signaturschlüssel-Inhaber unter seiner alleinigen Kontrolle halten kann, und*
   (d) *mit den Daten, auf die sie sich beziehen so verknüpft sind, dass eine nachträgliche Veränderung der Daten erkannt werden kann,*
3. *„qualifizierte elektronische Signaturen" elektronische Signaturen nach Nummer 2, die*
   (a) *auf einem zum Zeitpunkt ihrer Erzeugung gültigen qualifizierten Zertifikat beruhen und*
   (b) *mit einer sicheren Signaturerstellungseinheit erzeugt wurden.*

Eine elektronische Signatur nach Nummer 1 ist zum Beispiel der Text *„gezeichnet: Hans Maier"* in einer normalen E-Mail oder eine eingescannte handschriftliche Unterschrift. Obwohl eine derartige Signatur sehr einfach gefälscht werden kann, ist sie durchaus rechtswirksam, etwa vergleichbar mit rechtswirksamen Verträgen, die mündlich abgeschlossen werden. Im Vergleich dazu sind fortgeschrittene elektronische Signaturen wesentlich sicherer. Sie entsprechen in etwa dem Sicherheitsstandard, den man mit PGP erreichen kann, wenn der geheime Schlüssel mit Passphrase geschützt gespeichert wird.

Qualifizierte elektronische Signaturen können nur erstellt werden mit einem Schlüsselpaar, dessen öffentlicher Schlüssel von einem akkreditierten Trustcenter zertifiziert wurde (qualifiziertes Zertifikat). Der Begriff „sichere Signaturerstellungseinheit" ist in Paragraph 2 Nummer 10 und in der Signaturverordnung definiert. Zum Beispiel entspricht eine Signatur auf der Chipkarte mit einem Klasse-2- oder Klasse-3-Chipkartenleser dieser Definition. Solche Leser verfügen über eine eingebaute Tastatur und ein Display. Damit gehen keine sicherheitsrelevanten Daten, zum Beispiel die PIN, über eine Leitung zum Computer und können daher nicht abgehört werden.

Die rechtliche Beweiskraft der drei verschiedenen Signaturtypen ist umso höher, je höher die Sicherheit. In Tabelle 6.1 sind die drei elektronischen Signaturtypen bezüglich Rechtsgültigkeit, Beweiskraft und der „elektronischen Form" verglichen. Die vereinbarte elektronische Form trifft auf alle Dokumente zu, bei denen sich die Vertragspartner auf eine Form einigen.

Im Gegensatz dazu regelt in bestimmten Fällen der Gesetzgeber die elektronische Form. In diesen Fällen wird immer die qualifizierte elektronische Signatur verlangt. Ein Beispiel hierfür ist der Vorsteuerabzug. Um einen Medienbruch zu vermeiden, sind viele Firmen bestrebt, ihre Belege digital beim Finanzamt einzureichen. Da hier die gesetzliche Form vorgeschrieben ist, müssen alle Belege (Rechnungen) mit einer qualifizierten elektronischen Signatur versehen sein.

TABELLE 6.1 Klassifikation der verschiedenen Signaturtypen

Signaturtyp	anwendbar bei		Rechtswirksamkeit	Beweiskraft
	gesetzlich vorgeschriebener elektronischer Form	vereinbarter elektronischer Form		
qualifizierte elektronische Signatur	×	×	×	sehr hoch
fortgeschrittene elektronische Signatur	—	×	×	hoch
elektronische Signatur	—	×	×	sehr schwach
E-Mail ohne Signatur	—	—	×	keine

6.6 Authentifikation mit digitaler Signatur

Die digitale Signatur als Mittel zur Sicherstellung der Authentizität des Unterzeichners von Dokumenten kann, ähnlich dem Challenge-and-Response Protokoll, auch verwendet werden zur Benutzerauthentifikation. Alice, die sich auf dem Server (Bob) einloggen möchte, signiert mit ihrem geheimen Schlüssel S_A eine Zufallszahl r, die ihr Bob zuschickt (Bild 6.6)

```
Alice      unsicherer Kanal       Bob
                  r
              ←———              wählt Zufallszahl r
signiert r
              E_{S_A}(r)
              ————→              D_{P_A}(E_{S_A}(r)) ?= r
```

BILD 6.6 Alice authentifiziert sich mit digitaler Signatur auf dem Server Bob

und Bob prüft die Signatur mit dem öffentlichen Schlüssel P_A. Dieses Protokoll ist einem Zero-Knowledge-Beweis gleichwertig. Aufgrund der Verwendung einer Zufallszahl ist der Replay-Angriff hier nicht möglich. Wegen der Verwendung eines Public-Key-Verfahrens ist Alice die einzige Person mit Kenntnis ihres geheimen Schlüssels. Sie überzeugt Bob davon, dass sie den richtigen geheimen Schlüssel besitzt.

6.7 Message-Authentication-Code (MAC)

Ähnlich wie die digitale Signatur dient auch der Message-Authentication-Code (MAC) zur Wahrung der Integrität und Authentizität von Nachrichten oder Dateien. Der MAC ist eine Prüfsumme mit bestimmten Eigenschaften. Eine gewöhnliche Prüfsumme könnte die Integrität nicht sicherstellen, denn wenn ein Angreifer die Nachricht verändert, kann er die Prüfsumme neu berechnen. Dies wird beim MAC dadurch verhindert, dass man als MAC eine schlüsselabhängige Hash-Funktion verwendet. Der Hash-Wert kann nur vom Besitzer des Schlüssels berechnet werden. Will also ein Empfänger Integrität und Authentizität einer Nachricht überprüfen, so muss er den gleichen geheimen Schlüssel wie der Absender besitzen.

Die Schlüsselabhängigkeit einer Einweg-Hash-Funktion kann man zum Beispiel dadurch erreichen, dass man den Hash-Wert $f(M)$ mit einem symmetrischen Algorithmus E und dem Schlüssel K verschlüsselt. Man überträgt dann die Nachricht M zusammen mit dem Hash-Wert $E_K(f(M))$ über die unsichere Leitung:

$$(M, E_K(f(M))).$$

Der einzige Unterschied zur digitalen Signatur besteht in der Verwendung einer symmetrischen Chiffre statt eines Public-Key-Algorithmus (Gleichung 6.3). Da der Schlüssel K beiden Partnern bekannt sein muss, kann ein MAC nicht als Ersatz für eine digitale Signatur dienen. Er kann nur die Authentizität der Nachricht sicherstellen, nicht jedoch die des Absenders.

Auf besonders einfache Weise erhält man einen MAC durch Verwendung einer symmetrischen Blockchiffre wie zum Beispiel DES oder AES im CBC-Modus (Abschnitt 4.3). Der letzte Chiffretextblock dient hier als MAC. Verschiedene andere Methoden zur Erzeugung eines MAC sind in [Sch05] beschrieben.

6.8 Biometrische Verfahren

Die Authentifikation von Personen auf Grund von unveränderlichen körperlichen Merkmalen wie Stimme, Gesicht, Fingerabdruck oder Netzhautstruktur erfolgt mittels sogenannter biometrischer Verfahren [JHP00, BD02]. Die wissenschaftliche Herausforderung besteht hier in einer guten Mustererkennung mit möglichst geringer Fehlerrate. Eine wichtige Rolle spielen dabei moderne Methoden der Bildverarbeitung und der künstlichen Intelligenz, auf die hier nicht im Detail eingegangen werden kann. Man unterscheidet zwischen zwei Arten von Fehlern (siehe Bild 6.7). Eine falsch positive Klassifikation entsteht, wenn einem Unbefugten Zugang gewährt wird (falsche Akzeptanz, FAR = false acceptance rate). Wird hingegen ein Befugter abgewiesen, so ist dies eine falsch negative Klassifikation (falsche Zurückweisung, FRR = false rejection rate).

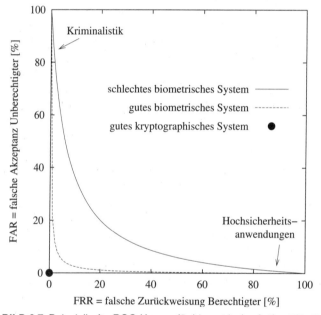

BILD 6.7 Beispielhafte ROC-Kurven für biometrische Authentifikation

Idealerweise sollten bei einem Authentifikationssystem beide Arten von Fehlern sehr klein sein. Gute kryptographische Verfahren kommen diesem Ziel sehr nahe. Die biometrischen Systeme sind davon jedoch weit entfernt. Über Schwellwerte kann man den Arbeitspunkt eines solchen Systems, entlang der in Bild 6.7 dargestellten ROC-Kurven[5], einstellen. Zum Beispiel wird ein scharf eingestelltes System in einer Hochsicherheitsanwendung zum Erkennen von Gesichtern unter Umständen eine Person eventuell schon zurückweisen, wenn diese nur den Haarschnitt verändert hat oder unrasiert ist. In der Kriminalistik hingegen wird man den Arbeitspunkt am anderen Ende der Kurve einstellen, um den Täter nicht zu übersehen, nur weil die Fingerabdrücke etwas unscharf sind. Die Konsequenz ist hier aber

---
[5] ROC steht für receiver operator characteristic.

eine hohe falsche Akzeptanz, das heißt es werden eventuell auch falsche Fingerabdrücke als richtig erkannt.

Wichtig beim Einsatz biometrischer Verfahren sind auch juristische Fragestellungen bezüglich der Erhebung und Speicherung biometrischer Daten sowie zur Beweislast für das korrekte oder fehlerhafte Erkennen der Person [Sie02].

Aufgrund der Möglichkeiten des Betrugs bei diesen Verfahren, werden sie eine Authentifikation mittels starker Kryptographie in absehbarer Zeit nicht ersetzen. Sie bieten sich jedoch durchaus als Ergänzung an. Zum Beispiel zur Diebstahlsicherung einer Chipkarte könnte der PIN-Code ersetzt, beziehungsweise ergänzt werden durch eine biometrische Authentifikation des Besitzers gegenüber seiner Chipkarte. Damit wird die Anwendung von Chipkarten sicher (wegen der eingebauten starken Algorithmen) und komfortabel (wegen der biometrischen Authentifikation) gleichzeitig.

Biometrische Verfahren sind anfällig gegen den sogenannten Trojanerangriff (siehe auch Kapitel 12, Seite 157), bei dem der Angreifer versucht, zum Beispiel mit Hilfe eines gefälschten Bankterminals, sich die Biometriedaten des Kunden zu beschaffen um diese dann später zu verwenden, zum Beispiel mit Hilfe einer Fingerattrappe. Um diesen Angriff zu verhindern, gibt es mittlerweile die On-Card Matching Technologie. Hier wird der Fingerabdruck nur in der Chipkarte gespeichert und die Karte besitzt einen integrierten Fingerabdrucksensor zusammen mit der Biometriesoftware. Da hier die Daten des Fingerabdrucks die Karte nicht mehr verlassen, wird der Trojanerangriff vereitelt. Angeboten wird ein Biometrie-Toolkit mit dieser Technologie zum Beispiel von der Firma Giesecke & Devrient [Ger02].

 Übungen

Aufgabe 6.1

Versuchen Sie, eine E-Mail mit gefälschtem Absender zu verschicken. Fragen Sie gegebenenfalls Bekannte oder Systemadministratoren um Hilfe bzw. lassen Sie sich E-Mails mit gefälschtem Absender zuschicken und versuchen Sie den richtigen Absender zu ermitteln.

Aufgabe 6.2

Gegeben sei eine Einwegfunktion f, die Blöcke der Länge 1024 Bit auf Blöcke der Länge 64 Bit abbildet. Konstruieren Sie daraus nach dem rekursiven Schema in den Gleichungen 6.1 und 6.2 eine Einweg-Hash-Funktion. Geben Sie die Länge der Blöcke $M_1, M_2, \ldots, M_k$ an, in die der Klartext zerlegt wird. Welches k ergibt sich bei $|M| = 1$ Megabyte?

Aufgabe 6.3

Eine Blockchiffre wie AES, bei der Schlüssellänge und Blockgröße gleich sind, soll als Einwegfunktion, zum Beispiel zur Passwortverschlüsselung, verwendet werden. Der zu verschlüsselnde Text M wird auf C abgebildet. A sei ein fester Block. Welche der folgenden Verfahren liefern eine sichere bzw. eine unsichere Einwegfunktion?

a) $C = E_A(M)$ b) $C = E_M(A)$ c) $C = E_M(M)$

Aufgabe 6.4

Angenommen zwei Partner verwenden ein symmetrisches Verschlüsselungsverfahren mit dem Schlüssel k. Sie überlegen sich, ob sie dieses auch zum Signieren verwenden wollen. Machen Sie Vorschläge für solch eine Signatur und diskutieren Sie Vor- und Nachteile.

Aufgabe 6.5

a) Geben Sie einen (einfachen) Algorithmus an für ein biometrisches Authentifikationssystem mit FRR = 0 und FAR = 100 %.

b) Geben Sie einen (einfachen) Algorithmus an für ein biometrisches Authentifikationssystem mit FAR = 0 und FRR = 100 %.

c) Geben Sie einen (einfachen) Algorithmus an für ein biometrisches Authentifikationssystem mit FAR = 30 % und FRR = 70 %.

7 Public-Key-Infrastruktur

Wie schon mehrfach erwähnt, ist seit der Erfindung der Public-Key-Algorithmen das Schlüsseltauschproblem gelöst, denn öffentliche Schlüssel kann man auf einem unsicheren Kanal austauschen. Sie müssen eben nicht geheim gehalten werden. Öffentliche Schlüssel werden heute öffentlich bereitgestellt auf so genannten Key-Servern oder in den Trustcentern, ähnlich einem Telefonbuch.

Ein ernstes, oft nicht beachtetes Problem besteht aber immer noch. Mallory kann durch einen Man-in-the-Middle-Angriff den öffentlichen Schlüssel von Alice abfangen und seinen öffentlichen Schlüssel im Namen von Alice publizieren. Er kann dann alle für Alice bestimmten geheimen Nachrichten lesen und in ihrem Namen Dokumente unterzeichnen. Um dies zu verhindern muss jeder Benutzer des öffentlichen Schlüssels von Alice dessen Authentizität überprüfen.

> Die Authentizität der öffentlichen Schlüssel ist von äußerster Wichtigkeit. Bevor Bob den öffentlichen Schlüssel von Alice benutzt, muss er dessen Authentizität überprüfen.

Die Infrastruktur für die Erzeugung, Authentisierung, Verteilung und Überprüfung von öffentlichen Schlüsseln sowie für die sichere Speicherung der geheimen Schlüssel wird **Public-Key-Infrastruktur (PKI)** genannt. Zur Realisierung einer PKI gibt es mehrere unterschiedlich sichere und komplexe Möglichkeiten [Hir01].

7.1 Persönliche Prüfung öffentlicher Schlüssel

Die erste, offensichtliche Möglichkeit ist die persönliche Prüfung der Echtheit des Schlüssels. Zum Beispiel könnte Alice ihren öffentlichen Schlüssel persönlich auf einer Diskette an Bob übergeben. Auch könnte Bob Alice anrufen (nicht umgekehrt) und sie bitten, ihm ihren öffentlichen Schlüssel durchzusagen. Aufgrund der bekannten Stimme von Alice wird er ihrem Schlüssel vertrauen. Systeme wie PGP und S/MIME bieten hierzu die Möglichkeit, mit einer Einweg-Hash-Funktion einen Fingerabdruck (fingerprint) des öffentlichen Schlüssels zu erzeugen, der sich leicht übermitteln lässt (Bild 7.1).

```
Type Bits/KeyID    Date       User ID
pub  1024/2F7BFC59 1998/05/18 Wolfgang Ertel <ertel@fh-weingarten.de>
    Key fingerprint = 9E 2D DB 62 C3 E7 7A 79  00 48 37 F6 55 B6 A9 EF
```

BILD 7.1 128-Bit-Fingerprint eines PGP-Schlüssels in Form von 16 Byte bzw. 32 Hexadezimalziffern

In der Praxis, insbesondere wenn sich die Public-Key-Verschlüsselung allgemein durchsetzt, ist dieses Verfahren viel zu aufwändig. Es wäre zum Beispiel Unsinn, zu verlangen, dass jeder Mitarbeiter der Firma A jeden Schlüssel eines Mitarbeiters der Firma B persönlich kontrolliert, bevor er ihn benutzt. Hier bietet sich insbesondere die Einrichtung einer „Certification-Authority" (Abschnitt 7.3) an.

■ 7.2 Trustcenter

Wenn Alice Bobs öffentlichen Schlüssel benutzt, möchte sie sicher sein, dass es auch wirklich sein Schlüssel ist. Sie würde sich aber gerne die Arbeit des Überprüfens sparen. Das heißt, sie und viele andere Personen würden diese Aufgabe gerne delegieren an eine Institution, der sie alle vertrauen, ein so genanntes Trustcenter.

Definition 7.1 (Trustcenter)

Ein **Trustcenter** ist eine Institution, der alle Personen vertrauen, und dessen öffentlicher Schlüssel auf sicherem Wege bekannt gemacht wird. Die wichtigste Aufgabe des Trustcenters besteht in der Zertifizierung öffentlicher Schlüssel von Privatpersonen, Firmen oder anderen Institutionen. Die **Zertifizierung** eines öffentlichen Schlüssels P besteht in der Prüfung der Authentizität der Person oder Firma und der Signatur des Schlüssels P mit dem geheimen Schlüssel des Trustcenters.

Da der öffentliche Schlüssel des Trustcenters jedermann bekannt ist, kann auch jedermann die Zertifikate des Trustcenters prüfen. Da außerdem der geheime Schlüssel des Trustcenters sehr sicher verwahrt ist, kann nur das Trustcenter die Zertifikate ausgestellt haben. Tatsächlich gibt es Zertifikate verschiedener Sicherheitsklassen. Bei TC-Trustcenter [TT01] zum Beispiel gibt es Zertifikate der Klassen 1 bis 4. Die Zertifikate der Klassen 1 und 2 können nicht als sicher bezeichnet werden, denn sie werden ohne eine strenge Überprüfung der Personalien erteilt. Ein Zertifikat der Klasse 3 wird erteilt nach persönlichem Erscheinen der Person auf einem Postamt, wo an Hand des Personalausweises die Identität geprüft wird. Für ein Zertifikat der Klasse 4 muss die Person zur Identitätsprüfung beim Trustcenter persönlich erscheinen.

Möchte Alice mit Bob geheim kommunizieren, so gehen die beiden folgendermaßen vor:

1. Alice besorgt sich ein Zertifikat der Klasse 3 oder 4 bei einem Trustcenter ihrer Wahl.
2. Bob besorgt sich ein Zertifikat der Klasse 3 oder 4 bei einem Trustcenter seiner Wahl.

3. Alice und Bob schicken sich gegenseitig ihre zertifizierten öffentlichen Schlüssel zu.
4. Alice überprüft das Zertifikat auf Bobs öffentlichem Schlüssel.
5. Bob überprüft das Zertifikat auf Alices öffentlichem Schlüssel.
6. Bob und Alice können sich nun geheime und signierte Nachrichten zukommen lassen.

Den Schritt 1 muss Alice nur einmal für die gesamte Lebensdauer ihres öffentlichen Schlüssels ausführen. Schritte 3 und 4 muss sie bei jedem neuen Kommunikationspartner einmal ausführen. Wichtig bei diesem Prozess ist die Echtheit des öffentlichen Schlüssels des Trustcenters. Diese sollten Alice und Bob prüfen. Die heute verfügbare Public-Key-Software für E-Mail-Verschlüsselung enthält meist im Lieferumfang die öffentlichen Schlüssel der wichtigsten Trustcenter. Der Benutzer sollte die von ihm verwendeten Schlüssel vergleichen mit den auf der Webseite des entsprechenden Trustcenters verfügbaren Schlüsseln, oder er kontrolliert den *fingerprint* einmal telefonisch durch Anruf beim Trustcenter.

Ein Trustcenter hat neben der Zertifizierung von Schlüsseln noch andere Aufgaben. Jedermann kann über die Web-Seite eines Trustcenters öffentliche Schlüssel aus sicheren Datenbanken abrufen. Das Trustcenter besorgt außerdem die Erstellung und **Personalisierung von Chipkarten** mit nicht auslesbaren geheimen Schlüsseln und zertifizierter Software. Es erstellt auch die für bestimmte Dokumente erforderlichen **Zeitstempel**. Ein Zeitstempel unter ein Dokument M wird erzeugt durch Anhängen von codierter Uhrzeit und Datum an das Dokument und Signatur des (über eine Einweg-Hash-Funktion f komprimierten) Resultats durch das Trustcenter mit dem geheimen Schlüssel S_T. Das Trustcenter erzeugt also aus dem Dokument M das mit Zeitstempel versehene Dokument

$$((M, Uhrzeit, Datum), E_{S_T}(f(M, Uhrzeit, Datum))) \,.$$

Damit die mit einem geheimen Schlüssel signierten E-Mails Gültigkeit nach Signaturgesetz (Abschnitt 6.5) haben, muss unter anderem auch das Trustcenter, welches den Schlüssel zertifiziert hat, selbst nach Signaturgesetz zertifiziert sein. In Deutschland gibt es derzeit nur zwei zertifizierte Trustcenter, nämlich Telesec (Deutsche Telekom, www.telesec.de) und Signtrust (Deutsche Post, www.signtrust.de).

7.3 Zertifikatshierarchie

Um dem einzelnen Benutzer die Arbeit noch einfacher zu machen, ist eine Zertifikatshierarchie möglich, wie zum Beispiel in Bild 7.2 dargestellt. Hier besitzt jede Firma eine eigene **Certification Authority (CA)**, welche in der Firma die Aufgabe der Schlüsselzertifizierung und Verwaltung wahrnimmt. Deren Schlüssel wiederum ist von einem Trustcenter signiert. Bei diesem Modell muss nun nicht jeder Mitarbeiter bei einem Trustcenter seinen Schlüssel zertifizieren lassen. Das übernimmt zum Beispiel für Alice und Bob die firmeneigene CA 1. Will nun Bob mit Ellen aus Firma 2 kommunizieren, so prüft er die Signatur von CA 2 unter Ellens Schlüssel und möglichst auch noch die des Trustcenters unter dem Schlüssel von CA 2. Ellen verfährt umgekehrt.

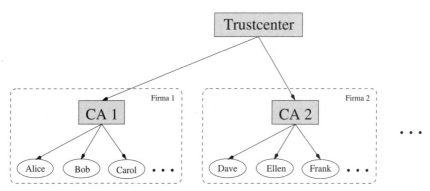

BILD 7.2 Zweistufige Zertifikatshierarchie

Dieses Verfahren mit firmeneigener CA ist einfacher und kostengünstiger für die beiden Firmen als der direkte Weg über ein Trustcenter. Allerdings hat es den Nachteil, dass Bob der CA 2 in Firma 2 vertrauen muss. Will Bob sogar noch mit Firma 3 kommunizieren, so muss er sich erst den Schlüssel von CA 3 besorgen. Außerdem könnte es vorkommen, dass sein öffentlicher Schlüssel von einem Kommunikationspartner nicht akzeptiert wird, weil er nicht von einem Trustcenter signiert ist.

Eine Zertifizierungs-Hierarchie innerhalb einer Firma, beziehungsweise Institution, wird bei Verwendung von S/MIME, bzw. X.509-Zertifikaten vorgeschlagen. Hier gibt es eine oberste CA (root-CA) und darunter je eine CA für Benutzer-, Objekt- und Server-Schlüssel [Hir01]. Ein Objekt-Schlüssel kann nur zum Signieren von Programmen verwendet werden. Das Signieren von Programmen hat vielfältige Anwendungen, zum Beispiel bei Java-Programmen, die auf dem Client-Rechner laufen. Dort möchte der Benutzer sicherstellen, dass nur das Originalprogramm läuft, um zum Beispiel Virenbefall zu verhindern. Server-Schlüssel werden verwendet zur Authentifikation von Rechnern, die zum Beispiel über SSL (Abschnitt 8.5) sichere Verbindungen aufbauen sollen.

■ 7.4 Web-of-Trust

Als 1994 PGP (Abschnitt 8.1) zum Einsatz kam, gab es noch keine CAs oder Trustcenter zur Zertifizierung öffentlicher Schlüssel. Daher erfand Phil Zimmermann das Web-of-Trust. Diese Idee wurde zwar mit PGP geboren, sie ist jedoch nicht an die Verwendung von PGP gebunden, sondern allgemein anwendbar mit jedem Public-Key-System. Auch hier werden öffentliche Schlüssel digital signiert, allerdings nicht von speziellen Institutionen, sondern von Privatpersonen.

Angenommen, Carol möchte eine vertrauliche E-Mail an Bob schicken. Zuerst besorgt sie sich seinen öffentlichen Schlüssel. Sie akzeptiert ihn ohne persönliche Prüfung der Authentizität, denn Bobs Schlüssel wurde von Alice signiert und Carol **vertraut** Alice (Bild 7.3). Vertrauen heißt hier, dass Carol jeden Schlüssel akzeptiert, den Alice signiert hat. Es gibt in PGP auch die Möglichkeit, dass Carol bestimmten Personen nur teilweise vertraut. Dann benötigt sie jedoch zwei Signaturen von unterschiedlichen Personen (denen sie teilweise vertraut), um einen Schlüssel zu akzeptieren.

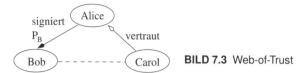

BILD 7.3 Web-of-Trust

Das Web-of-Trust war in den Pionierzeiten der Public-Key-Kryptographie sicher sinnvoll. Heute, da es Trustcenter und CAs gibt, ist es nicht mehr sinnvoll, denn für eine wirklich sichere Kommunikation im Web-of-Trust muss jeder Teilnehmer sehr sorgfältig mit den Vertrauensbeziehungen umgehen. Insbesondere sollten beim Umgang mit öffentlichen Schlüsseln die folgenden Regeln beachtet werden:

Wichtige Regeln für die Handhabung von öffentlichen Schlüsseln:

- Benutzen Sie niemals einen Schlüssel, den Sie nur per E-Mail erhalten haben oder den Sie irgendwo im Internet gefunden haben, solange er nicht von einer Person Ihres Vertrauens signiert ist!
- Signieren Sie niemals einen Schlüssel, den Sie nur per E-Mail erhalten haben oder den Sie irgendwo im Internet gefunden haben, auch wenn er von einer Person Ihres Vertrauens signiert ist! Verifizieren Sie persönlich oder telefonisch die Echtheit des Schlüssels, den Sie signieren!
- Vertrauen in einen Schlüssel bedeutet nicht automatisch Vertrauen in den Besitzer des Schlüssels!

■ 7.5 Zukunft

In manchen Firmen (siehe z. B. [Kle01]) ist das digitale Signieren schon heute gebräuchlich. Um dem einzelnen Anwender die Verwaltung öffentlicher Schlüssel abzunehmen, wird ein zentraler Verzeichnisdienst benötigt. Das *Lightweight Directory Access Protocol (LDAP)* ist ein Protokoll um E-Mail-Adressen, Nutzerdaten, Dienstezuordnungen etc. in einem Rechnernetz komfortabel zu verwalten. Die Einbindung von X.509-Zertifikaten (siehe Abschnitt 8.2) in LDAP ist mittlerweile standardisiert [BHR99]. Die Voraussetzungen für eine komfortable Anwendung digitaler Signaturen sind also geschaffen. Nun sind die Manager gefragt, diese Technologie tatsächlich einzusetzen.

Ein wichtiger Schritt hierzu war die Einführung des neuen Personalausweises in Deutschland. Damit kann jeder Bürger digital signieren. Noch nicht endgültig gelöst ist die praktische Umsetzung der Zertifizierung der Signaturschlüssel für die qualifizierte elektronische Signatur (siehe Abschnitt 8.7.3).

Übungen

Aufgabe 7.1

a) Welche Vorteile hat eine Zertifikatshierarchie für eine Firma und für den einzelnen Benutzer?

b) Welche Nachteile hat eine Zertifikatshierarchie für den einzelnen Benutzer?

8 Public-Key-Systeme

Aufgrund des durch die Public-Key-Verfahren und die Verwendung einer PKI gelösten Schlüsseltauschproblems werden heute zur Kommunikation generell Public-Key-Systeme verwendet. Da diese jedoch viel langsamer arbeiten als die symmetrischen Blockchiffren, wird in der Praxis die **hybride Verschlüsselung** eingesetzt. Will Alice eine geheime Nachricht an Bob schicken, so generiert sie, wie in Bild 8.1 dargestellt, zuerst einen zufälligen Sitzungsschlüssel k. Dann verschlüsselt sie mit einem symmetrischen Verfahren die Nachricht M und danach verschlüsselt sie mit Bobs Public-Key den Sitzungsschlüssel k. Beide Chiffretexte schickt sie nun an Bob, der sie nacheinander dechiffriert. Dieses Verfahren verknüpft die hohe Geschwindigkeit symmetrischer Verfahren mit dem einfachen Schlüsseltausch der Public-Key-Verfahren, denn mit dem langsamen Public-Key-Verfahren muss nur ein einziger Block verschlüsselt werden.

Alice	unsicherer Kanal	Bob
wählt zufälligen Sitzungsschlüssel k, verschlüsselt $C = E_k(M)$ verschlüsselt $C_k = E_{P_B}(k)$	$\xrightarrow{(C_k, C)}$	entschlüsselt $k = D_{S_B}(C_k)$ entschlüsselt $M = D_k(C)$

BILD 8.1 Hybride Verschlüsselung

8.1 PGP

PGP [Zim95a, PGP01] wurde 1994 von Phil Zimmermann entwickelt und ist ein mittlerweile weit verbreitetes, für viele Betriebssysteme verfügbares, Programm zur sicheren Kommunikation per E-Mail. PGP steht für **pretty good privacy**. Man kann mit PGP Dateien verschlüsseln oder signieren und das Resultat dann per E-Mail verschicken. Das Programm war bis zur Version 2.6.3 generell frei verfügbar. Aufgrund der amerikanischen Exportbeschränkungen für kryptographische Software (Abschnitt 11.2) durfte PGP jedoch nicht aus den USA exportiert werden. Da es erlaubt war, den Quellcode in gedruckter Form zu pu-

```
Generate new key pair:   pgp -kg      [keybits]
Add key:                 pgp -ka      keyfile                    [keyring]
Extract key:             pgp -kx[a]   userid      keyfile        [keyring]
View key(s):             pgp -kv[v]   [userid]                   [keyring]
View fingerprint:        pgp -kvc     [userid]                   [keyring]
Check & view in detail:  pgp -kc      [userid]                   [keyring]
Remove userid or key:    pgp -kr      userid                     [keyring]
                         (Repeat for multiple userids on a key)
Edit trust params:       pgp -ke      userid                     [keyring]
Add another userid:      pgp -ke      your_userid                [keyring]
Edit passphrase:         pgp -ke      your_userid                [keyring]
Sign a key in pubring:   pgp -ks      other_id [-u sign_id]      [keyring]
Remove a sig from key:   pgp -krs     userid                     [keyring]
Revoke, dis/enable:      pgp -kd      userid                     [keyring]

Encrypt:                 pgp -e[a]    textfile TO_id [TO_id2 TO_id3...]
Sign:                    pgp -s[a]    textfile                           [-u MY_id]
Sign & encrypt:          pgp -se[a]   textfile TO_id [TO_id2 TO_id3...][-u MY_id]
Make detached cert:      pgp -sb[a]   [+clearsig=on] mainfile            [-u MY_id]
  (Can do binaries)      (clearsig=on may be set in CONFIG.TXT)
Encrypt with IDEA only:  pgp -c       textfile
Decrypt or check sig:    pgp [-d] [-p] cryptogram
                         (-d to keep pgp data, -p for original file name)
Check detached cert:     pgp certfile [mainfile]
                         (If root of filenames are the same omit [mainfile])

Use [a] for ASCII output
Use [-o outfile] to specify an output file
Use [-@ textfile] to specify additional userids when encrypting
Use [-z"pass phrase"] to specify your pass phrase
Use [+batchmode] for errorlevel returns
Use [f] for stream redirection ( pgp -f[ARGS] <infile >outfile )
Use [w] to wipe plaintext file (encryption operations)
Use [m] to force display of plaintext only (no output file)
Use [t] to alter line endings for unix, etc.
```

BILD 8.2 Kommandozeilenoptionen von PGP 2.6.3

blizieren, wurde dieser schließlich in Buchform veröffentlicht [Zim95b], in Europa eingescannt und als die internationale Version 2.6.3 i verbreitet.

Die Versionen 2.6.x benutzen IDEA zum Verschlüsseln, RSA zum Schlüsseltausch und MD5 als Einweg-Hash-Funktion. Digitale Signaturen werden mit MD5 und RSA erzeugt. Später folgten dann kommerzielle Versionen der Firmen NAI (Network Associates) und PGPinternational, die mittlerweile gemeinsam als PGP-Security auftreten. Ab PGP 5.X.X wird der Schlüsseltausch mit dem Diffie-Hellman-Verfahren realisiert und der Digital Signature Algorithm (DSA) zum Signieren verwendet. Die wichtigsten PGP-Optionen sind in Bild 8.2 aufgelistet.

Um E-Mails direkt beim Verschicken zu verschlüsseln, gibt es „Frontends" für verschiedene Mail-Programme, z. B. mailcrypt für die Mail-Programme des Editors Emacs. Eine mit mailcrypt/PGP signierte E-Mail ist in Bild 8.3 dargestellt. Für Microsoft-Outlook wird mit PGP ab Version 5 eine schöne Oberfläche mitgeliefert. Die Version 7.0 bietet neben dem Verschlüsseln und Signieren folgende Funktionen:

```
Date: Wed, 29 Apr 1998 15:56:54 +0200
To: ertel@fbe.fh-weingarten.de
Subject: Signaturgesetz
From: Wolfgang Ertel <ertel@fh-weingarten.de>
ReplyTo: ertel@fh-weingarten.de
Mime-Version: 1.0
Content-Transfer-Encoding: 8bit
Content-Type: text/plain; charset=ISO-8859-1
Content-Length: 977
-----BEGIN PGP SIGNED MESSAGE-----
Sehr geehrte Damen und Herren,

anbei ein Auszug aus dem Signaturgesetz.

mfg
W. Ertel

                    Beschluss des Bundeskabinetts
                    zum Entwurf der Signaturverordnung
                             am 8.10.1997

Das Bundeskabinett hat am heutigen Tag dem Entwurf der
Signaturverordnung zugestimmt, den das Bundesministerium fuer Bildung,
Wissenschaft, Forschung und Technologie und das Bundesministerium des
Innern gemeinsam vorgelegt haben.

Die Bundesregierung schafft mit der Verordnung die notwendigen
Voraussetzungen fuer eine zeitnahe Umsetzung des Signaturgesetzes, das
als Art. 3 des Informations- und Kommunikationsdienste-Gesetzes
(IuKDG) am 1. August 1997 in Kraft getreten ist.
-----BEGIN PGP SIGNATURE-----
Version: 2.6.3i
Charset: noconv

iQBVAwUBNUcxVIrxrO+qmKMNAQHrwAH6AqmIGyAs7Oah9lgWsQQyhFjWYxvU5mgA
r5yrrDr7aMG4+rI/4ixR1Mbfs8SCSBmHmSlIgBC6ugphxhUXnQQSWg==
=KVTm
-----END PGP SIGNATURE-----
```

BILD 8.3 Beispiel einer mit PGP signierten Nachricht

- IDS (intrusion detection system) zur automatischen Abwehr bestimmter Netzwerkangriffe.
- VPN (virtual private networking) zur sicheren – vom Benutzer unbemerkten – Kommunikation zwischen Firmenfilialen (siehe Abschnitt 8.6).
- Automatische Ver- und Entschlüsselung von Dateien auf der Festplatte.
- Einen Personal-Firewall zur Filterung von ein- und ausgehenden Paketen.
- Einfacher bzw. automatischer Zugang zu Trustcenter, CA (certification authority) und Schlüssel-Servern.

```
Type  Bits/KeyID      Date        User ID
pub   2048/CFC100F5   1997/05/02  TC TrustCenter Class 2 Private CA
pub   2048/833153FD   1998/03/01  TC TrustCenter Class 4 Business CA
pub   2048/C935FB3D   1997/05/02  TC TrustCenter Class 1 Private CA
pub   2048/CB1CDBF9   1997/05/02  TC TrustCenter Class 3 Private CA
pub   2048/6D37AF71   1998/03/01  TC TrustCenter Class 3 Business CA
pub   1024/804B5A69   1999/06/23  Hansi Müller <hansi.mueller@gmx.de>
pub    512/EBD9FB49   1998/06/16  Klaus Maier <ma@ti-voyager.fbe.fh-weingarten.de>
pub   2048/293A0B77   1998/06/29  Max Muster <Max-Muster@web.de>
pub    768/27AE3DA9   1998/06/16  Hans Huber xyz@w-4.de
pub   2048/AAEBDCC9   1998/06/22  Alice Weiss <weiss@ti-nov3.fbe.fh-weingarten.de>
pub    768/16BE84D5   1998/06/21  Bob Schwarz <schwarz@zebra.fh-weingarten.de>
pub    768/6FAFE9B1   1997/06/14  Dan Hack <hack@ti-voyager.fbe.fh-weingarten.de>
pub   1024/2F7BFC59   1998/05/18  Wolfgang Ertel <ertel@fh-weingarten.de>
```

BILD 8.4 Beispiel eines PGP-Schlüsselrings (pgp -kv)

```
pub   1024/2F7BFC59   1998/05/18  Wolfgang Ertel <ertel@fh-weingarten.de>
sig        CB1CDBF9               TC TrustCenter Class 3 Private CA
sig        804B5A69               Hansi Müller <hansi.mueller@gmx.de>
sig        27AE3DA9               xyz@w-4.de
sig        EBD9FB49               Klaus Maier <ma@ti-voyager.fbe.fh-weingarten.de>
sig        AAEBDCC9               Alice Weiss <weiss@ti-nov3.fbe.fh-weingarten.de>
sig        16BE84D5               Bob Schwarz <schwarz@zebra.fh-weingarten.de>
sig        2F7BFC59               Wolfgang Ertel <ertel@fh-weingarten.de>
```

BILD 8.5 Ein Schlüssel zusammen mit verschiedenen Signaturen (pgp -kvv ertel)

8.1.1 Schlüsseltausch mit PGP

Jeder PGP-Benutzer besitzt auf seinem Rechner einen **Schlüsselring**, in dem die Schlüssel aller Kommunikationspartner gespeichert werden können (Bild 8.4). Zu jedem Schlüssel gehören beliebig viele Signaturen (Bild 8.5). Außerdem wird zu jedem Schlüssel dessen Legitimation (Glaubwürdigkeit) in Form eines Zahlenwertes zwischen 1 und 4 gespeichert. 1994, als PGP entwickelt wurde, gab es aber noch keine CAs oder Trustcenter für die sichere Verteilung der öffentlichen Schlüssel. Zur Lösung des initialen Schlüsseltauschproblems (Abschnitt 5.4) konnte PGP daher *nicht* auf eine zentrale Instanz (Trustcenter) vertrauen. Phil Zimmermann führte daher die in Abschnitt 7.4 beschriebene Idee des **Web-of-Trust** ein.

8.1.2 Die Big-Brother-Funktion

Eine wichtige Erweiterung der Funktionalität ab PGP 5.5.X besteht in der Möglichkeit, die Geheimhaltung innerhalb von Institutionen (z. B. Firmen) aufzuheben, wie in [Rav98] beschrieben. Bei Anwendung von entsprechenden PGP-Versionen durch den „Mitarbeiter" wird jede zu verschlüsselnde Nachricht nicht nur mit dem Public Key des eigentlichen Empfängers verschlüsselt, sondern auch mit dem „Firmen"-Public-Key, der deshalb auch als „Corporate-Message-Recovery-Key" (CMRK) oder „Additional-Decryption-Key" (ADK) bezeichnet wird. Der Firmenchef hat damit zum Beispiel die Möglichkeit, alle aus- und eingehenden E-Mails seiner Mitarbeiter zu lesen. Folgende Funktionen werden angeboten:

- Festlegung eines ADK für eingehende E-Mails
- Festlegung eines ADK für ausgehende E-Mails
- Erzwingung der Benutzung eines ADK für ausgehende und/oder eingehende E-Mails
- Erzwingung von zusätzlichen ADKs (z. B. weiterer „Firmen")
- Erzwingung einer bestimmten Länge und Qualität der Passphrase
- Erzwingung einer bestimmten Schlüssellänge
- Erzwingung, dass der ADK automatisch von allen Benutzern der Client-Version signiert wird, wenn diese einen Schlüssel erzeugen
- Erzwingung eines bestimmten Kommentars im Nachrichtenheader
- Ausgabe einer Warnung, wenn mit einem Public-Key verschlüsselt wird, der nicht mit dem ADK signiert wurde
- Verbot der Schlüssel-Erzeugung
- Verbot der RSA-Schlüssel-Erzeugung
- Verbot der konventionellen Verschlüsselung
- Voreinstellung der Schlüssel, die im Standard-Keyring enthalten sind.

Es bleibt noch anzumerken, dass ohne weiteres auch Behörden dieses Feature einsetzen könnten. Aus diesem Grund ist PGP ab Version 5 mit Vorsicht zu benutzen, insbesondere wenn es firmenweit eingesetzt wird. Allerdings kann ein ADK auch sehr hilfreich sein in Notfällen. Die Firma BASF zum Beispiel setzt PGP seit 1999 konzernweit mit ADK ein [Kle01]. Dort gibt es pro Abteilung einen ADK und eine Betriebsvereinbarung in der die Anwendung des ADK klar geregelt ist. Im Wesentlichen beschränkt sich die Anwendung auf Notfälle; zum Beispiel, wenn verschlüsselte Daten von ehemaligen, kranken oder verstorbenen Mitarbeitern entschlüsselt werden müssen oder wenn ein Mitarbeiter seinen Passphrase vergisst oder den geheimen Schlüssel versehentlich löscht. Für eine ernsthafte kommerzielle Anwendung von Verschlüsselungsverfahren ist der Einsatz eines ADK nicht nur sinnvoll, sondern notwendig.

8.1.3 GnuPG

Seit 1999 gibt es nun das von Werner Koch entwickelte Gnu-Privacy-Guard (GnuPG) [ACGW99]. Es wurde entwickelt mit dem Ziel, eine PGP-Variante bereitzustellen, bei der keine Gebühren anfallen. Daher wurde konsequent darauf geachtet, dass nur frei verfügbare Algorithmen benutzt werden. Es ist kompatibel mit den PGP 5.x Versionen und teilweise kompatibel mit PGP 2.6.3.

Die Funktionalität von GnuPG ist sehr ähnlich zu PGP. Unter den verwendeten symmetrischen Algorithmen ist natürlich auch AES sowie triple DES und TWOFISH. Die unterstützten Public-Key-Verfahren sind RSA, ElGamal, DSA. Die verwendeten Hash-Funktionen sind MD5, SHA-1, RIPEMD160 und TIGER/192. GnuPG hält sich an den OpenPGP-Standard (RFC 2440) [oPG01], der die Dokument- und Schlüsselformate vorschreibt. Es bleibt abzuwarten, ob GnuPG die mittlerweile nur noch eingeschränkt freien PGP-Versionen verdrängen wird.

Im Auftrag des Bundesministeriums für Wirtschaft und Arbeit (BMWA) und des Bundesministeriums des Innern (BMI) wird im Rahmen des GNU Privacy Projekts (GnuPP) daran

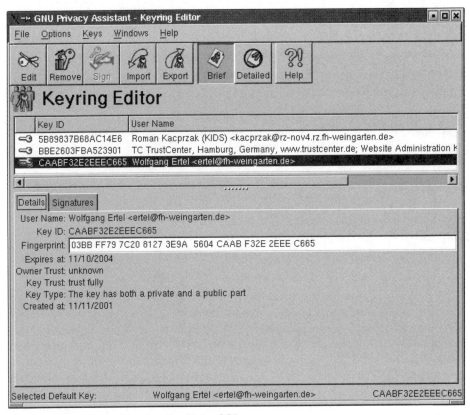

BILD 8.6 Die grafische Benutzeroberfläche GPA

gearbeitet, dem Benutzer komfortable Schnittstellen und fertige (Open-Source-) Softwarepakete für GnuPG anzubieten [Gnu01]. Eines der Produkte von GnuPP heißt GNU Privacy Assistant GPA und ermöglicht eine komfortable grafische Schlüsselverwaltung von GnuPG (siehe Bild 8.6).

8.1.4 Angriffe gegen PGP

Die folgenden Angriffe aus den Jahren 2000 bis 2002 erfolgten erst, nachdem PGP schon etwa 6 Jahre im Einsatz war. Obwohl der Quellcode von PGP zumindest in den Anfangsjahren offen für jedermann zugänglich war, wurden diese Fehler erst jetzt entdeckt. Dies deutet darauf hin, dass in den ersten Jahren von PGP vielleicht zu wenige Angriffsversuche auf PGP gestartet wurden. Im Rahmen eines offiziell ausgeschriebenen öffentlichen Wettbewerbs wie bei der Entwicklung von AES wäre das vielleicht nicht passiert. Man lernt daraus aber auch, dass es absolute Sicherheit in der Praxis nicht gibt. Die offene Vorgehensweise bei der Entwicklung und Verbreitung von PGP hat aber – auch durch diese beiden Angriffe – den Fachleuten wertvolle Erfahrungen gebracht, die nun wiederum dazu beitragen, in Zukunft PGP und andere Public-Key-Systeme sicherer zu machen.

Angriff auf PGP-Signatur mit manipuliertem Schlüssel

Ein schwerwiegender Mangel im Datenformat des OpenPGP-Standard für die Speicherung des geheimen Schlüssels wurde aufgedeckt durch die beiden tschechischen Kryptologen **Vlastimil Klíma** und **Tomáš Rosa** [KR01]. Hat Mallory Zugang zum gespeicherten geheimen Schlüssel von Alice, so kann er diesen ganz einfach in Erfahrung bringen. Dazu benötigt er nicht das Passwort (Passphrase) mit dem der geheime Schlüssel von Alice verschlüsselt ist. Der Angriff läuft nach folgendem Schema ab: Mallory verändert zufällig einige Bits des gespeicherten, verschlüsselten geheimen Schlüssels von Alice und bringt Alice dazu, eine ihm bekannte Nachricht M zu signieren. Aus der Signatur S und der Nachricht M kann er nun den Schlüssel ermitteln, wie unten beschrieben. Dieser Angriff ist möglich sowohl bei DSA-Signaturen, als auch bei RSA-Signaturen, sofern der geheime Schlüssel nach dem OpenPGP-Standard gespeichert wird.

Bei Signatur mit dem RSA-Algorithmus verwendet PGP die in Abschnitt 5.2.5 beschriebene Optimierung zum Berechnen der modularen Potenz $M^d \bmod n$. Wie in [KR01] beschrieben, manipuliert Mallory $\bar{p}$ leicht und erzeugt $\bar{p}'$. Alice signiert dann die Nachricht M mit dem geheimen Schlüssel $(d, n, p, q, \bar{p}')$ wie folgt:

$$S_1 = M^d \bmod p, \tag{8.1}$$

$$S_2 = M^d \bmod q, \tag{8.2}$$

$$h' = \bar{p}' \cdot (S_2 - S_1) \bmod q, \tag{8.3}$$

$$S' = S_1 + p \cdot h' \bmod n. \tag{8.4}$$

Wie im Beweis von Satz 5.2 kann man leicht zeigen, dass $S' \equiv M^d \bmod p$ gilt. Allerdings gilt mit hoher Wahrscheinlichkeit $S' \not\equiv M^d \bmod q$ (Übung 8.3). Nun entschlüsselt Mallory die Signatur und erhält $M' = (S')^e \bmod n$. Der Vergleich von M und M' wird ihm den Primfaktor p liefern. Es gilt

$$M' = (S')^e \bmod n = (M^d \bmod p)^e \bmod n,$$

woraus sich

$$M' \bmod p = (M^d \bmod p)^e \bmod n \bmod p$$
$$= (M^d \bmod p)^e \bmod p = M^{ed} \bmod p = M \bmod p \tag{8.5}$$

und

$$M' \bmod q = (M^d \bmod p)^e \bmod n \bmod q$$
$$= (M^d \bmod p)^e \bmod q \neq M \bmod q \tag{8.6}$$

ergibt. Aus Gleichung 8.5 folgt, dass p Teiler von $M - M'$ ist. q ist aber nach Gleichung 8.6 kein Teiler von $M - M'$. Da p und q die einzigen Teiler von n sind, gilt also

$$p = \text{ggT}(M - M', n).$$

Mallory kann nun also ganz einfach mit dem Euklidischen Algorithmus p berechnen, woraus er die restlichen Komponenten des geheimen Schlüssels erhält.

Dieser Angriff kann verhindert werden durch eine Veränderung der Datenstruktur zur Abspeicherung von $(d, n, p, q, \bar{p})$, welche einen guten Integritätscheck erlaubt. PGP muss beim Lesen des geheimen Schlüssels jede Veränderung sofort bemerken (Übung 8.3). Dies war beim verwendeten MPI-Format (multi-precision integer) leider nicht gegeben. $\tilde{p}$ war, vereinfacht dargestellt, gespeichert in der Form

$$(|\tilde{p}|, E_K(\tilde{p}), \Sigma),$$

wobei $|\tilde{p}|$ die 16 Bit lange Zahl der gültigen Bits in $\tilde{p}$, $E_K(\tilde{p})$ die 512 Bit lange mit Passphrase K verschlüsselte Zahl $\tilde{p}$ und Σ schlicht eine arithmetische Prüfsumme aller vorhergehenden 16-Bit-Blöcke darstellt. Der in [KR01] beschriebene Angriff verändert nun diese Daten zu

$$(|\tilde{p}|-1, E_K(\tilde{p}), \Sigma-1),$$

womit sich der Wert von $\tilde{p}$ verändert zu $\tilde{p}'$, die Prüfsumme aber korrekt bleibt. Der Rest des Angriffs ist bekannt.

Angriff mit Nachschlüssel

Bei den neueren PGP-Versionen mit dem oben beschriebenen ADK-Feature und Diffie-Hellman-Verschlüsselung wurde folgender Angriff entdeckt: Mallory schickt Alice den veränderten öffentlichen Schlüssel P'_B von Bob, ohne dass sie diese Veränderung bemerkt [Sen00]. Der veränderte Schlüssel P'_B enthält einen zweiten öffentlichen Schlüssel P_M von Mallory neben dem echten Schlüssel P_B von Bob. Für jede mit P'_B verschlüsselte Nachricht wurden nun von PGP automatisch zwei Kopien erzeugt und jede mit einem der beiden Schlüssel verschlüsselt. Mallory kann also jede Nachricht von Alice an Bob abhören ohne dass Alice eine Ahnung davon hat. Durch einen Patch wurde dieser Mangel beseitigt. Auch wenn der Mangel nun angeblich beseitigt ist, zeigt dieser Angriff, wie gefährlich das ADK-Feature ist.

Bezüglich Gefahren beim Umgang mit digitalen Signaturen sind auch die Hinweise in Abschnitt 6.4 zu beachten.

■ 8.2 S/MIME und das X.509-Protokoll

S/MIME steht für **Secure Multipurpose Internet Mail Extension** und ist ein Protokoll zum Verschlüsseln und Signieren von E-Mail [IMC01]. Es benutzt den Standard PKCS #7 (Cryptographic Message Syntax) für verschlüsselte E-Mails und das X.509-Protokoll [KP01] für Zertifikate. PKCS steht für public key cryptography system und definiert eine Reihe von Standards für den Aufbau einer Public-Key-Infrastruktur. Das X.509-Protokoll existiert seit 1988 und ist mittlerweile ein wichtiger Industrie-Standard. Ein X.509-Zertifikat besteht aus folgenden Teilen:

Version: Versionsnummer des Protokolls (1–3).

Seriennummer: Ganzzahlige, innerhalb einer CA eindeutige Seriennummer.

Algorithmenidentifikation: Spezifikation des verwendeten Signaturalgorithmus und der Einweg-Hash-Funktion.

Aussteller: Identifikation der ausstellenden CA.

Geltungsdauer: Zeitraum der Gültigkeit des Zertifikats.

Subject: Person oder Objekt, deren/dessen Identität das Zertifikat sichern soll.

Public-Key: Öffentlicher Schlüssel des „Subject". Enthält den Namen des verwendeten Algorithmus, die Schlüssellänge, den Modul n und den öffentlichen Exponenten e.

X.509v3-Erweiterungen: Raum für spezielle Parameter der jeweiligen Anwendung.

Signatur: Signatur des Hash-Wertes aller anderen Felder durch den Aussteller des Zertifikats.

Man erkennt deutlich, dass durch die Signatur der CA solch ein Zertifikat eine untrennbare Verbindung zwischen dem Namen und dem öffentlichen Schlüssel einer Person herstellt. Neben der Struktur eines Zertifikats macht X.509 auch Vorgaben über verschiedene mögliche Abläufe einer Authentifikation [Sta98].

8.3 OpenPGP versus S/MIME

Es gibt klare Tendenzen der Industrie, in Zukunft S/MIME als Standard für Kryptographische Software zu benutzen. Andererseits hat sich eine große Zahl von Benutzern bereits für PGP als Werkzeug entschieden. Basierend auf den verschiedenen existierenden Version von PGP hat die Internet Engineering Task Force (IETF) [IET01], den OpenPGP-Standard definiert [oPG01]. Das Internet Mail Consortium setzt sich nun dafür ein, in Zukunft diese beiden Standards in irgend einer Form zusammen zu führen und insbesondere die Interessen beider Gruppen zu vertreten [IMC01].

8.4 Secure shell (SSH)

Verwendet man die (in der Vergangenheit) gängigen Werkzeuge `telnet` oder `rlogin`, um über lokale oder globale Netze auf einem entfernten Rechner (Server) zu arbeiten, ergeben sich zwei Sicherheitsprobleme. Einerseits kann die Hackerin Eve das vom Server angeforderte und im Klartext übertragene Passwort mit einfachen Mitteln abhören und hat damit Zugang zum Server. Außerdem kann Eve auch alle Daten, die unverschlüsselt zwischen Client und Server übertragen werden, abhören.

Die für alle gängigen Betriebssysteme frei verfügbare **secure shell** (SSH) schafft hier einfach und elegant Abhilfe [YB98] durch den Einsatz von Public-Key-Verfahren. SSH bietet folgende Funktionen:

- Sichere gegenseitige Authentifikation von Client und Server.
- Sicheres Login durch Authentifikation der Benutzer auf dem Server. Durch die Verwendung von RSA, oder alternativ DSA, wird die Identität des Benutzers geprüft (s. u.). Damit stellt SSH eine sichere Alternative zu `rlogin`, `rsh`, `rcp` und `telnet` dar.
- Jede Kommunikation ist verschlüsselt. Mit RSA wird ein Sitzungsschlüssel vereinbart, der dann zur symmetrischen Verschlüsselung mit IDEA, Blowfish oder Triple-DES dient.
- Sichere Verbindungen auch für grafische Anwendungen unter X11.

- Jeder TCP/IP-Port kann mittels Kommandozeilenoptionen oder durch Eintrag in Konfigurationsdateien auf einen durch SSH abgesicherten Port umgeleitet werden. Dieses Verfahren wird als **Tunneln** (IP-Tunneling) bezeichnet. Damit ist es zum Beispiel möglich, eine ftp-Verbindung abzusichern.

Wenn zum Beispiel die Studentin Alice von zu Hause auf einem Rechner an der Uni arbeiten will, so generiert sie auf ihrem heimischen Rechner mit `ssh_keygen` einmalig ein RSA-Schlüsselpaar und bringt den öffentlichen Schlüssel auf sicherem Weg zum Uni-Rechner, wo er gespeichert wird. Der geheime Schlüssel wird auf dem heimischen Rechner, mit Passphrase geschützt, sicher verwahrt. Ruft sie nun `ssh <Uni-Rechner>` auf, läuft folgendes Protokoll ab, das eine gewisse Ähnlichkeit zu dem in Abschnitt 6.2.1 vorgestellten Challenge-and-Response besitzt:

Wenn der Uni-Rechner den öffentlichen Schlüssel P_A von Alice besitzt, so erzeugt er eine 256 Bit lange Zufallszahl, verschlüsselt diese mit P_A und schickt das Ergebnis an Alice. Ihr Rechner entschlüsselt mit Alices geheimem Schlüssel die Zufallszahl und schickt deren MD5-Hash-Wert zum Server, der den erhaltenen Wert mit dem Hash-Wert seiner Zufallszahl vergleicht. Sind beide Werte gleich, gewährt der Uni-Rechner den Zugang für Alice. Durch die Verwendung der Einweg-Hash-Funktion wird ein Chosen-Ciphertext-Angriff verhindert (vgl. Abschnitt 5.3).

■ 8.5 Secure socket layer (SSL)

Die Firma Netscape stellte 1994 das SSL-Protokoll vor. Es war ursprünglich nur für die Absicherung von HTTP-Verbindungen (s. u.) zwischen Web-Browser und Server gedacht. Die Version 3.0 [FKK96, Sta98] dient als Grundlage für eine Spezifikation der Transport Layer Security (TLS) [TLS01], welche im Juni 2001 als Entwurf vorliegen soll.

Das SSL-Protokoll ist im ISO-Schichtenmodell zwischen der Transportschicht und der Anwendungsschicht eingebettet wie in Bild 8.7 dargestellt. Die einzelnen Protokolle erfüllen folgende Aufgaben:

SSL-Record-Protokoll: Auf dieser Ebene werden die kryptographischen Algorithmen für Verschlüsselung und Authentifikation bereitgestellt. Als Einweg-Hash-Funktion wird MD5 oder SHA-1 benutzt, zur Authentifikation wird RSA oder Diffie-Hellman verwendet und zur symmetrischen Verschlüsselung stehen RC4, RC2, DES, DES40, Triple-DES, IDEA und Fortezza, ein speziell für Chipkarten entwickelter Algorithmus, bereit.

SSL-Alert-Protokoll: sorgt für Warn- und Fehlermeldungen.

SSL-Change-Cipher-Protokoll: startet die Initialisierung der ausgewählten Algorithmen.

SSL-Handshake-Protokoll	SSL-Change-Cipher-Spec-Protokoll	SSL-Alert-Protokoll	HTTP
SSL-Record-Protokoll			
TCP			
IP			

BILD 8.7 Die Protokollebenen von SSL

SSL-Handshake-Protokoll: Beim `client_hello` und `server_hello` werden die kryptographischen Algorithmen und der Kompressionsalgorithmus festgelegt. Die Authentifikation von Client und Server erfolgt durch Übertragung der entsprechenden Zertifikate. Parallel erfolgt der Schlüsseltausch für die symmetrische Verschlüsselung.

HTTP (Hypertext Transfer Protocol): besorgt die Übertragung der HTML-Seiten vom Server zum Client.

Aufgrund der US-Exportrestriktionen war SSL in Europa bis 1999 nur mit einer schwachen Verschlüsselung von 40 Bit erhältlich. Dies hat sich durch die Aufhebung der Restriktionen im Februar 2000 geändert. Seither sind SSL-Verbindungen für normale Ansprüche sicher.

Wichtig für eine sichere Verbindung sind die Rechnerzertifikate, insbesondere beim Server. Dies sind von einer CA signierte öffentliche Schlüssel von Server und Client. Damit der Anwender sichergehen kann, dass er auf die echte HTML-Seite zugreift, muss der Client das Zertifikat des Server-Schlüssels überprüfen. Ist der Server-Schlüssel nicht von einer dem Client bekannten CA signiert, so wird der Benutzer gewarnt und gefragt, ob der den Server-Schlüssel trotzdem akzeptieren will.

8.6 Virtual Private Networking und IP Security

Bei der Kommunikation von Behörden untereinander oder zwischen Firmenfilialen ist es wünschenswert, dass die Verschlüsselung und Authentisierung funktioniert ohne dass der einzelne Benutzer dies bemerkt, gerade so wie wenn die andere Filiale Teil des lokalen Netzes im gleichen Haus wäre. Die Realisierung einer derartigen Vernetzung wird **virtual private networking (VPN)** genannt. Realisiert wird ein VPN mit den bekannten kryptographischen Techniken. Für einfache Anwendungen kann schon mit SSH oder SSL ein VPN aufgebaut werden. Diese beiden Systeme sind jedoch für ein komplettes VPN zu einfach, denn sie können nur bestimmte Protokolle absichern, zum Beispiel HTTP, telnet oder ftp. Für ein Netzwerk, bei dem jegliche Kommunikation automatisch verschlüsselt wird, muss die Verschlüsselung auf tieferer Ebene ansetzen, nämlich auf der Ebene der Internet-Pakete (IP). In Bild 8.7 erkennt man, dass dies zwei Ebenen unter dem SSL-Protokoll ist. Der Vorteil liegt einfach darin, dass dann jedes IP-Paket verschlüsselt wird, unabhängig davon, was mit welchem Protokoll übertragen wird.

Für die Realisierung von VPNs und anderen sicheren Verbindungen wurde 1994 vom Internet Architecture Board mit **IP Security (IPSec)** ein mächtiges Protokoll zur Absicherung von Internet-Paketen initiiert und bis heute weiterentwickelt. Die Verwendung von IPSec auf einem Firewall bietet folgende Vorteile:

- Starke kryptographische Sicherheit für Verkehr nach außen ohne Belastung des internen Verkehrs.
- IPSec auf einem Firewall kann nicht umgangen werden.
- Da IPSec unter der Transportschicht (TCP/UDP) arbeitet, muss die Anwendungssoftware nicht geändert werden.
- Der Benutzer bemerkt die Arbeit von IPSec nicht, muss also auch nicht geschult werden.

Wir verzichten auf eine Beschreibung der verschiedenen Protokolle und verweisen auf [Sta98] für eine ausführliche Einführung und auf [IPS01] für technische Details.

8.7 Der neue Personalausweis

Seit dem 1. November 2010 wird in Deutschland der in Bild 8.8 abgebildete neue Personalausweis (nPA) ausgestellt. Im Gegensatz zum aktuellen Personalausweis hat er nur noch die Größe einer EC-Karte und einen kontaktlosen RFID Chip (Radio Frequency Identification). Auf dem Chip sind die aufgedruckten persönlichen Daten und das Passbild gespeichert. Auf Wunsch können auch noch zwei Fingerabdrücke des Ausweisinhabers mit aufgenommen werden. Besonders interessant wird der nPA durch die Möglichkeit zur bequemen Authentifikation im Internet und die Signaturfunktion.

BILD 8.8 Vorder- und Rückseite des neuen Personalausweises mit RFID Chip

8.7.1 Hoheitliche Funktionen

Die biometrische Funktion des nPA über die gespeicherten persönlichen Daten und Fingerabdrücke stellt eine sogenannte hoheitliche Funktion dar, welche nur von Behörden wie zum Beispiel Polizei oder Zoll benutzt werden kann. Um sicherzustellen, dass die Daten auf dem nPA nicht von Unbefugten ausgelesen werden, muss sich das Terminal gegenüber dem nPA authentifizieren. Dies erfolgt mittels einer vom Bundesamt für Sicherheit in der Informationstechnik (BSI) betriebenen Public Key Infrastruktur (PKI). Der öffentliche Schlüssel der Wurzel-CA wird in Form des sogenannten CVCA-Zertifikats („Country Verifier Certification Authority"-Zertifikat) schon bei der Herstellung auf dem Chip gespeichert. Bei der Authentifizierung muss das Terminal einen vom CVCA signierten öffentlichen Schlüssel besitzen. Diese Signatur wird dann vom nPA mit Hilfe des CVCA-Zertifikats verifiziert.

Der RFID-Chip des nPA wird kontaktlos betrieben. Dazu schreibt [eCa09]: „Die Kommunikation über eine kontaktlose Schnittstelle erfolgt auf eine kurze Distanz. In der Regel sind 10 cm bis 20 cm erreichbar." Die im Chip gespeicherten Daten sind vor unbefugtem Auslesen – zum Beispiel wenn der nPA in der Hosentasche des Besitzers in die Nähe eines Lesegeräts kommt – zusätzlich dadurch geschützt, dass sich das Lesegerät gegenüber dem Chip authentifizieren muss. Dazu muss das Lesegerät aus einem auf dem nPA (auf der Rückseite unten) aufgedruckten Code (der optisch gelesen oder eingetippt wird) einen für die gegenseitige Authentifikation von nPA und Kartenleser benötigten symmetrischen Schlüssel berechnen.

8.7.2 Andere Funktionen

Der sogenannte elektronische Identitätsnachweis (eID) erlaubt dem Benutzer die bequeme und sichere Authentifizierung im Internet. Zusammen mit der AusweisApp-Software, welche unter anderem für die Kommunikation zwischen PC und Kartenleser zuständig ist, kann sich der Benutzer bei Banken, Versicherungen und Behörden authentifizieren.

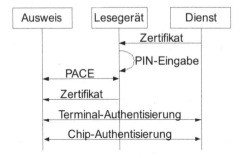

BILD 8.9 Übersicht der Protokolle des neuen Personalausweises

Verlangt ein Diensteanbieter vom Kunden die Authentifikation per nPA, so muss sich der Anbieter zuerst gegenüber dem nPA authentifizieren und die Berechtigung zum Zugriff auf bestimmte Daten nachweisen. Dazu schickt der Anbieter ein Berechtigungszertifikat an den nPA, welches dieser überprüft und dem er entnimmt, welche Daten angefordert werden (siehe Bild 8.9 aus [BKMN08]).

Die Authentifikation des Benutzers gegenüber dem Personalausweis erfolgt mittels Eingabe der PIN. Das Password Authentication Connection Establishment Protokoll (PACE) [eCa09] benutzt nun – ähnlich wie das Challenge-and-Response Protokoll – die PIN als Schlüssel. Das Lesegerät verwendet diesen Schlüssel um eine vom nPA vorgegebene Zufallszahl zu verschlüsseln und den resultierenden Chiffretext an den nPA zurückzuschicken (siehe Bild 8.9).

8.7.3 Digitale Signatur

Hochinteressant für vielerlei Geschäfte über das Internet genauso wie für die Kommunikation mit Behörden oder für Rechtsgeschäfte ist die Möglichkeit, mit dem nPA qualifizierte elektronische Signaturen nach Signaturgesetz (siehe Abschnitt 6.5) zu erstellen. Dadurch rückt das digitale Signieren beliebiger Dokumente mit voller Rechtsgültigkeit plötzlich in greifbare Nähe. Leider ist das Ziel beim Redaktionsschluss der 4. Auflage dieses Buches noch nicht ganz erreicht, denn die Trustcenter (Zertifizierungsdiensteanbieter) arbeiten noch an Möglichkeiten, Signaturzertifikate auf sicherem Wege zum nPA zu übertragen. Bei klassischen Signaturkarten wird das Zertifikat schon vor der ersten Benutzung auf der Karte gespeichert. Da der nPA aber ohne Zertifikat ausgeliefert wird, muss dieses nachträglich auf sicherem Wege aufgebracht werden.

Die Bundesdruckerei beabsichtigt bis zum dritten Quartal 2012, das Laden eines Signaturzertifikates für die qualifizierte elektronische Signatur auf den nPA über das Internet mit Hilfe der Ausweisapp zu ermöglichen. Dieser Prozess des Herunterladens ist nicht ganz einfach, denn die digitale Signatur stellt unter anderem einen Identitätsbeweis des Ausweisinhabers dar. Es muss also mit sehr hoher Sicherheit garantiert werden, dass nur der öffentliche Schlüssel des Ausweisinhabers und kein anderer zertifiziert wird. Nur dadurch kann die strenge rechtliche Verbindlichkeit der Signatur sichergestellt werden. Vor dem Laden des Signaturzertifikates auf den nPA muss sich daher der nPA gegenüber dem Zertifizierungsdiensteanbieter (ZDA) authentifizieren. Damit ist sichergestellt, dass auf jedem Personalausweis nur der zertifizierte öffentliche Schlüssel des Ausweisinhabers gespeichert wird.

Nun könnten jedoch Betrüger einen Ausweis inklusive der Authentifizierungs-PIN stehlen und damit beim ZDA eine Signatur-PIN beantragen, um dann im Namen des Ausweisinhabers illegal Dokumente zu signieren. Um dies zu verhindern, wird vor dem Herunterladen des Zertifikates auf einem zweiten sicheren Weg die Authentizität des Ausweisinhabers sichergestell. Dies kann beispielsweise dadurch erfolgen, dass ein geheimer Zahlencode per Post an die im Ausweis gespeicherte Adresse des Ausweisinhabers geschickt wird. Dieser Code muss dann vor dem Herunterladen des Zertifikates eingegeben werden.

In anderen europäischen Ländern, zum Beispiel in Belgien, Spanien und Estland, wird das Signaturzertifikat schon bei der Herstellung des elektronischen Ausweises auf diesem gespeichert. Dadurch wird der Einstieg in die Verwendung der elektronischen Signatur für den Bürger deutlich vereinfacht. Das Nachladens von Zertifikaten in Deutschland hat aber unter anderem den Vorteil, dass das hierfür verwendete Verfahren immer wieder verwendet werden kann, denn die Zertifikate haben nur eine beschränkte Gültigkeitsdauer.

Für die Signatur und für PACE werden asymmetrische Algorithmen basierend auf elliptischen Kurven verwendet und zwar Elliptic-Curve-DSA und Elliptic-Curve-Diffie-Hellman [ECC09]. Dadurch werden kurze Schlüssellängen von 224 Bit ermöglicht. Zum Verschlüsseln wird AES benutzt.

Auf [Kar12] ist eine Liste für den nPA geeigneter und getesteter Kartenleser zu finden. Nur eines der Geräte ist auch für die qualifizierte elektronische Signatur zugelassen.

8.7.4 Sicherheit des neuen Personalausweises

Bisher wurden keine Sicherheitslücken des neuen nPA publiziert. Trotzdem kann bei unvorsichtigem Umgang mit dem Ausweis ein Angreifer die PIN ausspähen. Für die normale Verwendung des nPA etwa zur Authentifikation werden nämlich keine hohen Anforderungen an den Kartenleser gestellt. Ein Basislesegerät ohne Tastatur kann hierzu problemlos verwendet werden. Bei Eingabe der PIN über die Tastatur des PC ist es möglich, über einen Keylogger oder auch per Funk die PIN abzuhören. Um dieses Problem zu umgehen, sollte das oben erwähnte sichere Gerät verwendet werden. Ist solch ein Gerät nicht verfügbar, bietet die Ausweis-App als (weniger sichere) Alternative auch die PIN-Eingabe über eine Bildschirmtastatur an.

Übungen

Aufgabe 8.1

Praktischer Umgang mit PGP.

a) Erzeugen Sie für sich ein Schlüsselpaar mit PGP (Schlüssellänge mindestens 1024 Bit).

b) Lassen Sie Ihren öffentlichen Schlüssel von einer CA, einem Trustcenter oder notfalls einfach nur von einer/einem Bekannten signieren und speichern den signierten Schlüssel in Ihrem Schlüsselring (public key ring). Machen Sie sich vorher Gedanken über den Passphrase.

c) Suchen Sie im Internet nach Trustcentern und Schlüsseldatenbanken (key-server) mit PGP-Schlüsseln. Suchen Sie auf einem Key-Server (nicht Trustcenter) einige Schlüssel und bewerten Sie diese bezüglich ihrer Authentizität, indem Sie Signaturen untersuchen. Vorsicht: Benutzen (geschweige denn signieren) Sie niemals einen Schlüssel, den Sie nur per E-Mail erhalten haben oder den Sie irgendwo im Internet gefunden haben! Verifizieren Sie persönlich oder telefonisch die Echtheit des Schlüssels, den Sie signieren! (Benutzen Sie dazu `pgp -kvc userid`.)

d) Tauschen Sie signierte, verschlüsselte sowie signierte und verschlüsselte E-Mails mit einem Partner (notfalls mit sich selbst) aus.

e) Verschlüsseln Sie eine Datei.

f) Lassen sie sich den Inhalt Ihres Schlüsselrings anzeigen (`pgp -kvv`).

Aufgabe 8.2

PGP mit ADK verschlüsselt jede Nachricht mit dem öffentlichen Schlüssel des Empfängers und mit dem ADK. Bei naiver Anwendung würden sich sowohl Rechenzeit als auch E-Mail-Größe verdoppeln. Wie wird das verhindert?

Aufgabe 8.3

Angriff gegen PGP-Signaturen aus Abschnitt 8.1.4.

a) Zeigen Sie, dass bei diesem Angriff die Wahrscheinlichkeit für $S' \not\equiv M^d \mod q$ etwa $1 - 1/q$ ist. Wie hoch ist damit die Erfolgswahrscheinlichkeit für den beschriebenen Angriff bei einem 1024 Bit langen RSA-Modul?

b) Machen Sie einen Vorschlag für eine geänderte Datenstruktur zur Speicherung des geheimen Schlüssels mit sicherem Integritätscheck. Zeigen Sie die Sicherheit auf am Beispiel von $\bar{p}$.

Aufgabe 8.4

Praktischer Umgang mit SSH. Lesen Sie die Online-Hilfe von SSH und erzeugen Sie sich mit `ssh_keygen` ein Schlüsselpaar. Benutzen Sie dann zum Einwählen auf einem entfernten Rechner `ssh -v <rechnername>` und studieren Sie die Kommentare von SSH zum Authentifikation. Tipp: SSH ist bei allen neueren Linux-Distributionen enthalten. Für Windows gibt es das Programm „putty" (http://www.chiark.greenend.org.uk/~sgtatham/putty/download.html).

Aufgabe 8.5

Bei der Verwendung des neuen Personalausweises mit einem Chipkartenleser ohne Tastatur kann ein Angreifer die PIN zum Beispiel bei der Übertragung von der Tastatur zum Rechner abfangen. Machen Sie Vorschläge für ein Protokoll zwischen dem nPA und dem Kartenleser, das garantiert, dass der nPA nur Geräte mit Tastatur akzeptiert.

9 Elektronisches Bargeld

Viele Anbieter von Internetdiensten suchen nach Lösungen, um ihren Dienst einfach, unverbindlich und anonym abzurechnen. Wie schon in Kapitel 1 erwähnt, bietet sich hierfür elektronisches Bargeld an. Es wird realisiert in Form von elektronischen Münzen. Dies sind Bitfolgen, die auf Chipkarten oder Computern abgespeichert werden.

Neben dem Einsatz als Online-Zahlungsmittel ist elektronisches Bargeld eine interessante Alternative zum klassischen Bargeld aus Münzen und Scheinen. Daher werden folgende, vom klassischen Bargeld abgeleitete Eigenschaften gefordert:

1. Das Bezahlen muss einfach und mit sehr geringen Unkosten erfolgen. Dies ist notwendig, damit das elektronische Bargeld auch für kleine Beträge anwendbar wird (Micro-Payment), wie sie bei Informationsdiensten im Internet anfallen.
2. Das Bezahlen von kleinen Beträgen muss unverbindlich sein. Der Kunde möchte z. B. beim Kauf einer Zeitung keine aufwändige Transaktion starten, die er dann später auf dem Kontoauszug wiederfindet und kontrollieren muss.
3. Das Bezahlen muss anonym erfolgen. Diese Eigenschaft des klassischen Bargeldes stellt sicher, dass z. B. der Händler kein Kundenprofil erstellen kann.
4. Das Wechselgeldproblem des klassischen Bargeldes muss dem Kunden erspart bleiben.
5. Das Bezahlen soll nicht nur beim Händler, sondern auch zwischen Privatpersonen möglich sein.
6. Das elektronische Bargeld soll möglichst viele Sprünge machen können, bevor es wieder zur Bank zurückkommt.
7. Das elektronische Bargeld ist nur für kleine Beträge bis ca. 500 € zu verwenden.
8. Elektronische Münzen sollen fälschungssicher sein.

Es gibt viele verschiedene Realisierungen und Vorschläge für elektronisches Bargeld. Ein besonders elegantes (und noch relativ einfaches) Protokoll wird hier kurz vorgestellt. Zuvor müssen jedoch noch zwei Hilfsmittel bereitgestellt werden.

■ 9.1 Secret-Splitting

Secret-Splitting ist das Zerteilen einer Bitfolge M (Nachricht, Dokument) in zwei (evtl. auch mehr) Teile M_1, M_2, die beide für sich allein wertlos sind, d. h. keine Information über M

enthalten, zusammen aber die Rekonstruktion von M erlauben. Hat M die Länge n, so nimmt man eine n Bit lange Zufallszahl R und berechnet

$M_1 = R \oplus M$,

$M_2 = R$.

M_1 und M_2 enthalten offensichtlich keine Information über M. Ist R echt zufällig, so ist die Aufteilung absolut sicher, genau wie ein One-Time-Pad und es gilt

$M = M_1 \oplus M_2 = R \oplus R \oplus M$.

Dieses Verfahren lässt sich verallgemeinern. Zum Beispiel soll der Schlüssel zum Tresor einer Bank so unter den fünf Angestellten aufgeteilt werden, dass der Tresor mit zwei beliebigen Teilschlüsseln geöffnet werden kann. Ein Teilschlüssel liefert keine Information über den Tresorschlüssel. Allgemein definiert man das $(\mathbf{m}, \mathbf{n})$-**Schwellenwertproblem** als die Aufgabe, ein Geheimnis in n Teile so aufzuteilen, dass es mit beliebigen m dieser Teile rekonstruiert werden kann. $m-1$ oder weniger Teile liefern keine Information über das Geheimnis [Sch05] (Übung 9.2).

■ 9.2 Bit-Commitment-Protokolle

Alice soll sich auf ein Bit festlegen, möchte dieses aber zunächst geheim halten. Bob jedoch will eine Garantie dafür, dass Alice nach der Festlegung des Bits dieses nicht mehr ändern kann. Hierfür gibt es eine Reihe verschiedener Protokolle [Sch05]. Folgendes Verfahren arbeitet mit symmetrischer Verschlüsselung:

Festlegung:
1. Bob sendet eine Zufallszahl R an Alice.
2. Alice legt sich fest auf das Bit b und schickt $M = E_K(R, b)$ an Bob.

Überprüfung:
1. Alice sendet den Schlüssel K an Bob.
2. Bob dechiffriert: $R', b' = D_K(M)$. Er vergleicht R' mit R. Wenn $R' = R$, dann vertraut Bob Alice.

Folgendes Protokoll, welches mit einer Einweg-Hash-Funktion arbeitet, hat den Vorteil, dass Bob bei der Festlegung des Bits nicht beteiligt ist. Seine einzige Aktivität besteht darin, im Bedarfsfalle die Offenlegung des Bits zu fordern und seine Echtheit zu kontrollieren.

Festlegung:
1. Alice legt sich auf das Bit b fest und erzeugt zwei Folgen fester Länge aus Zufallsbits R_1 und R_2.
2. Sie wendet auf R_1, R_2 und b die Einweg-Hash-Funktion H an und schickt $(H(R_1, R_2, b), R_1)$ an Bob.

Überprüfung:
1. Alice schickt den Klartext (R_1, R_2, b) an Bob.
2. Bob berechnet $H(R_1, R_2, b)$ und vergleicht R_1 und das Ergebnis mit Alices Nachricht. Bei Übereinstimmung ist er von der Echtheit des Bits überzeugt.

9.3 Protokolle für Elektronisches Bargeld

Wir wollen nun die in Kapitel 1 eingeführten Protokolle Nr. 1 bis 4 von D. Chaum [Cha85, Cha92, CFN88, Cha89, Sch05] für elektronisches Bargeld weiter verfeinern. Die Verwendung von Seriennummer und digitaler Signatur ermöglicht es der Bank, den Betrug durch Kopieren von Münzen zu erkennen. Um jedoch die Anonymität des Bezahlens zu sichern, wurde in Protokoll Nr. 4 die blinde Signatur der Münze durch die Bank benutzt. Diese kann durch das in Abschnitt 6.3.2 beschriebene Verfahren realisiert werden. Damit wird trotz Anonymität jeder Kopierversuch erkannt, denn die Bank speichert die Seriennummer jeder eingegangenen Münze in einer Datenbank. Ist die Seriennummer einer eingehenden Münze schon in der Datenbank, so schließt die Bank (mit sehr hoher Sicherheit, siehe Übung 1.2) auf einen Betrug. Sie kann jedoch den Betrüger nicht identifizieren. Das folgende Protokoll Nr. 5 stellt eine raffinierte Erweiterung dar, welche im Falle einer Doppelbezahlung die Identifizierung des Betrügers trotz Anonymität ermöglicht.

Protokoll Nr. 5

Bei diesem Protokoll wird die Identität von Alice auf jeder ihrer Münzen gespeichert. Allerdings wird sie mit einem Secret-Splitting-Protokoll unkenntlich gemacht.

1. Alice erzeugt n Münzen mit unterschiedlichen, zufällig gewählten langen Seriennummern, wie bei Protokoll Nr. 4. Für jede Münze spaltet sie nun ihre Identität (Name, Adresse etc.) mit einem Secret-Splitting-Protokoll n-mal unterschiedlich auf, was zu den n Identitätsfolgen

$$I_1 = (I_{1_L}, I_{1_R})$$
$$I_2 = (I_{2_L}, I_{2_R})$$
$$\vdots$$
$$I_n = (I_{n_L}, I_{n_R})$$

führt.

2. Nun wendet Sie auf jede Hälfte jeder Identitätsfolge getrennt ein Bit-Commitment-Protokoll an. Bei dem in Abschnitt 9.2 beschriebenen Protokoll mit Einweg-Hash-Funktion sieht eine Münze dann etwa so aus:

   Betrag

   Seriennummer

   $[H(R_1, R_2, I_{1_L}), R_1], [H(R_3, R_4, I_{1_R}), R_3]$
   $[H(R_5, R_6, I_{2_L}), R_5], [H(R_7, R_8, I_{2_R}), R_7]$
   $\vdots$
   $[H(R_{4n-3}, R_{4n-2}, I_{n_L}), R_{4n-3}], [H(R_{4n-1}, R_{4n}, I_{n_R}), R_{4n-1}]$.

   Jede Hälfte jeder Identitätsfolge ist nun also separat unkenntlich gemacht und unveränderbar. Sie kann nur mit Alices Hilfe decodiert werden. Wegen der Verwendung eines Bit-Commitment-Protokolls kann Alice bei der Decodierung nicht schwindeln.

3. Alice verschlüsselt die n Münzen mit einem Protokoll für blinde Signaturen und schickt sie an die Bank.

4. Wie in Protokoll Nr. 4 verlangt die Bank nun von Alice die Entschlüsselung von $n-1$ zufällig gewählten Münzen. Die Bank überprüft Betrag und Seriennummer und bittet Alice, alle Identitätsfolgen offenzulegen.
5. Falls alles in Ordnung ist, signiert die Bank die verbleibende Münze blind, belastet Alices Konto und gibt die signierte Münze an Alice zurück.
6. Alice macht ihre Münze wieder lesbar und geht mit ihr einkaufen.
7. Der Händler überprüft die Signatur der Bank.
8. Nun muss Alice von jeder Identitätsfolge entweder die linke oder die rechte Hälfte öffnen. Der Händler bestimmt für jede der Folgen zufällig, welche Hälfte sie öffnet.
9. Alice befolgt die Anweisung.
10. Der Händler bringt die Münze zur Bank mit der Bitte um Gutschrift auf sein Konto.
11. Die Bank überprüft ihre Signatur und überprüft in ihrer Datenbank, ob bereits eine Münze mit der gleichen Seriennummer eingegangen ist. Ist dies nicht der Fall, bekommt der Händler sein Geld und die Bank protokolliert Seriennummer und alle Identitätsinformationen in ihrer Datenbank.
12. Ist die Seriennummer bereits in der Datenbank gespeichert, so liegt (mit sehr hoher Wahrscheinlichkeit) ein Betrug vor. Nun werden die verschlüsselten Identitätsdaten auf der Münze mit den in der Datenbank gespeicherten verglichen. Stimmen sie überein, so weiß die Bank, dass der Händler die Münze kopiert hat.

Im anderen Fall ist der ursprüngliche Eigentümer der Münze (hier Alice) der Betrüger. Sie hat offensichtlich mit zwei Kopien der Münze bei Händler A und Händler B bezahlt. Nun vergleicht die Bank alle Identitätspaare auf der Münze mit den gespeicherten. Da Händler A und Händler B in Schritt 8 sicher nicht n-mal die gleiche Hälfte für die Öffnung der Identitätsfolgen gewählt haben, gibt es ein Paar bei dem beide Hälften geöffnet wurden. Die Bank verknüpft diese beiden Hälften mit XOR und liest die Identität von Alice im Klartext.

Alice und der Händler haben bei diesem Protokoll keine Möglichkeit zum Betrug. Wie bei klassischem Bargeld hat aufgrund der Anonymität auch hier ein Dieb die Möglichkeit des Betrugs (Übung 9.4). Dieses Protokoll ist schon recht komplex. Durch zusätzliche Randbedingungen wird es eventuell noch komplexer. Eine durchaus nicht triviale Fragestellung ist die Verifikation der Korrektheit und Sicherheit eines derartigen Protokolls. Diese Fragen werden in den Originalarbeiten von D. Chaum [Cha85, Cha92, CFN88, Cha89] ausführlich behandelt. Dass derartige Protokolle in der Praxis tatsächlich angewendet werden, wird im nächsten Kapitel gezeigt.

 Übungen

Aufgabe 9.1

Bit-Commitment-Protokolle:

a) Beim ersten der beiden in Abschnitt 9.2 beschriebenen Protokolle schickt Bob eine Zufallszahl R an Alice. Welche Möglichkeit zum Betrug hätte Alice, wenn sie R wählen könnte und dann zusammen mit $E_K(R,b)$ an Bob schicken?

b) Zeigen Sie dass das zweite Bit-Commitment-Protokoll (mit der Einweg-Hash-Funktion) aus Abschnitt 9.2 sicher ist, das heißt, dass Alice keine Chance hat, ihr gewähltes Bit zu ändern und Bob keine Chance hat, aus der Nachricht von Alice das Bit zu bestimmen. Von welchen Parametern hängt die Sicherheit ab?

Aufgabe 9.2

Entwickeln Sie schrittweise einen Algorithmus für das $(2,n)$-Schwellenwertproblem und für das (n,n)-Schwellenwertproblem durch Verallgemeinerung des Secret-Splitting-Algorithmus aus Abschnitt 9.1. Versuchen Sie, nur mit XOR-Verknüpfungen zu arbeiten.

a) Verwenden Sie drei Zufallszahlen für das $(3,3)$-Schwellenwertproblem.

b) Verwenden Sie drei Zufallszahlen für das $(2,3)$-Schwellenwertproblem.

c) Verwenden Sie n Zufallszahlen für das $(2,n)$-Schwellenwertproblem.

d) Verwenden Sie n Zufallszahlen für das (n,n)-Schwellenwertproblem.

Aufgabe 9.3

a) Entwickeln Sie einen Algorithmus für das allgemeine (m,n)-Schwellenwertproblem. Die Idee ist folgende: Konstruieren sie aus dem Geheimnis ein Polynom f vom Grad $m-1$, und berechnen an m verschiedenen x-Werten den Funktionswert $f(x)$ des Polynoms. Jedes der m Wertepaare $(x_i, f(x_i))$ ist eines der Geheimnisse. Benutzen Sie modulare Arithmetik mit einem geeigneten Modul p.

b) Versuchen Sie zu zeigen, dass sich aus den m Teilgeheimnissen das Geheimnis immer rekonstruieren lässt.

c) Versuchen Sie zu zeigen, dass $m-1$ Teilgeheimnisse keine Information über das Geheimnis enthalten.

Aufgabe 9.4

a) Wenn Eve die elektronischen Münzen von Alice stiehlt, kann sie damit noch nicht bezahlen, wenn Protokoll Nr. 5 benutzt wird. Was fehlt ihr dazu noch?

b) An welcher Stelle im Ablauf von Protokoll Nr. 5 hat Eve trotzdem leichtes Spiel, wenn sie es schafft, die Münzen zu stehlen?

c) Bei Protokoll Nr. 5 besteht die Möglichkeit, dass Alice eine Münze kopiert, mit ihr zweimal bezahlt, Glück hat und am Ende der Händler als Betrüger dasteht. Durch welche Festsetzung kann die Wahrscheinlichkeit für dieses Ereignis kleiner als 10^{-20} gehalten werden?

10 Elektronische Zahlungssysteme

Das Bezahlen eines digitalen Dienstes oder eines Online-Einkaufs kann auf klassischem Wege per Überweisung oder Kreditkarte erfolgen, wenn die Konto- und Kaufdaten sicher übertragen werden. Aufgrund der relativ hohen Kosten für derartige Transaktionen ist dieser Weg für das Bezahlen kleiner Beträge unrentabel. Man unterscheidet daher zwischen Micro-Payment für Centbeträge und Macro-Payment für Beträge ab etwa 5 €.

Für E-Commerce-Anwendungen gibt es verschiedene Zahlungsmittel, die sich im Wesentlichen in folgende Kategorien einteilen lassen:

Elektronisches Bargeld: Zum Bezahlen werden digitale Münzen benutzt wie in Kapitel 9 beschrieben. Beispiele sind Mondex und Ecash.

Kreditkarte: Hier wird der zu bezahlende Betrag dem Kreditkartenkonto belastet. Ein mit Kreditkarte arbeitendes Zahlungssystem muss insbesondere das Problem der Authentifikation des Kunden gegenüber dem Händler und umgekehrt lösen sowie die sichere Übertragung der Kreditkartendaten vom Kunden zum Händler bzw. zur Bank des Händlers. Eine elegante Lösung hierfür bietet zum Beispiel SET an.

Abbuchung vom Konto: Der klassische Weg ist das Erteilen einer Einzugsermächtigung an den Händler, entweder für genau einen Kauf oder für eine gewisse Zeit. Obwohl diese Methode recht unsicher ist, wird sie wegen Ihrer Einfachheit viel genutzt. Deutlich sicherer wird diese Art der Bezahlens durch die in Deutschland nun für Jedermann anwendbare Möglichkeit der Authentifikation und digitalen Signatur mit dem neuen Personalausweis (siehe Abschnitt 8.7).

Abrechnung über die Telefonrechnung: Eine durchaus praktikable Methode ist die Abrechnung eines Dienstes oder Einkaufs über die Telefonrechnung. Der Kunde muss auf sicherem Weg dem Händler die Erlaubnis zur Belastung des Telefonkontos erteilen, ähnlich wie bei einer Kreditkarte (siehe www.in-medias-res.com). Eine Variante dieser Methode ist die Abrechnung über das Konto des Mobiltelefons. Hier erfolgt die Authentisierung über einen Rückruf der Abrechnungsstelle beim Mobiltelefon des Kunden.

Von der Vielzahl an mittlerweile existierenden Verfahren sind im Folgenden die für Deutschland wichtigsten kurz beschrieben. Die Daten stammen teilweise aus [See01]. Einige dieser Systeme sind zwar heute nicht mehr am Markt vertreten, wegen Ihrer historischen und technischen Bedeutung werden sie aber trotzdem kurz beschrieben.

10.1 Die Geldkarte

In Deutschland wird seit 1997 elektronisches Bargeld in Form der Geldkarte flächendeckend eingesetzt. Die Geldkarte ist eine Chipkarte, das heißt eine Karte, auf der ein kleiner Computer untergebracht ist, der die für die Transaktionen benötigten Programme ausführt. Beim Aufladen am Bankcomputer wird der entsprechende Betrag auf der Karte gespeichert. Beim Bezahlen am Händlerterminal wird der zu bezahlende Betrag subtrahiert. Die genauen Datenstrukturen und Protokolle sind leider nicht bekannt. Es ist jedoch sicher, dass die Geldkarte keine elektronischen Münzen enthält. Stattdessen führt die Bank zu jeder Karte ein Schattenkonto, mit dem jeder Bezahlvorgang verglichen wird.

Die Geldkarte als Ersatz für Bargeld hat sich bis jetzt allerdings noch nicht durchgesetzt. Die Gründe hierfür sind vielfältig. Zwei Nachteile sind jedoch offensichtlich. Erstens ist das Bezahlen nicht anonym. Jede Karte besitzt eine eindeutige (dem Konto und damit dem Besitzer zugeordnete) Nummer, die beim Bezahlen im Händlerterminal übermittelt und sogar ausgedruckt wird.[1] Sowohl die Bank als auch der Händler können daher über alle Transaktionen ihrer Kunden Buch führen, indem sie die Kartennummer protokollieren. Zweitens kann der Kunde nur beim Händler bezahlen und dann wird der Betrag dem Händlerkonto gutgeschrieben. Das direkte Bezahlen von Person zu Person ist also hier nicht möglich, wie auch in Bild 10.1 zu erkennen ist. Daher wird die Geldkarte das klassische Bargeld nicht ersetzen können. Da nach jedem Bezahlvorgang der Bankcomputer die Korrektheit der Transaktion an Hand des Schattenkontos prüft, bietet das System der Geldkarte einen hohen Grad an Sicherheit.

Die im zentralen Kreditausschuss (ZKA) vertretenen deutschen Banken haben sich geeinigt, zukünftig über spezielle Kartenlesegeräte auch das Bezahlen im Internet mit Geldkarte zu ermöglichen [Gel99]. Dieser Service scheint sich jedoch nicht durchzusetzen.

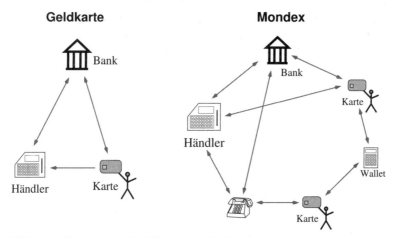

BILD 10.1 Vergleich des Geldflusses von Geldkarte und Mondex-System

---

[1] Es gibt auch die so genannte *white card*, mit der man auch in Deutschland anonym bezahlen kann, allerdings kann diese Karte nur umständlich am Bankschalter aufgeladen werden.

Die Geldkarte erlebte einen Aufschwung durch ihren Einsatz als Zahlungsmittel an Zigarettenautomaten in Deutschland. Durch das auf der Karte kodierte Alter des Kunden ist es möglich, dass nunmehr Zigaretten am Automaten nur noch an über 16-jährige verkauft werden.

■ 10.2 Mondex

Im Jahr 1990 wurde in Großbritannien mit der Entwicklung des Mondex-Systems [Mon90] begonnen. Es wurde in Pilotversuchen in Großbritannien, den USA, Kanada, Australien und anderen Ländern getestet. Gegenüber der Geldkarte bietet es wesentlich mehr Komfort für den Anwender. Zum Beispiel kann das Geld hier beliebig viele Sprünge machen und das Bezahlen zwischen Privatpersonen wird möglich durch das in Bild 10.2 dargestellte **Electronic-Wallet**, mit dem Geld von einer Karte auf eine andere umgebucht werden kann. Auch können zum Beispiel mit speziellen Telefonapparaten Einkäufe per Telefon erfolgen. Der höhere Komfort von Mondex reduziert jedoch im Vergleich zur Geldkarte die Sicherheit, denn ein Betrug wird eventuell zu spät erkannt. Da bei diesem Verfahren die Kontrollmöglichkeiten prinzipiell sehr eingeschränkt sind, könnte die Fälschung von Mondex-Karten bis zu einer Inflation führen. Dies ist wohl der Grund dafür, dass Mondex bis heute nicht flächendeckend eingeführt wurde.

Die genauen Details der benutzten kryptographischen Techniken sind leider nicht öffentlich bekannt. Durch diese Geheimhaltung, die dem Kerkhoffs-Prinzip widerspricht, besteht unter den Fachleuten erhebliches Misstrauen in das System. Dies ist sehr schade, weil die Idee, ein weltweites System auf der Basis von elektronischen Münzen einzuführen, sehr verlockend ist. Wegen der Gefahren bei einem solchen System würde sich eine ähnliche Vorgehensweise wie bei der Einführung von AES geradezu anbieten.

Beim Vergleich zwischen Mondex und der Geldkarte wird das Dilemma der Einführung von elektronischem Bargeld in der Praxis deutlich. Die Geldkarte ist sehr sicher und wurde daher von den Banken schnell eingeführt. Sie kommt jedoch wegen den erwähnten Mängeln

BILD 10.2 Electronic-Wallet mit Mondex-Karte

bei den Benutzern nicht besonders gut an. Mondex dagegen ist sehr benutzerfreundlich, aber nicht so sicher und ist daher nach über zwanzig Jahren aus der Diskussion. Es hat offenbar bei den Banken keine Akzeptanz gefunden.

■ 10.3 Ecash

Ecash ist ein Zahlungssystem, welches auf elektronischen Münzen basiert. Es ähnelt dem in Kapitel 9 beschriebenen Protokoll Nr. 5 und kommt aus der gleichen Quelle, nämlich von der Firma Digicash des Holländers D. Chaum. Es unterscheidet sich von Protokoll Nr. 5 zum Beispiel in der Münzerzeugung dadurch, dass der Kunde, welcher auf seinem Rechner die Münzen erzeugt, hier den Betrag der Münze nicht verschlüsselt, sondern nur die Seriennummer, die die Bank dann blind signiert. Die Bank kann dabei jedoch den Betrag direkt überprüfen. Die verwendeten kryptographischen Algorithmen sind RSA mit einem 768-Bit-Schlüssel, Triple-DES und SHA-1 als Hash-Funktion.

Ecash wurde ab 1997 in einem Pilotversuch der Deutschen Bank getestet und ist seit Ende 1999 für alle Kunden verfügbar. Auch die CreditSuisse und verschiedene andere Banken benutzten Ecash.

Ecash war sicher ein ernsthafter Kandidat für ein erfolgreiches Zahlungssystem. Es wurde im Sommer 2001 mangels Nachfrage von der Deutschen Bank eingestellt.

■ 10.4 Zahlung per Kreditkarte

10.4.1 Secure Electronic Transactions (SET)

SET ist ein System zum sicheren und vertraulichen Bezahlen mit Kreditkarten, dessen Entwicklung Ende 1997 von VISA und MasterCard gestartet wurde. Auch American Express erwägt eine Beteiligung. Von mehreren großen Firmen wurde unter Führung von IBM eine Spezifikation erstellt [MELH97].

Der Händler besitzt hier eine spezielle Händler-Software und der Kunde eine Wallet-Software, welche nach der Kaufentscheidung des Kunden mit dem Händlerterminal in Verbindung tritt und die Bezahlung abwickelt. Kunde und Händler besitzen Public-Key-Paare mit von einem Trustcenter zertifiziertem öffentlichem Schlüssel. Die Transaktionen laufen dann mit Authentifikation und Verschlüsselung entsprechend dem Schema in Bild 10.3 ab.

Der Händler prüft dabei als erstes das Zertifikat (digitale Signatur) des Karteninhabers und der Karteninhaber das des Händlers. Danach erstellt der Händler eine Autorisierungsanfrage, die vom SET-Payment-Gateway geprüft wird auf

- Unterschrift des Karteninhabers,
- Unterschrift des Händlers,
- Übereinstimmung von Rechnungs-Hash, Währung und Betrag aus den Meldungen von Kunde und Händler.

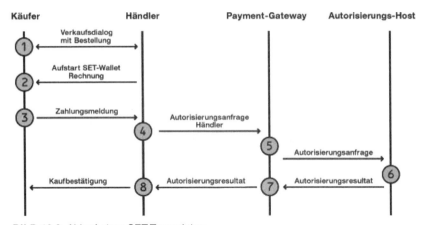

BILD 10.3 Ablauf einer SET-Transaktion

Der Autorisierungs-Host der Kreditkartenorganisation prüft dann, ob

- ein gültiger Vertrag mit dem Händler vorliegt,
- die Karte nicht gesperrt und
- das Limit der Karte nicht überschritten ist.

Wenn der Kauf vom SET-Payment-Gateway freigegeben wurde, wird die erfolgreiche Abwicklung dem Käufer bestätigt und die Ware geliefert.

Aufgrund der starken Authentifikation und der vertraulichen Behandlung der Kundendaten sind Kreditkartentransaktionen mit SET sehr sicher. Diese hohe Sicherheit ist unter anderem bedingt durch die Benutzer- und Händlerzertifikate zur Authentifikation. Diese Zertifikate müssen einmal erstellt werden, was einen kleinen Aufwand darstellt. Im schnelllebigen Geschäft des E-Commerce könnte schon dieser Mehraufwand gegenüber anderen Systemen die Händler eventuell von der Verwendung von SET abhalten. Es bleibt zu hoffen, dass neben kurzfristigen Geschäftsinteressen auch die Sicherheit ein wichtiges Kriterium bei der Auswahl eines Abrechnungssystems ist. Mittlerweile ist SET endgültig von der Bildfläche verschwunden.

10.4.2 PayPal

Eines der erfolgreichsten Zahlungssysteme im Internet heißt PayPal. Als Tochterunternehmen von eBay fand PayPal schnell weite Verbreitung. Der Kunde gibt bei der Erstanmeldung seine Kontodaten ein und kann in der Folge beim Händler ganz einfach per Mausklick bezahlen. Die Transaktion erfolgt sofort und das Geld wird dem Konto oder der Kreditkarte des Kunden belastet. Um die Authentizität des Bankkontos sicherzustellen, muss der Kunde vor der ersten Transaktion sein Bankkonto bestätigen. Hierzu überweist PayPal zwei kleine Centbeträge auf das Konto des Kunden, welche dieser zurückmelden muss. Dann ist das PayPal-Konto aktiv. Speziell für eBay-Käufe interessant ist eine Versicherung, welche dem Käufer einen gewissen Schutz gegen unseriöse Händler bietet.

10.4.3 Andere Systeme

Mittlerweile weit verbreitet ist Click and Buy (www.clickandbuy.com). Der Kunde richtet ein Konto ein und die Bezahlung erfolgt dann durch Eingabe des Passworts beim Bezahlen. Dieses System ist ganz ähnlich zu PayPal.

Viele Händler benutzen heute ein Point-of-Sale-Händlerterminal (POSH), über welches der Händler dem Kunden ein Internet-Formular anbietet. Die Kundendaten (das heißt Kreditkartennummer oder Bankverbindung) werden dann verschlüsselt mit SSL übertragen (www.montrado.de).

■ 10.5 Zusammenfassung

Angesichts der Vielfalt unterschiedlicher Systeme stellt sich die Frage nach einem Standard. Bis sich ein weltweit einheitlicher Standard für elektronisches Bargeld stabilisiert, werden wohl noch einige Jahre vergehen. Laut [See01] gibt es einen deutlichen Trend weg von elektronischem Bargeld und hin zu den Systemen, die per Abbuchung vom Konto oder Abrechnung über die Telefonrechnung arbeiten, denn bei diesen ist der Aufwand für Registrierung und Softwareinstallation für den Kunden nicht so hoch. Die Anonymität des Bezahlens geht dadurch verloren. Offenbar ist die Anonymität für Kunde und Händler nicht so wichtig.

Der Einsatz für Zahlungen im Internet und an Automaten könnte die Attraktivität der Geldkarte deutlich steigern. Allerdings muss dann jeder Computer mit einem Lesegerät für Chipkarten ausgestattet sein. Eine Alternative zu den Chipkarten, ein USB-Stick, käme zwar ohne einen Chipkartenleser aus, wäre aber zum Beispiel nicht mit der Geldkarte kompatibel.

Die Praxis zeigt, dass sich am Markt nur solche Systeme durchsetzen, für die der Kunde keine Spezialsoftware benötigt und keine aufwändige Registrierungsprozedur erforderlich ist. Die Anonymität des Bezahlens ist hier zwar nicht gewährleistet und die Sicherheit ist auch nicht besonders hoch. Die elektronischen Münzen von Ecash und Cybercash, sowie das vorbildliche Protokoll SET sind aus diesen Gründen schon aus dem Rennen.

Eine Chance für den E-Commerce der Zukunft in Deutschland stellt, wie schon erwähnt, der neue Personalausweis dar. Es bleibt abzuwarten, ob diese auch genutzt wird.

11 Politische Randbedingungen

11.1 Starke Kryptographie und der Lauschangriff

Die starke Kryptographie und die offene Vorgehensweise bei der Entwicklung neuer Verfahren sind als äußerst positiv zu bewerten, denn dadurch hat heute jedermann die Möglichkeit zur Sicherung der Privatsphäre und Identität in der Kommunikation mit kostengünstigen Mitteln. Wer starke Kryptographie verbunden mit einer guten Implementierung benutzt, der kann mit sehr hoher Sicherheit davon ausgehen, dass auch mächtige Geheimdienste nicht an vertrauliche Daten gelangen.

Unter dem Namen ECHELON haben die NSA und verbündete Geheimdienste ein weltweites Abhörsystem installiert, mit dem sie routinemäßig Internet-Leitungen und Satellitenverbindungen abhören [RSH98]. Erfreulicherweise ist die Sicherheit der starken Kryptographie so hoch, dass selbst eine Institution wie die NSA beim Abhören verschlüsselter Nachrichten meist erfolglos ist. Damit sind aber auch die Strafverfolgungsbehörden bei einer richterlich verordneten Abhöraktion gegen Verbrecherbanden machtlos. Die Polizei hat daher ein Problem bei der Verbrechensbekämpfung. Wie sollen die Regierungen vorgehen bei der Gesetzgebung? Die folgenden Fakten sind aus [Koo01, Den97] entnommen.

Verschiedene Staaten versuchten, mit unterschiedlichen Ansätzen dieses Dilemma zu lösen. In Frankreich war das Verschlüsseln von 1990 bis 1996 verboten. Das Verbot wurde dann gelockert und 1999 ganz aufgehoben. In Deutschland ist das Verschlüsseln erlaubt.

Die USA hatten von 1993 bis 1996 den Escrowed Encryption Standard (EES) eingeführt. Dieser schrieb die Verwendung des Clipper-Chips für Verschlüsselung vor. Der geheime Schlüssel war in jedem Clipper-Chip fest codiert und beim NIST hinterlegt. Mit richterlicher Anordnung konnte dann abgehört werden. EES setzte sich nicht durch und wurde abgelöst durch ein key-recovery Gesetz, das vorschrieb, dass für jeden von einer CA zertifizierten Schlüssel im Bedarfsfall der geheime Schlüssel zugänglich sein muss. Seither werden verschiedene wesentlich liberalere Varianten diskutiert. Zum Beispiel gab es Vorschläge, key-recovery zu verbieten und gleichzeitig das Verschlüsseln für kriminelle Zwecke zu verbieten. Vermutlich würden sich nur wenige Kriminelle an diese Regelung halten.

Einen interessanten Aspekt brachte Ron Rivest [Riv98a] in die Debatte. Mit **chaffing and winnowing** schuf er eine Methode, mit der man Nachrichten geheimhalten kann ohne sie zu verschlüsseln. Die Idee hat eine gewisse Ähnlichkeit mit der Steganographie. Jede Nachricht wird beim Verschicken per Internet in Pakete zerlegt. Jedes Paket wird mit einem MAC signiert. Die Pakete werden alle als Klartext verschickt, besitzen eine Seriennummer zur Rekonstruktion des gesamten Textes und für die Erzeugung des MAC wird ein symmetrischer Schlüssel benutzt. Die zerlegte Nachricht mit Nummer und MAC könnte etwa so aussehen (Beispiel aus [Riv98a]):

```
(1,Hi Bob,465231)
(2,Meet me at,782290)
(3,7PM,344287)
(4,Love-Alice,312265).
```

Diese Nachricht kann jeder rekonstruieren. Nun streut Alice, die Absenderin, aber zu jedem Paket noch ein oder mehrere falsche Pakete mit einer Zufallszahl statt dem MAC ein:

```
(1,Hi Larry,532105)
(1,Hi Bob,465231)
(2,Meet me at,782290)
(2,I'll call you at,793122)
(3,6PM,891231)
(3,7PM,344287)
(4,Yours-Susan,553419)
(4,Love-Alice,312265).
```

Bob, der Empfänger, kennt den Schlüssel und kann den MAC überprüfen. So kann er die Spreu (chaff) vom Weizen trennen. Sind die Pakete klein genug, so hat ein Angreifer keine Möglichkeit, die Originalnachricht wiederherzustellen, denn der MAC ist für ihn nicht von einer Zufallszahl zu unterscheiden. Ausgehend von dieser einfachen Idee beschreibt Rivest in [Riv98a] noch einige Verfeinerungen und Varianten.

Die Behörden könnten natürlich die Hinterlegung des geheimen Schlüssels verlangen. Rivest argumentiert jedoch so: Da der Schlüssel ein Signaturschlüssel ist, hat die Behörde kein Recht, diesen zu verlangen. Unabhängig von der Rechtslage wird eine kluge Behörde oder Regierung niemals die Hinterlegung von Signaturschlüsseln verlangen. Diese dürfen prinzipiell **nur** im Besitz des Eigentümers sein. Hat die Regierung eine Kopie aller Signaturschlüssel, so kann ein Bürger immer dann wenn es ihm gerade passt behaupten, er hätte ein Dokument nicht signiert, sondern die Regierung.

Verbietet nun die Regierung das Verschlüsseln, so Rivests Schlussfolgerung, hat das wenig Effekt, denn man könnte ja sein neues Verfahren benutzen, was technisch wie juristisch kein Verschlüsseln ist. Das Verschlüsseln zu verbieten macht also wenig Sinn. Vermutlich werden die Strafverfolgungsbehörden in Zukunft damit leben müssen, dass die Anwender sicher verschlüsseln (können). Zur Verbrechensbekämpfung ist das Verbieten des Verschlüsselns genauso wenig sinnvoll wie die erzwungene Hinterlegung von geheimen Schlüsseln.

Wirtschaft und Wissenschaft wären heute ohne die modernen Kommunikationsmedien undenkbar. Da jedoch der Schutz der Privatsphäre gerade in einer offenen Welt ganz wichtig ist, muss dieser in einfacher Weise für jedermann gewährleistet sein. Aus diesem und auch aus erwähnten technischen Gründen lässt es sich mit technischen Mitteln nicht verhindern, dass auch Terroristen diese Möglichkeiten nutzen.

Neu belebt wurde die Debatte über das Dilemma zwischen Sicherheit und Freiheit in einer offenen modernen Gesellschaft durch den grauenhaften Terroranschlag am 11. September 2001. Insbesondere wurde die Forderung nach mehr Sicherheit der Bevölkerung aufgestellt. Auch wurde die Forderung nach systematischem Abhören und Scannen des Internet als Bestandteil der Rasterfahndung nach terroristischen Aktivitäten laut. Dass ein derart grobes Verfahren unwirksam ist, hat gerade am Beispiel des 11. September das Versagen von Echelon gezeigt.

Garantierte Sicherheit ist zwangsläufig mit enormen Kosten und Einschränkungen von Freiheit und Komfort verbunden, die wir nicht hinnehmen wollen. Daher lässt sich der internationale organisierte Terrorismus in einer freien und offenen Gesellschaft durch den Einsatz von Technik und Gewalt nicht erfolgreich bekämpfen. Stattdessen sind humane Umgangsformen zwischen Staaten, Religionen und Kulturen gefordert.

■ 11.2 US-Exportgesetze

Im Juli 1996 unterzeichneten 31 Staaten, darunter auch die USA, das **Wassenaar Abkommen**, welches COCOM ablöste. Es regelt den Export von Gütern, die sowohl militärisch als auch zivil eingesetzt werden können. In dem Abkommen wurden unter anderem die Schlüssellängen von symmetrischen Verfahren auf 56 Bit und für asymmetrische Verfahren auf 512 Bit beschränkt. Ab Dezember 2000 wurde der Export von symmetrischer Massenmarkt-Krypto-Software ganz freigegeben.

Die USA als mit Abstand führender Staat im Export von Kryptographischer Software hatten in Form der „International Traffic in Arms Regulation" (**ITAR**) bis vor kurzem strengere Exportbestimmungen, unter denen die Industrie zu leiden hatte. Das heißt, die USA hielten sich nicht an das Wassenaar Abkommen.

Im Dezember 1998 wurde mit einem vorläufigen Gesetz die Restriktion der Schlüssellänge auf 56 Bit gelockert. Seit dem 12.1.2000 wurden die Exportrestriktionen fast ganz aufgehoben. Kryptographische Software darf nun an Nicht-Regierungs-Endbenutzer weltweit exportiert werden mit Ausnahme der sieben „Terroristen-Länder" Kuba, Iran, Irak, Libyen, Nordkorea, Sudan und Syrien.

12 Sicherheitslücken in der Praxis

Durch die Wahl entsprechend langer Schlüssel kann man mit den modernen kryptographischen Verfahren fast beliebig hohe Sicherheit erreichen. Bei vielen Verfahren – z. B. beim One-Time-Pad – kann diese Sicherheit (unter bestimmten Voraussetzungen) sogar **mathematisch garantiert** werden. Alle Verfahren, deren Sicherheit auf der Schwierigkeit der Faktorisierung von Primzahlen basiert, sind genau so lange sicher, wie es niemandem gelingt, einen effizienten Algorithmus zur Faktorisierung zu finden. Alle Experten glauben an die Schwierigkeit der Faktorisierung.

Bezüglich der Verfahren, d. h. der **Algorithmen**, weiß man also entweder wie sicher sie sind, oder man kennt bestimmte Sicherheitslücken oder Schwächen. Ähnlich ist die Situation bei den **Protokollen**, allerdings wird die Verifikation bei komplexen Protokollen sehr schwierig und in vielen Fällen nicht mehr elementar durchführbar. Daher werden heute zum Beweis der Korrektheit der Protokolle automatische Theorembeweiser benutzt (siehe z. B. [Sch97]). Für nicht allzu aufwändige Protokolle ist dies durchführbar.[1]

Wenn man nun ein Verfahren anwendet, das beweisbar sicher und korrekt ist, dann hat man beste Voraussetzungen für Sicherheit in der Praxis. Jedoch keine Garantie. Es gibt viele Gefahrenquellen, welche auch bei theoretisch absolut sicheren Systemen zu eventuell dramatischen Sicherheitslücken führen können. Das beste Beispiel hierfür liefert der jüngste, in Abschnitt 8.1.4 beschriebene Angriff gegen PGP-Signaturen. Die folgende, teilweise aus dem Anhang von Matt Blaze in [Sch05] und aus [Zim94] entnommene Liste soll eine unvollständige Übersicht derartiger Gefahren vermitteln (siehe auch [Sch01c]). Die meisten Punkte in der Liste wurden in früheren Kapiteln ausführlich behandelt. Sie werden aber nochmal aufgeführt, um die Liste möglichst vollständig zu machen, damit sie als Checkliste beim Test oder der Qualitätssicherung von Kryptosystemen verwendet werden kann.

Programmierfehler
Die Fehlerfreiheit der Implementierung kann bei größeren Programmen meist nicht garantiert werden. Allerdings gibt es Ansätze, bestimmte besonders sicherheitsrelevante Programmteile automatisch zu verifizieren. Die Fehler liegen jedoch oft an ganz anderen Stellen, z. B. bei der Benutzeroberfläche.

---

[1] Der hierzu benutzte automatische Theorembeweiser ist jedoch gewöhnlich nicht automatisch verifizierbar, d. h. es kann nicht ausgeschlossen werden, dass er bei der Verifikation einen Fehler macht.

Aufbewahrung von Schlüsseln
Heute werden Schlüssel meist auf einem Rechner gespeichert und durch Passwort (passphrase) gesichert. Angriffspunkte sind zu kurze Passworte (Wörterbuchangriff), unverschlüsselte Übertragung des Passwortes über Netz und der Diebstahl eines ganzen Rechners oder einer Festplatte. Es ist wohl überflüssig zu erwähnen, dass wichtige Passwörter nicht aufgeschrieben werden sollten. Das Datenformat zur Speicherung von Schlüsseln sollte eine kryptographisch sichere Integritätsprüfung ermöglichen (Abschnitt 8.1.4).

Bestechung, Erpressung, physische Gewalt
Dies sind häufig die einfachsten Möglichkeiten, an wichtige oder wertvolle geheime Daten zu gelangen.

Unvollständiges Löschen
Beim Verschlüsseln von Dateien muss darauf geachtet werden, dass die Klartextdatei nicht nur gelöscht, sondern mit binären Nullen überschrieben wird. PGP bietet z. B. eine sog. `wipe`-Option an.

Kopieren von Schlüsseln aus dem Hauptspeicher
Lange Verweilzeiten von Schlüsseln im Hauptspeicher sind ungünstig, insbesondere bei vernetzten Rechnern oder Mehrbenutzersystemen. Das Auslagern entsprechender Speicherbereiche auf die Festplatte sollte verhindert werden.

Schlechte Zufallszahlen
Die Sicherheit vieler Verfahren basiert auf der „Qualität" von Zufallszahlen. Sind die benutzten Zufallszahlen vorhersagbar, dann ist das Verfahren nicht mehr sicher (Anhang B).

Schlechte Passwörter/Vorlagephrasen
Wörterbuchangriffe gegen kurze Passwörter sind bekannt. Bei den längeren Vorlagephrasen ist die Situation unklar, insbesondere wenn man leicht zu merkende Phrasen benutzt. Abhilfe schafft hier nur die **Chipkarte** mit gespeichertem Schlüssel. Jeder PC muss dann mit einem Lesegerät ausgestattet werden. Die Sicherheit des Schlüssels hängt dann an der sicheren Verwahrung der Karte. Sie kann durch eine PIN-Nummer und/oder biometrische Verfahren erhöht werden.

Betriebssystemfehler
Viele Angriffe von Hackern auf Rechner wurden durch kleine unscheinbare Lücken im Betriebssystem ermöglicht.

Inhomogener Sicherheitsstandard innerhalb eines Systems
Ein Hausbesitzer, der viel Geld in die Sicherheit aller Eingangstüren investiert, fühlt sich sicher, obwohl evtl. die Fenster völlig ungeschützt sind. Ein System ist eben nur so sicher wie der schwächste Zugang. Eine ähnliche, duale, Problematik ergibt sich, wenn Anwendungen sehr unterschiedlicher Wertigkeit auf *einer* Chipkarte implementiert werden. Zum Beispiel ist es nicht zu empfehlen, auf einer Signaturkarte eine Kopierkartenfunktion unterzubringen, denn Kopierkarten werden unter anderem wegen ihres geringen Wertes oft im Kopierer vergessen.

Umständliche Bedienung
Sicherheitsfunktionen sollten einfach zu bedienen sein. Andernfalls werden sie gerne umgangen. Sie sollten leichter ein- als auszuschalten sein.

Geringe Nachfrage nach Sicherheitsfunktionen
Geringe Nachfrage macht Sicherheitsfunktionen teuer und schwer verfügbar.

Verkehrsanalyse
Typische kryptographische Systeme bzw. Protokolle schützen nicht gegen Verkehrsanalyse. Ein Angreifer kann trotz sicherer Verschlüsselung Informationen wie Länge, Uhrzeit, Sender/Empfänger von Nachrichten protokollieren und dadurch ein Kommunikationsprofil erstellen.

Trojanische Pferde
Trojanische Pferde sind vorgetäuschte Benutzeroberflächen, um z. B. Passwörter abzuhören. Ein beliebter Angriff gegen EC-Karten besteht darin, z. B. in einem Einkaufszentrum ein (unechtes) EC-Terminal aufzustellen, das die PIN-Nummer sowie den auf der Karte gespeicherten DES-Code der PIN-Nummer abfragt, speichert und dann eine Fehlermeldung ausgibt. Damit können dann einfach gefälschte EC-Karten in beliebiger Anzahl hergestellt werden.

Gefälschte öffentliche Schlüssel
Obwohl schon mehrfach erwähnt, hier nochmal: Vertrauen Sie nur einem öffentlichen Schlüssel, den Sie persönlich vom Eigentümer erhalten haben, oder der von einer vertrauenswürdigen Stelle (z. B. einer Zertifizierungsbehörde) signiert wurde.

Entsorgen gebrauchter Datenträger
Beim Entsorgen gebrauchter Disketten, Festplatten, Magnetbänder etc. unbedingt alle Daten vorher löschen, d. h. mit Nullen überschreiben. Es gibt übrigens verschiedene Firmen (z. B. http://www.ibas.no), die in bestimmten Fällen sogar überschriebene Daten auf Festplatten rekonstruieren können.

Abhören elektromagnetischer Wellen
Alle Tastatureingaben oder Datenübertragungen über Netz können auch außerhalb des Gebäudes empfangen und abgehört werden. Dagegen hilft nur ein Faradaykäfig um alle Geräte und Leitungen, die Daten unverschlüsselt übertragen.

Angriffe aufgrund von Seiteneffekten
Wie in Abschnitt 5.3.2 beschrieben gibt es Angriffe auf Kryptosysteme, die schlüsselabhängige Seiteneffekte beim Ausführen der Ver- oder Entschlüsselung ausnutzen. Diese Angriffe sind insbesondere gegen Chipkarten einsetzbar, denn zum Beispiel Stromverbrauch und Rechenzeit von Chipkarten sind ohne Eingriff in die Karte einfach messbar.

Gefälschte Zeitstempel
Digitale Signaturen werden (wie handgeschriebene auch) mit Zeitstempel versehen. Diesen zu fälschen ist ein Leichtes, z. B. durch Verstellen der Uhr des PC. Abhilfe schafft die Signatur der Signatur durch einen hierfür befugten Notar mit geeichter Uhr oder ein Trustcenter.

A Arithmetik auf endlichen Mengen

Substitutionschiffren sind invertierbare Abbildungen eines endlichen Alphabets A auf ein (evtl. anderes) endliches Alphabet. Nummeriert man die Buchstaben des Alphabets von 0 bis $n-1$ und bildet A auf sich selbst ab, so stellt sich die Aufgabe, eine abgeschlossene Arithmetik auf $\{0, 1, \ldots, n-1\}$ zu entwickeln. Wir müssen also Rechenregeln für das Addieren und Multiplizieren von Zahlen in $\{0, 1, \ldots, n-1\}$ finden, so dass das Resultat immer in $\{0, 1, \ldots, n-1\}$ liegt und dass möglichst alle unsere bekannten Rechenregeln weiterhin gelten.

Die Lösung ist einfach und naheliegend. Man fängt einfach wieder bei null an, wenn das Ergebnis einer Rechenoperation größer als $n-1$ ist. Genau dies erreicht man, wenn man das (zu große) Ergebnis durch n dividiert und den Divisionsrest als neues Ergebnis benutzt.

Zum Rechnen mit Resten benötigen wir einige einfache Sätze aus der elementaren Zahlentheorie, insbesondere zum Rechnen mit **Kongruenzen**, d. h. zum Addieren und Multiplizieren von Zahlen **modulo** n.

■ A.1 Modulare Arithmetik

Beim Dividieren einer natürlichen Zahl a durch eine natürliche Zahl b bleibt ein Rest $r \in \{0, 1, \ldots, b-1\}$. Zum Beispiel ist

$17 : 3 = 5$ Rest 2 oder $17 = 5 \cdot 3 + 2$,
$12 : 3 = 4$ Rest 0 oder $12 = 4 \cdot 3$.

Der Divisionsrest ist immer eindeutig und es gilt

Satz A.1
Seien $a, b \in \mathbb{N}$ und $b > 0$. Dann gibt es eindeutige natürliche Zahlen q und r mit $a = qb + r$ und $r < b$.

Beweis

Es gilt $0 < b \leq a$ und $ab \geq a$. Sei q das größte Vielfache von b mit $qb \leq a$. Dann ist $(q+1)b = qb + b > a$. Also $r = a - qb < b$.

Eindeutigkeit: Angenommen es gibt zwei Paare r_1, q_1, r_2, q_2, mit $r_1 > r_2$ und $q_1 < q_2$, welche die Gleichungen $a = q_1 b + r_1$ und $a = q_2 b + r_2$ erfüllen. Dann folgt $q_1 b + r_1 = q_2 b + r_2$ und $(q_2 - q_1) b = r_1 - r_2$. Wegen $q_2 - q_1 > 0$ ist $r_1 - r_2 \geq b$. Damit ist auch $r_1 \geq b$ im Widerspruch zur Annahme. ∎

Definition A.1

Seien $a, n \in \mathbb{Z}$ und sei $a = nq + r$ mit $r < n$. Dann schreibt man

$r = a \bmod n$.

Zwei Zahlen $a, b \in \mathbb{Z}$ heißen **restgleich**, wenn $a \bmod n = b \bmod n$. Man schreibt $a \equiv b \bmod n$ und spricht a **ist kongruent zu** b **modulo** n. ∎

Beispiel A.1

$19 \equiv 12 \bmod 7 = 5$ und $19 - 12 = 7$ ist teilbar durch 7,

$2, 5, 8, 11, 14, 17, 20, 23, \ldots$ sind paarweise kongruent modulo 3. ∎

Satz A.2

Zwei ganze Zahlen sind bei Division durch n restgleich genau dann, wenn ihre Differenz ein Vielfaches des Moduls n ist. Für $a, b \in \mathbb{Z}$ gilt also

$a \equiv b \bmod n \quad \Leftrightarrow \quad (a - b)$ ist teilbar durch n. ∎

Beweis

„⇒": Sei $a \equiv b \bmod n$. Dann haben a und b bei Division durch n den gleichen Rest r. Also gilt $a = q_1 n + r$, $b = q_2 n + r$ und $a - b = (q_1 - q_2) n$. Damit ist $a - b$ ohne Rest teilbar durch n.

„⇐": Sei $(a - b)$ durch n teilbar. Dann gibt es ein $q \in \mathbb{N}$ mit $a - b = qn$. Dividiert man a und b durch n, so erhält man $a = q_a n + r_a$ und $b = q_b n + r_b$. Also gilt

$a - b = (q_a - q_b) n + (r_a - r_b) = qn$

$(r_a - r_b) = (q - q_a + q_b) n$

und $(r_a - r_b)$ ist durch n teilbar. Da $r_a, r_b < n$ ist $r_a - r_b < n$. Die einzige durch n teilbare Zahl kleiner n ist 0. Also ist $r_a - r_b = 0$, d. h. a und b sind restgleich. ∎

Definition A.2

Sei $n \in \mathbb{N}$. Dann ist $\mathbb{Z}_n := \mathbb{Z}/n\mathbb{Z} := \{0, 1, \ldots, n - 1\}$. ∎

Definition A.3

Eine natürliche Zahl $n > 1$ heißt **Primzahl**, wenn sie nur durch 1 und sich selbst ohne Rest teilbar ist.

Definition A.4

Eine Struktur $(M, +, \cdot)$ auf einer Menge M mit den inneren Verknüpfungen $+, \cdot$ heißt **Ring**, wenn gilt:

- $(M, +)$ ist eine kommutative **Gruppe**, d. h. es gibt bezüglich $+$ ein neutrales Element 0 sowie zu jedem Element a ein Inverses $-a$ und es gelten das Assoziativ- und Kommutativgesetz.
- $(M, \cdot)$ besitzt ein neutrales Element 1 und es gilt das Assoziativgesetz.
- Es gelten die Distributivgesetze $a(b+c) = ab + ac$ und $(a+b)c = ac + bc$ für alle $a, b, c \in M$.

Definition A.5

Ein Ring $(M, +, \cdot)$ heißt **Körper**, wenn $(M, \cdot)$ kommutativ ist und wenn es zu jedem Element a ungleich null ein multiplikatives Inverses a^{-1} mit $a \cdot a^{-1} = 1$ gibt. Man schreibt statt a^{-1} auch $1/a$. Außerdem müssen Null und Eins verschieden sein.

Beispielsweise ist $(\mathbb{Z}, +)$ eine kommutative Gruppe, $(\mathbb{Z}, +, \cdot)$ ein kommutativer Ring und $(\mathbb{Q}, +, \cdot)$ ein Körper.

Wir betrachten nun die Struktur $(\mathbb{Z}_n, +, \cdot)$, wobei die Addition bzw. Multiplikation von a und b definiert sind als $(a+b) \bmod n$ bzw. $(a \cdot b) \bmod n$. Falls aus dem Kontext eindeutig hervorgeht, dass nur in $\mathbb{Z}_n$ gerechnet wird, so schreibt man oft vereinfachend $a + b$ statt $(a+b) \bmod n$, beziehungsweise $a \cdot b$ statt $(a \cdot b) \bmod n$. Dieser Gewohnheit schließen wir uns an.

Satz A.3

$(\mathbb{Z}_n, +, \cdot)$ ist ein kommutativer Ring.

Beweis

durch einfaches Nachprüfen der Ring-Axiome (Übung A.6).

Dieser Satz besagt, dass in $\mathbb{Z}_n$ alle Rechenregeln gelten, analog wie in $\mathbb{Q}$, mit Ausnahme der Division.

Lemma A.1
Jeder Körper $(K, +, \cdot)$ ist nullteilerfrei, d. h. für alle $x, y \in K \setminus \{0\}$ gilt $x \cdot y \neq 0$.

Beweis
Angenommen es gäbe $x \neq 0$, $y \neq 0$ mit $x \cdot y = 0$. Durch Multiplikation mit y^{-1} folgt $x = 0$ im Widerspruch zur Voraussetzung.

■ A.2 Invertierbarkeit in $\mathbb{Z}_n$

Beispiel A.2
Wir betrachten $(\mathbb{Z}_4, +, \cdot) = (\{0, 1, 2, 3\}, +, \cdot)$ und erstellen die Verknüpfungstabelle für die Multiplikation:

·	0	1	2	3
0	0	0	0	0
1	0	1	2	3
2	0	2	0	2
3	0	3	2	1

$\mathbb{Z}_4$ ist nicht nullteilerfrei und es gibt zu 2 kein multiplikatives Inverses! Also ist $\mathbb{Z}_4$ kein Körper. Die Zahl 3 ist zu sich selbst invers, denn $3 \cdot 3 = 1$.

$(\mathbb{Z}_3, +, \cdot) = (\{0, 1, 2\}, +, \cdot)$ ist ein Körper, wie man an der Multiplikationstabelle erkennt:

·	0	1	2
0	0	0	0
1	0	1	2
2	0	2	1

2 ist invers zu sich selbst, denn $2 \cdot 2 = 1$. Da nach Definition A.5 aber $2 \cdot 2^{-1} = 2 \cdot \frac{1}{2} = 1$, folgt in $\mathbb{Z}_3$ $\frac{1}{2} = 2$. Mit $\frac{1}{2}$ ist hier übrigens nicht die Zahl 0.5 gemeint, denn diese Zahl gibt es in $\mathbb{Z}_3$ nicht. Es gilt $\frac{1}{2} + \frac{1}{2} = 2 + 2 = 1$.

Der folgende Satz zeigt uns, dass die Division ohne Rest in $\mathbb{Z}_n$ (n prim) für alle Zahlen möglich ist. In $\mathbb{Z}$ geht das bekanntermaßen nicht.

Satz A.4
Für den Ring $(\mathbb{Z}_n, +, \cdot)$ gilt:

$$n \text{ prim} \quad \Leftrightarrow \quad (\mathbb{Z}_n, +, \cdot) \text{ ist ein Körper}.$$

Beweis

„⇐": Angenommen $\mathbb{Z}_n$ ist ein Körper. Dann gilt für je zwei Elemente $x,y \in \mathbb{Z}_n \setminus 0$: $xy \bmod n \neq 0$ und damit auch $xy \neq n$. Das heißt aber genau, dass n prim ist.

„⇒": Sei n prim und sei $a \neq 0$ eine beliebige Zahl aus $\mathbb{Z}_n$. Wir bilden alle Produkte

$$a \cdot 0, \quad a \cdot 1, \quad a \cdot 2, \quad \ldots, \quad a \cdot (n-1) \tag{A.1}$$

von a in $\mathbb{Z}_n$ und zeigen nun, dass diese paarweise voneinander verschieden sind. Wäre nämlich $a \cdot b = a \cdot c$ für $0 \leq b < c < n$, so gälte

$$a \cdot (c-b) \equiv 0 \bmod n,$$

d. h. $a \cdot (c-b)$ ist durch n ohne Rest teilbar und es gibt $x \in \mathbb{N}$ mit

$$a \cdot (c-b) = x \cdot n.$$

Zerlegen wir nun beide Seiten dieser Gleichung in ihre Primfaktoren, so kommen links nur Zahlen aus $\{1, \ldots, n-1\}$ vor, während rechts ein Vielfaches der Primzahl n steht. Dies ist ein Widerspruch zur Eindeutigkeit der Primfaktorzerlegung natürlicher Zahlen. Damit sind alle Produkte in (A.1) verschieden und es gilt

$$\{a \cdot 0, a \cdot 1, a \cdot 2, \ldots, a \cdot (n-1)\} = \{0, 1, 2, \ldots, n-1\}. \tag{A.2}$$

Da $1 \in \{0, 1, \ldots, n-1\}$ und 1 Produkt von a und einer Zahl $q \in \{0, 1, \ldots, n-1\}$ ist, ist dieses q invers zu a. Da $a \neq 0$ beliebig gewählt wurde, gibt es in $\mathbb{Z}_n$ zu jeder Zahl außer Null ein Inverses. ∎

Damit ist gezeigt, dass zum Dechiffrieren beliebiger multiplikativer Chiffren die Zahl der Elemente des Alphabets eine Primzahl sein muss.

Zur Frage, wie man in $\mathbb{Z}_n$ die Inverse zu einer Zahl berechnet, gibt es eine elegante Antwort, falls n prim ist. Der folgende Satz liefert sie:

Satz A.5 (Fermat)

Sei n eine Primzahl. Dann gilt in $\mathbb{Z}_n$ für alle $a \neq 0$

$$a^{n-1} = 1.$$

∎

Beweis

Nach Satz A.4 ist $\mathbb{Z}_n$ ein Körper, da n prim ist. Dann gilt für $a \neq 0$ die Mengengleichung

$$\{1, \ldots, n-1\} = \{a \cdot 1, \ldots, a \cdot (n-1)\},$$

denn für $x \neq y$ gilt in einem Körper immer $ax \neq ay$ (Wäre dies nicht der Fall, so würde aus $a(x-y) = 0$ folgen $x = y$, was der Voraussetzung $x \neq y$ widerspricht.), weshalb alle Produkte von a mit einer der Zahlen $1, \ldots, n-1$ unterschiedlich und $\neq 0$ sein müssen.

Mit obiger Mengengleichung gilt auch

$$1 \cdot \ldots \cdot n-1 = a \cdot 1 \cdot \ldots \cdot a \cdot (n-1) = a^{n-1} \cdot 1 \cdot \ldots \cdot (n-1).$$

> Da $\mathbb{Z}_n$ ein Körper ist, dürfen wir die Zahlen $2, 3, \ldots, n-1$ kürzen und erhalten
>
> $$a^{n-1} = 1,$$
>
> womit der Satz bewiesen wäre. ∎

Als kleinen Nebeneffekt dieses Satzes erhalten wir eine Formel zur Berechnung der multiplikativen Inversen im Körper $\mathbb{Z}_n$ (n prim!). Es gilt $a^{n-1} = aa^{n-2} = 1$ und damit

$$a^{-1} = a^{n-2}.$$

Zum Beispiel ist in $\mathbb{Z}_{23}$

$$6^{-1} = 6^{21} = 6^{16+4+1} = \left(\left(\left(6^2\right)^2\right)^2\right)^2 \cdot \left(6^2\right)^2 \cdot 6 = \left(\left(13^2\right)^2\right)^2 \cdot (13)^2 \cdot 6$$

$$= \left(8^2\right)^2 \cdot 8 \cdot 6 = 18^2 \cdot 8 \cdot 6 = 2 \cdot 8 \cdot 6 = 96 \bmod 23 = 4,$$

was tatsächlich richtig ist, denn in $\mathbb{Z}_{23}$ ist $6 \cdot 4 = 1$. Man beachte die Art des Berechnens von 6^{21} mittels mehrmaligen Quadrierens. Der Exponent wird zuerst in seine Binärdarstellung ($21 = 2^4 + 2^2 + 1$) zerlegt und dann nach jedem Quadrieren der Rest modulo 23 berechnet. So ist die Berechnung ganz einfach „von Hand" möglich. Das Berechnen des Restes von 6^{21} modulo 23 wäre zum Beispiel auf einem Rechner mit 32-Bit-Integer-Arithmetik wegen des zu großen Zwischenergebnisses nicht möglich. Beim RSA-Verfahren (Abschnitt 5.2) werden mit dieser Methode modulare Potenzen a^b von Zahlen a und b mit je etwa 300 Dezimalstellen berechnet.

Offen ist noch die Frage, wie man multiplikative Inverse in $\mathbb{Z}_n$ berechnet, wenn n nicht prim ist.

■ A.3 Der Euklidische Algorithmus

Definition A.6

Für $a, b \in \mathbb{N}$ sei **ggT**(a, b) der größte gemeinsame Teiler von a und b, d. h. die größte ganze Zahl, die a und b ohne Rest teilt. ∎

Beispiel A.3

Der größte gemeinsamer Teiler von 531 und 93 lässt sich wie folgt durch wiederholte Division berechnen:

$$531 = 5 \cdot 93 + 66,$$
$$93 = 1 \cdot 66 + 27,$$
$$66 = 2 \cdot 27 + 12,$$
$$27 = 2 \cdot 12 + 3,$$
$$12 = 4 \cdot 3.$$

Tatsächlich ist ggT$(531, 93) = 3$, denn es gilt folgender Satz: ∎

Satz A.6 (Euklidischer Algorithmus)

Seien $a,b \in \mathbb{N} \setminus \{0\}$. Dann gilt

$$\text{ggT}(a,b) = \begin{cases} \text{ggT}(b, a \bmod b) & \text{falls } a \bmod b \neq 0, \\ b & \text{falls } a \bmod b = 0. \end{cases}$$

∎

Beweis

Zuerst beweisen wir den Terminierungsfall der Rekursionsformel: Sei $a \bmod b = 0$. Dann ist a durch b ohne Rest teilbar und a ist Vielfaches von b. Also ist $\text{ggT}(a,b) = b$. Sei nun $a \bmod b \neq 0$. Dann ist $a = qb + r$. Ist d der ggT von a und b, so teilt d auch qb und damit auch $r = a - qb$. Also ist d ein Teiler von b und r. Jeder Teiler von b und r ist auch Teiler von a und ist damit $\leq d$. d ist also auch ggT von b und r. Es folgt

$$\text{ggT}(a,b) = d = \text{ggT}(b,r) = \text{ggT}(b, a \bmod b).$$

∎

Ein Mathematica-Programm für den Euklidischen Algorithmus lautet:

```
ggT[a_,b_] := ggT[b,Mod[a,b]],
ggT[a_,0]  := a.
```

In der Gleichungskette von Beispiel A.3 lässt sich ausgehend von der vierten Gleichung rückwärts durch schrittweises Einsetzen folgende Gleichungskette aufschreiben:

$$3 = 27 - 2 \cdot 12$$
$$= 27 - 2 \cdot (66 - 2 \cdot 27) = -2 \cdot 66 + 5 \cdot 27$$
$$= -2 \cdot 66 + 5 \cdot (93 - 66) = 5 \cdot 93 - 7 \cdot 66$$
$$= 5 \cdot 93 - 7(531 - 5 \cdot 93) = -7 \cdot 531 + 40 \cdot 93.$$

Offenbar besitzt die Zahl 3 als größter gemeinsamer Teiler der beiden Zahlen 531 und 93 eine Darstellung als Linearkombination von 531 und 93. Dass dies ganz allgemein gilt, erkennt man durch Verallgemeinerung des Beispiels. Die Berechnung des ggT von a und b kann man mit $r_0 := a$ und $r_1 := b$ schreiben als

$$r_0 = q_1 \cdot r_1 + r_2$$
$$r_1 = q_2 \cdot r_2 + r_3$$
$$\vdots$$
$$r_i = q_{i+1} \cdot r_{i+1} + r_{i+2}$$
$$\vdots$$
$$r_{n-3} = q_{n-2} \cdot r_{n-2} + r_{n-1}$$
$$r_{n-2} = q_{n-1} \cdot r_{n-1} + r_n$$
$$r_{n-1} = q_n \cdot r_n.$$

Setzen wir nun wieder, ausgehend von der vorletzten Gleichung, rückwärts ein, so ergibt sich

$$\begin{aligned}
d &= r_n \\
&= \mathbf{r_{n-2}} - q_{n-1} \cdot \mathbf{r_{n-1}} \\
&= r_{n-2} - q_{n-1} \cdot (r_{n-3} - q_{n-2} \cdot r_{n-2}) = -q_{n-1}\mathbf{r_{n-3}} + (1 + q_{n-1}q_{n-2})\mathbf{r_{n-2}} \\
&= (\ldots)\mathbf{r_{n-4}} + (\ldots)\mathbf{r_{n-3}} \\
&\vdots \\
&= (\ldots)\mathbf{r_0} + (\ldots)\mathbf{r_1} \\
&= x \cdot r_0 + y \cdot r_1 \\
&= x \cdot a + y \cdot b,
\end{aligned}$$

was zu folgendem Satz führt.

Satz A.7

Sei $d = \mathrm{ggT}(a,b)$. Dann gibt es ganze Zahlen x und y mit

$$d = \mathrm{ggT}(a,b) = ax + by.$$

■

Nun nehmen wir an, dass $\mathrm{ggT}(a,n) = 1$. Dann gibt es x und y mit $1 = ax + ny$ und es folgt

$$1 = 1 \bmod n = ax \bmod n + ny \bmod n = ax \bmod n.$$

Damit ist x invers zu a und wir können schreiben $x = a^{-1} \bmod n$. Wir haben nun also ein Verfahren zur Berechnung von $a^{-1} \bmod n$, das wir sofort anwenden.

Beispiel A.4

Gesucht ist die Inverse von 11 in $\mathbb{Z}_{26}$, falls sie existiert. Mit dem Euklidischen Algorithmus berechnen wir $\mathrm{ggT}(26,11)$:

$$26 = 2 \cdot 11 + 4$$
$$11 = 2 \cdot 4 + 3$$
$$4 = 1 \cdot 3 + 1,$$

also ist $\mathrm{ggT}(26,11) = 1$, d. h. 11 ist invertierbar. Nun wird wie oben schrittweise rückwärts eingesetzt:

$$\begin{aligned}
1 &= 4 - 1 \cdot 3 \\
&= 4 - 1 \cdot (11 - 2 \cdot 4) = -11 + 3 \cdot 4 \\
&= -11 + 3 \cdot (26 - 2 \cdot 11) = 3 \cdot 26 - 7 \cdot 11.
\end{aligned}$$

Also ist $1 \bmod 26 = -7 \cdot 11 \bmod 26 = 19 \cdot 11 \bmod 26$ und $19 = 11^{-1} \bmod 26$.

■

Dieses Verfahren wird als **erweiterter Euklidischer Algorithmus** bezeichnet. Als rekursives Programm lässt sich dieser wie folgt kompakt darstellen:

```
ERWEUKLID(a,b)
if b == 0 then return(a,1,0)
(d,x,y) = ERWEUKLID(b,Mod(a,b))
return(d,y,x-Div(a,b)*y).
```

Man erkennt die Gemeinsamkeiten mit dem Euklidischen Algorithmus. Der rekursive Aufruf und die Terminierungsbedingung sind genau gleich. Die wesentliche Änderung ist in der letzten Zeile zu finden. Nach dem rekursiven Aufruf, d. h. beim „Nachklappern" der Rekursion, wird das oben gezeigte rückwärts Einsetzen durchgeführt. Auf den Beweis der Korrektheit des Euklidischen Algorithmus verzichten wir und verweisen auf [CLR10] oder [BRK10].

Definition A.7

Zwei natürliche Zahlen a und b heißen relativ prim oder teilerfremd, wenn $\text{ggT}(a,b) = 1$.

Damit sind nun endlich die Voraussetzungen für den folgenden, für multiplikative Chiffren und Tauschchiffren wichtigen Satz geschaffen:

Satz A.8

Ist $\text{ggT}(a,n) = 1$, dann gibt es zu a eine Inverse a^{-1} bezüglich der Multiplikation in $\mathbb{Z}_n$ mit $aa^{-1} \equiv 1 \bmod n$. Der erweiterte Euklidische Algorithmus berechnet a^{-1}.

■ A.4 Die Eulersche φ-Funktion

Definition A.8

Für jede natürliche Zahl n gibt die Eulersche φ-Funktion $\varphi(n)$ die Anzahl der natürlichen Zahlen kleiner als n an, die zu n teilerfremd sind, das heißt

$$\varphi(n) = |\{0 \leq k < n \mid \text{ggT}(k,n) = 1\}|\,.$$

Beispiel A.5

$\varphi(15) = 8$, denn die Zahlen 1, 2, 4, 7, 8, 11, 13, 14 sind teilerfremd zu 15. Nun berechnen wir $a^8 \bmod 15$ für alle $a < 15$.

a	0	1	2	3	4	5	6	7	8	9	10	11	12	13	14
$a^8 \bmod 15$	0	1	1	6	1	10	6	1	1	6	10	1	6	1	1

Man erkennt, dass $a^8 \bmod 15 = 1$ immer dann, wenn a und 15 teilerfremd sind. Dies gilt allgemein, denn es gilt folgender Satz.

Satz A.9
Wenn $\mathrm{ggT}(a,n) = 1$, dann gilt $a^{\varphi(n)} \bmod n = 1$.
∎

Ist n eine Primzahl, so erkennt man leicht, dass $\varphi(n) = n - 1$. Der Fermatsche Satz ergibt sich daher als Spezialfall dieses Satzes.

Beispiel A.6
Zum Beispiel mittels mehrmaligen Quadrierens berechnet man $2^{30} \bmod 15 = 4$. Um die Berechnung noch einfacher zu machen, kann man versuchen, $2^{30 \bmod 15} \bmod 15$ zu berechnen. Dies geht jedoch schief, denn

$$2^{30 \bmod 15} \bmod 15 = 2^0 \bmod 15 = 1.$$

Offenbar gilt nicht $a^b \bmod n = a^{b \bmod n} \bmod n$.[1] Man darf also den Modulo-Operator nicht in den Exponenten hineinziehen! Versuchen wir nun hingegen, $2^{30 \bmod \varphi(15)} \bmod 15$ zu berechnen:

$$2^{30 \bmod \varphi(15)} \bmod 15 = 2^{30 \bmod 8} \bmod 15 = 2^6 \bmod 15 = 64 \bmod 15 = 4.$$
∎

Offenbar ist $2^{30 \bmod \varphi(15)} \bmod 15 = 2^{30} \bmod 15$. Dies lässt sich verallgemeinern, denn aus Satz A.9 folgt

Satz A.10
Wenn $\mathrm{ggT}(a,n) = 1$, dann gilt $a^b \bmod n = a^{b \bmod \varphi(n)} \bmod n$.
∎

Beweis
Der Exponent b lässt sich schreiben als $b = q\varphi(n) + r$ mit $r = b \bmod \varphi(n)$. Damit ergibt sich

$$a^b \bmod n = a^{q\varphi(n)+r} \bmod n = \left(\left(a^{q\varphi(n)} \bmod n\right) \cdot (a^r \bmod n)\right) \bmod n$$
$$= \left(a^{\varphi(n)} \bmod n\right) \cdot \left(a^{\varphi(n)} \bmod n\right) \cdot \ldots \cdot \left(a^{\varphi(n)} \bmod n\right) \cdot (a^r \bmod n)$$
$$= 1 \cdot 1 \cdot \ldots \cdot 1 \cdot (a^r \bmod n) = a^r \bmod n = a^{b \bmod \varphi(n)} \bmod n,$$

wobei in der vierten Gleichung Satz A.9 verwendet wurde.
∎

---

[1] Die Formel $a^b \bmod n = (a \bmod n)^b \bmod n$ hingegen ist richtig. Warum?

A.5 Primzahlen

Primzahlen sind in der Kryptologie von großer Bedeutung. Daher werden einige relevante Aussagen über Primzahlen hier kurz erwähnt. Für eine sehr gute umfassende Darstellung wird auf [CP01] verwiesen. Insbesondere die Verfahren zum Testen und Faktorisieren von Zahlen werden dort sehr gut beschrieben. Wir beginnen mit zwei elementaren Aussagen.

Satz A.11 (Fundamentalsatz der Arithmetik)

Jede natürliche Zahl $n > 1$ besitzt eine eindeutige Primfaktorzerlegung, d. h. zu $n > 1$ gibt es eindeutig bestimmte Primzahlen $p_1, \ldots, p_k$ und natürliche Zahlen $a_1, \ldots, a_k$ mit

$$n = p_1^{a_1} \cdot p_2^{a_2} \cdots p_k^{a_k}.$$

Satz A.12

Es gibt unendlich viele Primzahlen.

Beweis

Angenommen es gibt endlich viele Primzahlen und die größte Primzahl sei p. Dann berechnen wir die Zahl

$$n = 2 \cdot 3 \cdot 5 \cdot \ldots \cdot p + 1.$$

Diese Zahl n ist nicht durch eine der Primzahlen 2 bis p teilbar, denn bei jeder Division bleibt der Rest 1. n ist also durch keine Primzahl teilbar. Aus Satz A.11 wissen wir jedoch, dass jede Zahl in ihre Primfaktoren zerlegt werden kann. Dieser Widerspruch führt zur Behauptung.

Wichtig für die Schlüsselgenerierung beim RSA-Algorithmus (Abschnitt 5.2.3) ist die Frage nach der Dichte der Primzahlen, genauer, nach dem relativen Anteil der Primzahlen kleiner gleich n.

Definition A.9

Für jede natürliche Zahl n gibt $\pi(n)$ die Zahl der Primzahlen kleiner oder gleich n an.

Satz A.13

Die Zahl $\pi(n)$ der Primzahlen unterhalb n ist für große n näherungsweise durch

$$\pi(n) \approx \frac{n}{\ln n - 1.08366} \approx \frac{n}{\ln n}$$

gegeben.

Der Beweis dieses Satzes verwendet sehr anspruchsvolle Methoden der analytischen Zahlentheorie und ist daher nur in der Spezialliteratur zu finden [CP01].

In Bild A.1 links sind für $n \leq 10^{11}$ die drei Funktionen $\pi(n)$, $n/\ln n$, $n/(\ln n - 1.08366)$ dargestellt. Man erkennt, dass $n/(\ln n - 1.08366)$ eine sehr gute Näherung darstellt [CP01]. Das rechte Diagramm stellt die Dichte der Primzahlen dar, welche für große n wie $1/\ln n$ sehr langsam abnimmt. Wegen $\ln 10^{11} - 1.08366 \approx 24.2$ ist zwischen 1 und 10^{11} immerhin noch etwa jede vierundzwanzigste Zahl prim. Um also eine große Primzahl im Intervall $[0, 10^{11}]$ zu finden, muss bei etwa 24 Zufallszahlen getestet werden, ob sie prim sind.

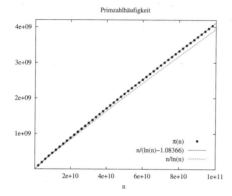 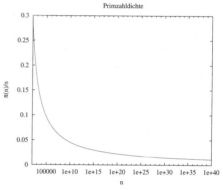

BILD A.1 Die Funktion $\pi(n)$ sowie die beiden Approximationen (links) und die Primzahldichte (rechts).

A.5.1 Primzahltests

Der Fermatsche Satz (Satz A.5) liefert als Nebeneffekt eine Hilfe bei der Suche nach großen Primzahlen, wie sie zum Beispiel bei der Schlüsselerzeugung für den RSA-Algorithmus erfolgt. Ist $a^{n-1} \neq 1$ für ein a zwischen 0 und $n-1$, so ist n sicher nicht prim. Aus $a^{n-1} = 1$ folgt aber *nicht*, dass n prim ist, wie man an folgendem Beispiel erkennt.

Beispiel A.7

Basierend auf dem Fermatschen Satz (Satz A.5) soll zuerst ein einfacher Primzahltest für Zahlen zwischen 10 000 und 20 000 aufgebaut werden.[2] Wir würden gerne aus $a^{n-1} = 1$ darauf schließen, dass n prim ist. Um die Fehlerwahrscheinlichkeit für diesen Test zu bestimmen, berechnen wir zuerst a^{n-1} mod n für natürliche Zahlen n und alle a zwischen 2 und $n-1$ (siehe auch Übung A.3) und bestimmen durch Abzählen die relative Häufigkeit von Einsen. Das heißt, wir suchen zusammengesetzte Zahlen n und Zahlen a mit a^{n-1} mod $n = 1$. Der Mathematica-Befehl

```
TableForm[
    Table[{n, N[Count[Table[PowerMod[a,(n-1),n], {a,2,n-1}],1]/(n-2)]},
        {n,10000,10100}]]
```

---

[2] Dieser Test ist wegen fehlender theoretischer Fehlerabschätzung nicht für die Praxis tauglich!

erzeugt die Tabelle in Bild A.2 für die ersten 101 Zahlen. Die höchste Häufigkeit ist mit 0.0322195 bei $n = 10027$ nicht sehr hoch. Die Zahl 10 027 ist nicht prim. Trotzdem ist offenbar a^{n-1} mod $n = 1$ bei 323 der 10 025 a-s.

```
10000   0.          10017   0.00149 10034   0.          10051   0.00109 10068   0.          10085   0.00148
10001   0.00630 10018   0.          10035   0.00069 10052   0.          10069   1.          10086   0.00039
10002   0.          10019   0.00029 10036   0.00079 10053   0.00069 10070   0.          10087   0.00228
10003   0.00349 10020   0.          10037   1.          10054   0.00019 10071   0.00029 10088   0.
10004   0.          10021   0.00988 10038   0.          10055   0.          10072   0.          10089   0.00069
10005   0.00629 10022   0.          10039   1.          10056   0.          10073   0.          10090   0.00079
10006   0.          10023   0.00069 10040   0.          10057   0.00626 10074   0.          10091   1.
10007   1.          10024   0.00019 10041   0.00029 10058   0.          10075   0.00704 10092   0.
10008   0.          10025   0.00309 10042   0.          10059   0.00069 10076   0.00039 10093   1.
10009   1.          10026   0.          10043   0.00029 10060   0.          10077   0.          10094   0.
10010   0.          10027   0.03221 10044   0.          10061   1.          10078   0.          10095   0.00544
10011   0.02787 10028   0.          10045   0.00945 10062   0.          10079   1.          10096   0.00138
10012   0.00019 10029   0.00029 10046   0.          10063   0.00029 10080   0.          10097   0.00029
10013   0.00149 10030   0.          10047   0.00069 10064   0.          10081   0.02530 10098   0.
10014   0.          10031   0.00029 10048   0.00019 10065   0.00626 10082   0.          10099   1.
10015   0.00029 10032   0.          10049   0.00149 10066   0.00019 10083   0.00029 10100   0.
10016   0.          10033   0.00348 10050   0.          10067   1.          10084   0.00019
```

BILD A.2 Relative Häufigkeit von a^{n-1} mod $n = 1$ für $n \in [10000, 10100]$.

Nun suchen wir etwas systematischer nach der maximalen Wahrscheinlichkeit für a^{n-1} mod $n = 1$ unter allen Zahlen n im Intervall $[10\,000, 20\,000]$. Der Mathematica-Befehl zur Berechnung dieser Wahrscheinlichkeit lautet

```
Max[Table[If[PrimeQ[n],
             0,
             Count[Table[PowerMod[a,(n-1),n],{a,2,n-1}],1]/(n-2)],
         {n,10000,20000}]].
```

Als Ergebnis erhält man $12959/15839 \approx 0.8182$. Dieses Maximum tritt auf bei $n = 15841 = 7 \cdot 31 \cdot 73$. Für etwa 82% aller a zwischen 2 und 15 840 ist also a^{15840} mod $15841 = 1$.

Auf diesem Resultat kann man nun folgenden simplen Primzahltest aufbauen:

1. Wähle Zufallszahlen $a_1, \ldots, a_k$ aus $\{2, \ldots, n-1\}$

2. Berechne a_i^{n-1} in $\mathbb{Z}_n$

3. Falls alle $a_i^{n-1} = 1$, entscheide: n prim
   sonst entscheide: n nicht prim.

Möchte man z.B. $n = 15841$ testen und wählt zufällig 100 Zahlen a_i zwischen 2 und 15 840, so ist die Wahrscheinlichkeit, dass sich 100 mal a_i^{15840} mod $15841 = 1$ ergibt, gleich $0.82^{100} \approx 2.4 \cdot 10^{-9}$. Das ist die Fehlerwahrscheinlichkeit für diesen Test, die aber nur für $n \in [10\,000, 20\,000]$ gilt. Die praktisch verwendeten Tests haben allgemein gültige Fehlerschranken und damit eine garantierte maximale Fehlerwahrscheinlichkeit für beliebiges n (siehe unten). ∎

Die effizientesten heute bekannten, und daher in der Kryptographie angewandten, Primzahltests sind randomisierte, bzw. statistische Tests. Der Nachteil all dieser Tests ist eine (kleine) Wahrscheinlichkeit für falsche Ergebnisse wie wir im Folgenden sehen werden. Bis vor kurzem waren keine deterministischen Tests mit polynomieller Rechenzeit bekannt. Im August 2002 gelang nun drei Indern der Durchbruch mit einem polynomiellen deterministischen Primzahltest [AKS04]. Die tatsächlichen Rechenzeiten dieses Tests sind aber viel größer als die der statistischen Tests, weshalb er keine praktische Bedeutung hat. Theoretisch hingegen ist dieser neue Algorithmus von großer Bedeutung, denn er löst ein über Jahrhunderte von vielen Mathematikern studiertes Problem. Praktisch eingesetzt werden also nur die statistischen Tests, wie etwa der auf folgendem Satz basierende Test von Miller und Rabin, Michael:

Satz A.14
Sei n eine *erlaubte Zahl*, d. h. eine ungerade Zahl, für die auch $\frac{n-1}{2}$ ungerade ist. Dann gilt:

1. n prim $\Rightarrow$ $a^{\frac{n-1}{2}} = \pm 1$ für alle $a \in \mathbb{Z}_n \setminus \{0\}$
2. n nicht prim $\Rightarrow$ $a^{\frac{n-1}{2}} = \pm 1$ für höchstens die Hälfte der $a \in \mathbb{Z}_n \setminus \{0\}$.

∎

Der Beweis der ersten Aussage ist einfach. Da n ungerade ist, ist $\frac{n-1}{2}$ eine natürliche Zahl und es gilt

$$\left(a^{\frac{n-1}{2}} + 1\right)\left(a^{\frac{n-1}{2}} - 1\right) = a^{n-1} - 1 = 0.$$

Die letzte Gleichung folgt aus dem Fermatschen Satz (Satz A.5). Da $\mathbb{Z}_n$ ein Körper ist, wird das Produkt $\left(a^{\frac{n-1}{2}} + 1\right)\left(a^{\frac{n-1}{2}} - 1\right)$ Null wenn einer der Faktoren Null wird. Daraus folgt die Behauptung.

Für den Beweis der zweiten Aussage dieses Satzes wird auf [Str96] verwiesen. Will man nun eine Zahl n auf Primalität testen, so kann man folgendes vereinfachte Verfahren aus [Str96] anwenden.

Statistischer Primzahltest für *erlaubte Zahlen n*:

1. Wähle Zufallszahlen $a_1, \ldots, a_k$ aus $\{1, \ldots, n-1\}$
2. Berechne $a_i^{\frac{n-1}{2}}$ in $\mathbb{Z}_n$
3. Falls alle $a_i^{\frac{n-1}{2}} = \pm 1$, entscheide: n prim
   sonst entscheide: n nicht prim.

Dieser Test ist sehr effizient, aber er gibt nicht immer die korrekte Antwort. Ist n prim, so gilt nach Satz A.14 für alle a_i: $a_i^{\frac{n-1}{2}} = \pm 1$. Ist jedoch n nicht prim, so kann es sein, dass $a_i^{\frac{n-1}{2}} = \pm 1$ für alle a_i und der Test antwortet: *prim*. Die Zahlen $a_1, \ldots, a_k$ werden übrigens *Zeugen* (engl. witness) genannt.

Die Fehlerwahrscheinlichkeit ist $\leq \left(\frac{1}{2}\right)^k$, denn nach Satz A.14 ist die Fehlerwahrscheinlichkeit für jedes einzelne a_i höchstens $\frac{1}{2}$. Für die Praxis ist dieser Wert jedoch nicht von Interesse, sondern es wird ein anderer Wert benötigt, den man wie folgt berechnet [Sti05]. Für den beschriebenen Test ist die Wahrscheinlichkeit, eine Zahl als prim zu klassifizieren, wenn sie zusammengesetzt ist, kleiner oder gleich $\left(\frac{1}{2}\right)^k$. Formal läßt sich dies als bedingte Wahrscheinlichkeit

$$P(t|\bar{p}) \leq \frac{1}{2} \tag{A.3}$$

ausdrücken. Hierbei steht t für das Ereignis „Die Zahl n besteht den Test", p für das Ereignis „Die Zahl n ist prim" und $\bar{t}$ sowie $\bar{p}$ für die jeweilige Negation.

Wie erwähnt, ist $P(t|\bar{p})$ für die Praxis nicht interessant. Vielmehr benötigt man die bedingte Wahrscheinlichkeit $P(\bar{p}|t)$ dafür, dass die Zahl n nicht prim ist, wenn der Test sie als prim klassifiziert. Diesen Wert berechnen wir nun mit der Bayes-Formel

$$P(\bar{p}|t) = \frac{P(t|\bar{p})P(\bar{p})}{P(t)} = \frac{P(t|\bar{p})P(\bar{p})}{P(t|p)P(p)+P(t|\bar{p})P(\bar{p})}. \tag{A.4}$$

Von den hier benötigten Werten sind

$$P(t|p) = 1$$

und $P(t|\bar{p}) \leq \left(\frac{1}{2}\right)^k$

bekannt. Damit vereinfacht sich Gleichung A.4 zu

$$P(\bar{p}|t) \leq \frac{\left(\frac{1}{2}\right)^k P(\bar{p})}{P(p)+\left(\frac{1}{2}\right)^k P(\bar{p})} = \frac{P(\bar{p})}{P(\bar{p})+2^k P(p)} \tag{A.5}$$

$$= \frac{1-P(p)}{1-P(p)+2^k P(p)}. \tag{A.6}$$

Wenn die Zahl n in dem Intervall $[N, 2N]$ liegt, so ist die Zahl der Primzahlen in diesem Intervall nach Satz A.13 etwa gegeben durch

$$\frac{2N}{\ln 2N} - \frac{N}{\ln N} = \frac{2N}{\ln 2 + \ln N} - \frac{N}{\ln N} \approx \frac{2N}{\ln N} - \frac{N}{\ln N} = \frac{N}{\ln N} \approx \frac{n}{\ln n}.$$

Da bei dem Test vorausgesetzt wird, dass n erlaubt ist, gilt

$$P(p) = P(n \text{ prim}|n \text{ erlaubt}) = \frac{P(n \text{ prim und } n \text{ erlaubt})}{P(n \text{ erlaubt})} \approx \frac{\frac{1}{2}\frac{1}{\ln n}}{\frac{1}{4}} = \frac{2}{\ln n}.$$

Hier wurde außerdem verwendet, dass etwa die Hälfte der Primzahlen und ein Viertel aller natürlichen Zahlen erlaubte Zahlen sind. Aus Gleichung A.6 ergibt sich somit

$$P(\bar{p}|t) \lesssim \frac{1-\frac{2}{\ln n}}{1-\frac{2}{\ln n}+2^k\frac{2}{\ln n}} \approx \frac{1}{1+2^k\frac{2}{\ln n}} = \frac{1}{1+\frac{2^{k+1}}{\ln n}} \approx \frac{\ln n}{2^{k+1}}.$$

Für RSA mit 1024 Bit langen Schlüsseln werden bei der Schlüsselgenerierung 512 Bit lange Primzahlen benötigt. Folgende Tabelle gibt daher für $n = 2^{512}$ eine obere Schranke für die Fehlerwahrscheinlichkeit $P(\bar{p}|t)$ des Tests an.

k	10	20	40	80
$\left(1+\frac{2^{k+1}}{512\ln 2}\right)^{-1}$	0.148	$1.69 \cdot 10^{-4}$	$1.61 \cdot 10^{-10}$	$1.47 \cdot 10^{-22}$

Der Anwender dieses Tests kann also selbst die mittlere Korrektheit der Antwort des Tests bestimmen, indem er die Anzahl k der gewählten Zufallszahlen entsprechend hoch setzt. Für $k = 80$ ist die Fehlerwahrscheinlichkeit kleiner oder gleich $1.47 \cdot 10^{-22}$.

A.6 Der endliche Körper $GF(2^8)$

Wie oben gezeigt, ist $(\mathbb{Z}_p, +, \cdot)$ ein Körper genau dann, wenn p eine Primzahl ist. Die Körpereigenschaft ist nötig, wann immer die Multiplikation beim Chiffrieren eine Rolle spielt, denn sie stellt die eindeutige Dechiffrierung sicher. Bei der in Abschnitt 4.2 beschriebenen Blockchiffre Rijndael werden nun aber aus Effizienzgründen die meisten Operationen auf Bytes durchgeführt. Da $2^8 = 256$ aber keine Primzahl ist, macht es wenig Sinn, auf $(\mathbb{Z}_{256}, +, \cdot)$ zu arbeiten. Glücklicherweise gibt es jedoch den endlichen Körper $GF(2^8)$ mit 256 Elementen, allerdings mit einer anderen Arithmetik. Der tiefere Grund hierfür lässt sich mit Hilfe der Theorie endlicher Körper erschließen [McE87, LN86]. Es gibt nämlich zu jeder Primzahlpotenz p^k (p prim, $k \in \mathbb{N}$) einen eindeutigen Körper mit p^k Elementen. In einem derartigen Körper kann man allerdings nicht rechnen wie in $\mathbb{Z}_{p^k}$, denn für $k \neq 1$ ist $\mathbb{Z}_{p^k}$ eben kein Körper (in Übung A.9 ist dies am Beispiel von $GF(2^2)$ gut zu erkennen).

Für $p = 2$ und $k = 8$ ergibt sich der Körper $GF(2^8)$. Addition und Multiplikation sind hier über die Addition und Multiplikation von Polynomen definiert. Die folgenden Beispiele aus [DR99] geben einen anschaulichen Eindruck vom Rechnen in $GF(2^8)$. Die Bits $b_7, b_6, b_5, b_4, b_3, b_2, b_1, b_0$ eines Bytes werden als Koeffizienten des Polynoms

$$b(x) = b_7 x^7 + b_6 x^6 + b_5 x^5 + b_4 x^4 + b_3 x^3 + b_2 x^2 + b_1 x + b_0$$

betrachtet. Das Byte mit dem hexadezimalen Wert ‚57' (binär `01010111`) repräsentiert das Polynom

$$x^6 + x^4 + x^2 + x + 1.$$

A.6.1 Addition

Die Addition von zwei derartigen Polynomen ist definiert als die Addition der einzelnen Koeffizienten modulo 2. Daher verwenden wir als Operator für die Addition ‚⊕'. Zum Beispiel ist ‚57' ⊕ ‚83' = ‚D4', oder in der Polynomnotation

$$(x^6 + x^4 + x^2 + x + 1) \oplus (x^7 + x + 1) = x^7 + x^6 + x^4 + x^2.$$

In der Binärdarstellung entspricht dies dem bitweisen XOR, wie man an

```
  01010111
⊕ 10000011
  ────────
  11010100
```

erkennt. Die Menge aller Bytes mit dem bitweisen XOR ist eine Gruppe.

A.6.2 Multiplikation

Auch in $GF(2^8)$ wird wegen der Abgeschlossenheitsforderung die Multiplikation modular ausgeführt. Zwei Polynome werden multipliziert modulo eines irreduziblen Polynoms $m(x)$ vom Grad 8. Ein Polynom heißt irreduzibel, falls es sich nicht als Produkt zweier (anderer) Polynome darstellen lässt. Das in Rijndael benutzte Polynom ist

$$m(x) = x^8 + x^4 + x^3 + x + 1$$

oder ‚11B' in hexadezimaler Darstellung.

Beispiel A.8

In $GF(2^8)$ gilt ‚57'·‚83' = ‚C1', denn

$$\left(x^6 + x^4 + x^2 + x + 1\right) \cdot \left(x^7 + x + 1\right)$$
$$= x^{13} + x^{11} + x^9 + x^8 + x^7 + x^7 + x^5 + x^3 + x^2 + x + x^6 + x^4 + x^2 + x + 1$$
$$= x^{13} + x^{11} + x^9 + x^8 + x^6 + x^5 + x^4 + x^3 + 1$$

und

$$\left(x^{13} + x^{11} + x^9 + x^8 + x^6 + x^5 + x^4 + x^3 + 1\right) \bmod \left(x^8 + x^4 + x^3 + x + 1\right) = x^7 + x^6 + 1.$$

∎

Es gibt zwar keine einfache Operation auf Byte-Ebene für die Multiplikation, doch auch sie lässt sich effizient implementieren [DR99].

Man erkennt leicht, dass die so definierte Struktur $GF(2^8)$ ein Körper ist, denn Addition und Multiplikation sind assoziativ, kommutativ und es gibt additive und multiplikative Inverse. Die Berechnung des Inversen bezüglich der Multiplikation erfolgt mit dem erweiterten Euklidischen Algorithmus, der hier auf Polynome statt auf Zahlen angewandt wird (Übung A.11).

A.6.3 Polynome mit Koeffizienten in $GF(2^8)$

Die Elemente von $GF(2^8)$ sind schlicht alle Byte-Werte, das heißt die Zahlen 0 bis 255. Betrachten wir nun Polynome vom Grad ≤ 3 mit Bytes als Koeffizienten, so lässt sich ein Polynom als 4-Byte-Wort beschreiben. Zum Beispiel steht ‚57 00 D4 11' für

$$57x^3 + D4x + 11,$$

wobei jedes Ziffernpaar ein Byte in hexadezimaler Schreibweise darstellt. Zum Beispiel entspricht ‚11' dem dezimalen Wert 17. Die Koeffizienten des Polynoms sind nun selbst Polynome, das heißt Elemente von $GF(2^8)$. Damit sind Addition und Multiplikation von derartigen Polynomen definiert. Das Addieren von zwei Polynomen erfolgt einfach durch Addition der Koeffizienten. Da die Koeffizienten Elemente von $GF(2^8)$ sind, bedeutet Addition der Koeffizienten bitweises XOR oder Addition modulo zwei. Für die Multiplikation von zwei Polynomen verwenden wir das Symbol ⊗. Hier werden die Koeffizienten entsprechend den Regeln von $GF(2^8)$ addiert und multipliziert. Man erhält ein Polynom vom Grad ≤ 6. Dieses wird nun reduziert auf den Grad ≤ 3 durch Bestimmung des Divisionsrestes modulo $x^4 + 1$.

In [DR99] wird gezeigt, dass die Multiplikation eines derartigen Polynoms mit x modulo $x^4 + 1$ nichts anderes bedeutet als eine zyklische Verschiebung aller vier Bytes um eins

nach links. Es gilt also zum Beispiel

$$((57x^3 + D4x + 11) \otimes x) \bmod (x^4 + 1) = D4x^2 + 11x + 57.$$

In [DR99] wird auch gezeigt, dass die Multiplikation $d(x) = a(x) \otimes b(x)$ eines Polynoms $a(x) = a_3 x^3 + a_2 x^2 + a_1 x + a_0$ mit dem Polynom $b(x) = b_3 x^3 + b_2 x^2 + b_1 x + b_0$ modulo $x^4 + 1$ dargestellt werden kann als die Matrixmultiplikation

$$\begin{pmatrix} d_0 \\ d_1 \\ d_2 \\ d_3 \end{pmatrix} = \begin{pmatrix} a_0 & a_3 & a_2 & a_1 \\ a_1 & a_0 & a_3 & a_2 \\ a_2 & a_1 & a_0 & a_3 \\ a_3 & a_2 & a_1 & a_0 \end{pmatrix} \begin{pmatrix} b_0 \\ b_1 \\ b_2 \\ b_3 \end{pmatrix},$$

wobei wie oben die einzelnen Additionen und Multiplikationen nach den Regeln in $GF(2^8)$ durchgeführt werden. In Rijndael wird nun ein festes Polynom $a(x)$ gewählt und in der MixColumn-Transformation mit einem 4-Byte-Wort multipliziert. Für das Dechiffrieren ist es wichtig, dass diese Multiplikation umkehrbar ist, d. h. dass es ein zu $a(x)$ inverses Polynom $a^{-1}(x)$ gibt. Ganz analog wie in Satz A.8 und Satz 3.1 für multiplikative Chiffren gilt auch hier, dass das Polynom $a(x)$ teilerfremd zum Modul $x^4 + 1$ sein muss. Das in Rijndael gewählte Polynom $03x^3 + 01x^2 + 01x + 02$ erfüllt diese Bedingung.

Übungen

Aufgabe A.1

Wie unterscheidet sich die Menge $(\mathbb{Q}, +, \cdot)$ der rationalen Zahlen von der Menge $(\mathbb{Z}, +, \cdot)$ der ganzen Zahlen? Welche Probleme treten auf beim Rechnen in einer endlichen Teilmenge von $\mathbb{Z}$ oder $\mathbb{Q}$?

Aufgabe A.2

a) Schlagen Sie die Definitionen von *Gruppe*, *Ring* und *Körper* nach.
b) Welche bekannten Strukturen (d. h. Zahlenmengen mit Verknüpfung(en)) sind Gruppen, Ringe oder Körper?
c) Erstellen Sie die Verknüpfungstabellen für Addition und Multiplikation in $\mathbb{Z}_6$ und $\mathbb{Z}_7$.
d) Woran erkennt man an den Tabellen, dass $\mathbb{Z}_7$ ein Körper ist und $\mathbb{Z}_6$ nicht.
e) Berechnen Sie in $\mathbb{Z}_7$: $2^6, 3^6, 4^6, 5^6, 6^6$.
f) Zeigen Sie, dass in $\mathbb{Z}_n$ bezüglich der Multiplikation $n-1$ zu sich selbst invers ist.
g) Untersuchen Sie die Verknüpfungstabellen des kleinsten Körpers $\mathbb{Z}_2$. Warum kann es keinen kleineren Körper geben? Was fällt Ihnen auf an der additiven Tabelle? Zeigen Sie, dass in $\mathbb{Z}_2$ gilt: $a+b+b = a$. Wie kann diese Eigenschaft zum Chiffrieren verwendet werden?

Aufgabe A.3

Berechnen Sie mit Hilfe eines Programms für $n = 1,\ldots,20$ und $a = 1,\ldots n-1$ die Zahl $a^{n-1} \bmod n$ und tragen die Werte in eine Tabelle ein. Was fällt Ihnen auf?

Aufgabe A.4

a) Gegeben sei

$$\frac{837\,452\,057\,244\,850\,231\,098\,513}{43\,645\,983} \approx 19\,187\,379\,907\,215\,063.3220590540944.$$

Bestimmen Sie hieraus den Rest der beiden ganzen Zahlen bei ganzzahliger Division.

b) Wie kann man mit dem Taschenrechner einfach Divisionsreste bestimmen?

c) Bestimmen Sie mit dem Euklidischen Algorithmus den größten gemeinsamen Teiler von 6651 und 234 von Hand. Programmieren Sie den Euklidischen Algorithmus und berechnen Sie ggT(197 451 684 616, 54 483 585).

Aufgabe A.5

a) Bestimmen Sie in $\mathbb{Z}_{26}$ die Zahlen $-1, -2, -5, -13$, d. h. die Inversen zu 1, 2, 5, 13 bezüglich der Addition.

b) Bestimmen Sie in $\mathbb{Z}_{26}$ die Zahlen 1/3, 1/5, 1/7, d. h. die Inversen zu 3, 5, 7 bezüglich der Multiplikation. Warum gibt es 1/2, 1/4, 1/6 nicht in $\mathbb{Z}_{26}$?

c) Programmieren Sie den erweiterten Euklidischen Algorithmus und verifizieren Sie damit die Ergebnisse aus Teilaufgabe b. Berechnen Sie die Inverse zu 34 987 534 511 123 modulo 34 987 543 875 091 237.

d) Berechnen Sie von Hand 7^2 mod 26, 7^8 mod 26 und 7^{157} mod 26.

Aufgabe A.6

Zeigen Sie, dass $(\mathbb{Z}_n, +, \cdot)$ ein kommutativer Ring ist. Hierzu ist zu zeigen, dass $(\mathbb{Z}_n, +)$ eine kommutative Gruppe ist, dass $(\mathbb{Z}_n, \cdot)$ eine kommutative Halbgruppe ist und dass das Distributivgesetz gilt.

Aufgabe A.7

Studieren Sie im Intervall $[1, 1000]$ den Graphen der φ-Funktion und geben Sie für dieses Intervall obere und untere Schranken für $\varphi(n)$ an. Berechnen Sie numerisch den Mittelwert der Zahl $\varphi(n)/n$ für alle $n \leq 1\,000\,000$.

Aufgabe A.8

Verwenden Sie, falls anwendbar, Satz A.10 zur Berechnung der modularen Potenzen 7^{157} mod 26, 7^{434} mod 18 und 2^{30} mod 14.

Aufgabe A.9

Ziel ist die Konstruktion des endlichen Körpers $GF(2^2)$ mit 4 Elementen. Arbeiten Sie mit den Multiplikations- und Additionstabellen und verwenden Sie die Tatsache, dass $GF(2) = \mathbb{Z}_2$ ein Unterkörper von $GF(2^2)$ ist.

a) Konstruieren Sie die Multiplikationstabelle ausgehend von der Tabelle für $\mathbb{Z}_2$.

b) Konstruieren Sie nun die Additionstabelle ausgehend von der Tabelle für $\mathbb{Z}_2$ und verwenden Sie das Distributivgesetz.

Aufgabe A.10

Berechnen Sie folgende Produkte in $GF(2^8)$:

01100101 · 00000010

01100101 · 11010010.

Aufgabe A.11

Implementieren Sie den erweiterten Euklidischen Algorithmus für Elemente von $GF(2^8)$ und berechnen Sie damit das zu 01010111 inverse Element modulo 100011011.

B Erzeugen von Zufallszahlen

Das effiziente Erzeugen von Zahlenfolgen, die möglichst zufällig sind, spielt nicht nur in der Kryptographie eine große Rolle, sondern auch in vielen anderen Bereichen der Informatik, zum Beispiel bei randomisierten Algorithmen oder bei stochastischer Simulation (Stichwort: Monte-Carlo-Simulation). Daher gibt es eine große Zahl von Arbeiten zu diesem Thema. Unter anderem hat **Don Knuth**, der große Meister der Algorithmentheorie, den zweiten Band seiner Serie „The Art of Computer Programming" diesem Thema gewidmet [Knu69].

Bevor wir auf die Erzeugung von Zufallszahlen eingehen, wollen wir einige Definitionen des Begriffs **zufällig** angeben. Maurer [Mau92] definiert:

> „A random bit generator is a device that is designed to output a sequence of statistically independent and symmetrically distributed[1] binary random variables, i. e., that is designed to be the implementation of a so-called **binary symmetric source (BSS)**. In contrast, a pseudo-random bit generator is designed to deterministically generate a binary sequence that only appears as if it were generated by a BSS."

Diese Definition entspricht in etwa der Standarddefinition, die in Abwandlungen in vielen Publikationen zu finden ist. Wenn also alle Bits einer Folge paarweise statistisch unabhängig sind, dann liefert das Wissen der ersten n Bits einer Folge keine Information über das $n+1$-te Bit. Für eine derartige perfekt zufällige Folge von Zahlen gibt es also keine Möglichkeit, aus der Kenntnis eines Anfangsstücks den Rest der Folge oder Teile davon vorherzusagen. Dies ist die entscheidende Eigenschaft für alle kryptographischen Anwendungen von Zufallszahlen.

Ein **Pseudozufallszahlengenerator** (**PRNG**, pseudo random number generator) ist ein Algorithmus, der nach Eingabe einer oder mehrer Initialisierungszahlen (seed numbers) deterministisch eine Zahlenfolge erzeugt. Unabhängig davon, wie gut solch ein PRNG beliebige statistische Tests auf Zufälligkeit besteht, wird er nie echte Zufallszahlen liefern. Sobald ein Angreifer den Algorithmus und die Seed-Zahlen kennt, oder einen kleinen Teil der Folge, kann er alle zukünftigen Zahlen vorhersagen. Daher sind PRNGs für die meisten kryptographischen Anwendungen nutzlos. Die Geheimhaltung des PRNG-Algorithmus ist offensichtlich keine gute Idee und sie verstößt auch klar gegen das Kerkhoffs-Prinzip (Abschnitt 2.2).

---

[1] Eine binäre Variable heißt symmetrisch verteilt, wenn die Wahrscheinlichkeit für beide Werte exakt 1/2 ist.

Eine gute Zufallszahlenquelle für kryptographische Anwendungen darf daher keinen Pseudozufallszahlengenerator verwenden. Als Alternative bietet sich die Verwendung von physikalischen Zufallsereignissen an, wie zum Beispiel thermisches Rauschen oder radioaktiver Zerfall. Zufallszahlen, die aus solch einem Prozess stammen nennt man **echte Zufallszahlen**. Den zugehörigen Prozess nennt man real random number generator (**RRNG**).

Die interessante Frage, ob es überhaupt echten Zufall gibt, führt in die Philosophie und hat zumindest für die nächsten Jahre keinen Einfluss auf die Qualität der Zufälligkeit solch eines physikalischen Prozesses. Tatsache ist jedenfalls, dass es heute für Menschen unmöglich ist, zukünftige Ereignisse eines derartigen Prozesses vorherzusagen. Auch wenn es **verborgene Parameter** gäbe, die einen scheinbar zufälligen Prozess deterministisch beschreiben, wäre dieser Prozess zufällig, weil wir die Parameter nicht kennen.

Ein einfacher Test auf Zufälligkeit einer Bitfolge besteht im Versuch, diese zu komprimieren. Gelingt dies, so ist die Folge nicht zufällig. Die Zahlen einer BSS lassen sich dagegen nicht komprimieren, denn aufgrund ihrer Zufälligkeit gibt es keine Redundanz. In diesem Zusammenhang ist auch folgender Satz von Interesse, der im Wesentlichen besagt, dass es Dateien gibt, die sich nicht komprimieren lassen. Die Aussage des Satzes ist zwar recht schwach, der Beweis ist aber sehr einfach und überzeugt durch ein simples Abzählargument.

Satz B.1

Kein Programm kann ohne Verlust alle Dateien mit mindestens n Bit komprimieren ($n \geq 0$).

∎

Beweis

Angenommen, ein Programm könnte dies. Wir komprimieren mit diesem Programm alle Dateien mit genau n Bit Länge. Die komprimierten Dateien sind dann höchstens $n-1$ Bit groß. Die Zahl der komprimierten Dateien der Größen 0 bis $n-1$ ist

$$1 + 2 + 4 + 8 + \ldots + 2^{n-1} = 2^n - 1.$$

Da es 2^n Dateien mit n Bit gibt, müssen mindestens zwei Dateien auf die gleiche Datei komprimiert werden. Damit ist die Kompression nicht verlustfrei.

∎

Man kann sich fragen, ob die Folge (31415926...) der Dezimalstellen von π zufällig ist. Kann sie, oder ein endliches Anfangsstück davon, komprimiert werden? Die Antwort auf die zweite Frage ist „ja". Es gibt ein Computerprogramm, das beliebig viele Dezimalstellen von π berechnen kann. Dieses Programm ist endlich und kann daher als endliche Darstellung einer unendlichen Dezimalzahl dienen. Die Dezimalstellen in π sind also nicht zufällig.

Basierend auf dieser Idee wird die **Kolmogorov-Komplexität** einer Folge definiert als die Länge des kürzesten Programms, das die Folgenglieder dieser Folge berechnen kann [LV88]. Folgen, die nicht von einem deterministischen Programm berechnet werden können, haben unendliche Kolmogorov-Komplexität. Echt zufällige Folgen haben daher unendliche Kolmogorov-Komplexität. Die Kolmogorov-Komplexität liefert ein elegantes Kriterium für Zufälligkeit, das aber einen schweren Nachteil hat. Es ist für die Praxis untauglich, denn die Kolmogorov-Komplexität ist nicht berechenbar [Mau92]. Es ist nämlich unmöglich, für eine gegebene Folge alle möglichen Programme auszuprobieren.

Egal wie viele statistische Tests ein PRNG erfolgreich besteht, die Zahlenfolgen, die er erzeugt, können nicht als zufällig bezeichnet werden, da seine Kolmogorov-Komplexität endlich ist. Eine physikalische Quelle, unabhängiger symmetrisch verteilter Bits hat jedoch unendliche Kolmogorov-Komplexität, eine Eigenschaft, die per Definition kein PRNG erreichen kann.

Ein anderes Maß, die **approximate entropy** [PS96] wurde erfunden, um speziell für kurze Folgen von Bits deren „Zufälligkeit" zu testen. Eine Gleichverteilung ist die Verteilung mit der maximalen Entropie. Eine Folge ist zufällig, falls für jede Länge ℓ die Verteilung aller Zeichenketten der Länge ℓ maximale Entropie besitzt.

■ B.1 Pseudozufallszahlengeneratoren

Lineare Kongruenzgeneratoren sind rekursiv definiert durch

$$x_n = (ax_{n-1} + b) \bmod m.$$

a, b und m sind natürliche Zahlen, die so gewählt sein sollten, dass der Generator eine möglichst lange Periode und gute statistische Eigenschaften besitzt. x_0 ist der Schlüssel, auch seed genannt. Die Periode ist höchstens m. Warum? Auf Seite 426 in [Sch05] ist eine Tabelle mit empfehlenswerten Konstanten a, b und m angegeben. Beispielsweise ist für 32 Bit lange Integer Zahlen (effektiv 31 Bit) $a = 7141$, $b = 54773$ und $m = 259200$ empfohlen (Übung B.3).

Für die Kryptographie sind diese Generatoren nicht geeignet, da sie vorhersagbar sind. Da sie gute statistische Eigenschaften besitzen und effizient sind, werden sie jedoch häufig für Simulationen eingesetzt.

Sogar beliebige polynomiale Kongruenzgeneratoren der Form

$$x_n = (a_k x_{n-1}^k + a_{k-1} x_{n-1}^{k-1} + \ldots + a_0) \bmod m$$

können geknackt werden. Es gibt heute allerdings sehr gute Pseudozufallsgeneratoren mit exzellenten statistischen Eigenschaften, zum Beispiel den sehr einfachen BBS-Generator [BBS86] oder KISS (keep it simple and stupid), ein Kombinationsgenerator, der einen linearen Kongruenzgenerator mit einem dreifachen Schieberegister und einem „multiply-with-carry"-Generator verbindet [MZ93]. Der BBS-Generator arbeitet wie folgt. Man wählt zuerst zwei große (z. B. 512 Bit) Primzahlen p und q, die beide bei Division durch 4 den Rest 3 ergeben. Das heißt

$$p \equiv q \equiv 3 \bmod 4.$$

Nun berechnet man $n = p \cdot q$ und wählt eine Zufallszahl s, die relativ prim zu n ist. Daraus berechnet sich die Seed-Zahl

$$x_0 = s^2 \bmod n.$$

Der Generator berechnet nun, beginnend mit $i = 1$ wiederholt

$x_i = (x_{i-1})^2 \bmod n$
$b_i = x_i \bmod 2$,

wobei das Bit b_i als i-tes Zufallsbit ausgegeben wird. Der BBS-Generator gilt als kryptographisch sicher, denn in [BBS86] wurde gezeigt, dass aus der Kenntniss eines beliebig langen Anfangsstücks keine Information über das nächste Bit abgeleitet werden kann. Man beachte jedoch, dass ein zum Beispiel mit dem BBS betriebenes One-Time-Pad einer Chiffre mit einem Schlüssel der Länge s entspricht!

B.1.1 Lineare Schieberegister mit Rückkopplung

Definition B.1

- Ein **Schieberegister** der Länge n besteht aus einem Bitvektor $(x_n,\ldots,x_1)$. In jedem Rechenschritt werden die Bits um eine Stelle nach rechts verschoben, d. h.

  $x_n \mapsto x_{n-1},\ldots, x_2 \mapsto x_1$

  und es wird links ein neues Bit *In* nachgeschoben sowie das letzte Bit *Out* ausgegeben:

  $\mathit{In} \mapsto x_n,\ x_1 \mapsto \mathit{Out}$.

- Ein **lineares Schieberegister mit Rückkopplung (LFSR)** berechnet die Eingabe (*In*) durch Addition modulo 2 von bestimmten Bits des Registers. (LFSR ist die Abkürzung von **linear feedback shift register**.)

Beispiel B.1

Gegeben sei das Schieberegister LFSR$_1$. Es ist links grafisch dargestellt und rechts ist die Tabelle der Bitvektoren (Zustände) zu aufeinander folgenden Zeitpunkten und die jeweilige Ausgabe *Out* angegeben:

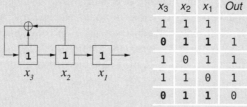

x_3	x_2	x_1	Out
1	1	1	
0	1	1	1
1	0	1	1
1	1	0	1
0	1	1	0

Es hat die Periode 3. Eine längere Periode ergibt sich im nächsten Beispiel.

Beispiel B.2

LFSR$_2$ hat die Periode 7:

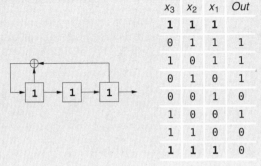

x_3	x_2	x_1	Out
1	1	1	
0	1	1	1
1	0	1	1
0	1	0	1
0	0	1	0
1	0	0	1
1	1	0	0
1	1	1	0

∎

Man erkennt, dass beide Schieberegister periodisch sind, jedoch mit unterschiedlicher Periodendauer. Warum? Die maximale Periode eines LFSR der Länge n ist $2^n - 1$. LFSR$_2$ besitzt also maximale Periode.

Da der Anfangszustand $(0, \ldots, 0)$ durch ein lineares Schieberegister immer auf sich selbst abgebildet wird, kann ein LSFR maximal $2^n - 1$ sinnvolle Zustände annehmen. Die mit LFSR maximaler Periode erzeugten Zahlenfolgen weisen gute statistische Eigenschaften auf, sind aber trotzdem einfach zu knacken und damit für kryptographische Zwecke (zumindest für kleines n) nicht zu gebrauchen, wie man an folgendem Beispiel erkennt.

Beispiel B.3

Analyse eines LFSR der Länge 3

Wir beobachten die Bitfolge

$B = (01110010)$

als Teil der Ausgabe eines LFSR mit unbekannter Verschaltung der Rückkopplung und suchen die Parameter a_1, a_2, a_3.

Das LFSR lässt sich mathematisch darstellen durch die Abbildung

$(x_3, x_2, x_1) \mapsto (a_1 x_1 \oplus a_2 x_2 \oplus a_3 x_3, x_3, x_2),$

welche iterativ wiederholt wird. Die ersten drei Bit der Folge B geben den Zustand des LFSR zu einem bestimmten Zeitpunkt an, d. h. wir wissen $x_1 = 0$, $x_2 = 1$, $x_3 = 1$ und können daher den Zustand des LFSR angeben zu $(1, 1, 0)$. Je eine Zeiteinheit später gilt für den Zustand

$(1,1,1) = (a_2 \oplus a_3, 1, 1),$ (B.1)

$(0,1,1) = (a_3 \oplus a_2 \oplus a_1, 1, 1),$ (B.2)

$(0,0,1) = (a_2 \oplus a_1, 0, 1).$ (B.3)

Aus (B.1), (B.2), (B.3) erhält man die Gleichungen

$$a_2 \oplus a_3 = 1, \tag{B.4}$$
$$a_3 \oplus a_2 \oplus a_1 = 0, \tag{B.5}$$
$$a_2 \oplus a_1 = 0 \tag{B.6}$$

und berechnet

(B.4) in (B.5): $1 \oplus a_1 = 0 \Rightarrow a_1 = 1$, (B.7)

(B.7) in (B.6): $a_2 \oplus 1 = 0 \Rightarrow a_2 = 1$, (B.8)

(B.8) in (B.4): $a_3 = 0$. (B.9)

Das Schieberegister hat also die Form

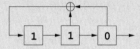

und die Folge der Zustände einer Periode von LFSR$_3$ ist

1	1	0	
1	1	1	0
0	1	1	1
0	0	1	1
1	0	0	1
0	1	0	0
1	0	1	0
1	1	0	1
			0

Man beachte, dass zur Analyse von LFSR$_3$ nur sechs Bit der Ausgabefolge benutzt wurden und dass LFSR$_3$ maximale Periode hat. ∎

Allgemein kann man zeigen, dass zur Analyse eines linearen Schieberegisters höchstens $2n$ Bit der Ausgabefolge benötigt werden. Zum Beispiel werden zur Analyse eines 20-Bit-LFSR mit einer maximalen Periode der Länge 1048 575 nur 40 Bit der Folge benötigt. Der 1969 vorgestellte Berlekamp-Massey-Algorithmus stellt eine sehr effiziente Verallgemeinerung des oben benutzten Verfahrens dar (siehe [Sch05]).

Die Frage, wie man für großes n ein LFSR mit maximaler Periode findet, lässt sich zurückführen auf das Finden eines **primitiven Polynoms** vom Grad n. Die Exponenten des Polynoms können dann direkt in die Verschaltung des LFSR übersetzt werden. In [Sch05] ist eine Liste mit Exponenten bis zu $n = 9689$ zu finden.

B.1.2 Stromchiffren

Wie schon erwähnt, wird bei Stromchiffren ein Bit nach dem anderen verschlüsselt. Das One-Time-Pad ist zum Beispiel eine Stromchiffre. Wird nun als Schlüsselstrom keine echte Zufallszahlensequenz benutzt, so ist die Qualität des Schlüsselstroms von entscheidender

Bedeutung für die Sicherheit der Stromchiffre. Die **lineare Komplexität** der Schlüsselfolge ist hierbei eine zentrale Größe.

Definition B.2
Die **lineare Komplexität** einer Folge ist die Länge des kürzesten LFSR, das die Folge erzeugen kann.

Besitzt also eine Schlüsselfolge endliche lineare Komplexität, so werden nur $2n$ Bit der Folge benötigt, um den Code der zugehörigen Stromchiffre zu knacken. Man beachte die Analogie zur Kolmogorov-Komplexität.

Höhere Sicherheit bieten nichtlineare Schieberegister und Kombinationen von mehreren LFSR. Verschiedene heute benutzte Stromchiffren werden in [Sch05] vorgestellt. Generell kann man aus einem guten kryptographisch sicheren Pseudozufallszahlengenerator eine Stromchiffre erzeugen, indem man wie beim One-Time-Pad den Chiffretext durch XOR-Verknüpfung von Zufallsbits mit Klartextbits erzeugt. Die Seed-Zahl ist der Schlüssel für diese Chiffre.

B.2 Echte Zufallszahlen

Es gibt heute Spezialhardware für Testzwecke die sehr gute Zufallszahlen aus dem thermischen Rauschen von elektronischen Bauteilen generiert. Für die meisten kryptographischen Anwendungen ist jedoch Spezialhardware zu teuer. Daher müssen die Zufallszahlen möglichst in einem gewöhnlichen PC erzeugt werden können. Hier gibt es derzeit zwei realisierte Ideen. Die Firma Intel nutzt das thermische Rauschen eines Widerstands im Pentium-III-Prozessor und erzeugt daraus nach Filterung Zufallszahlen mit einer Frequenz von 75 000 Bits pro Sekunde [Int99, JK99]. Die Firma Maxtor hat ein Verfahren entwickelt, um aus den höchst komplexen physikalischen Prozessen in einer Festplatte das Rauschen zu extrahieren und Zufallszahlen mit einer Frequenz von bis zu 835 200 Bits pro Sekunde zu erzeugen [ES00].

Auch wenn die Zufallszahlen aus einem physikalischen Prozess stammen, gibt es verschiedene Dinge zu beachten. Zuerst muss untersucht werden, ob der zugrunde liegende physikalische Prozess echt zufällig ist. Dann müssen die erzeugten analogen Zahlen digitalisiert und mit statistischen Methoden getestet werden, zum Beispiel auf Symmetrie. Sind die Zufallszahlen statistisch unabhängig, so kann eine Asymmetrie erstaunlich einfach korrigiert werden.

B.2.1 Der Neumann-Filter

Der Informatikpionier **John von Neumann** schlug 1951 eine einfache aber sehr effektive Funktion f zur Beseitigung der Asymmetrie in einer Folge statistisch unabhängiger Bits vor [vN63]. Aufeinander folgende, nicht überlappende Paare von Bits werden gelöscht, wenn die zwei Bits gleich sind. Andernfalls werden sie auf 0 oder 1 abgebildet, entsprechend

$$f: \quad 00 \mapsto \epsilon$$
$$11 \mapsto \epsilon$$
$$01 \mapsto 0$$
$$10 \mapsto 1,$$

wobei ϵ für die leere Zeichenkette steht. Die folgenden drei Beispiele zeigen die Effekte beim Filtern von einer augenscheinlich zufälligen Folge und zwei nicht zufälligen Folgen.

Beispiel B.4

a) 10001101011100101110 $\mapsto$ 10011.

b) 11111111111111111111 $\mapsto$ ϵ.

c) 10101010101010101010 $\mapsto$ 1111111111.

Allgemein gilt:

Satz B.2

Seien aufeinander folgende Bits in einer Bit-Folge statistisch unabhängig. Dann sind nach Anwendung des Neumann-Filters die Bits symmetrisch verteilt. Bei langen Bitfolgen der Länge L mit pL Eins-Bits verlassen den Filter etwa $p(1-p)L$ Bits.

Beweis

Wenn in der Folge a die Bits unabhängig sind und mit Wahrscheinlichkeit p den Wert „1" annehmen, dann ist die Wahrscheinlichkeit für ein Paar „01" gleich $p(1-p)$. Die Wahrscheinlichkeit für ein Paar „10" ist auch gleich $p(1-p)$. Damit ist die Wahrscheinlichkeit p_n für den Wert „1" nach Anwendung des Neumann-Filters gegeben durch

$$p_n = \frac{p(1-p)}{2p(1-p)} = 1/2.$$

Für den Beweis des Verkürzungsfaktors wird auf Übung B.5 verwiesen.

Der Neumann-Filter beseitigt also die Asymmetrie in einer Folge statistisch unabhängiger Bits. Im Fall $p = 1/2$ gehen etwa 3/4 aller Bits verloren und für alle anderen Werte von p ist der Verlust noch höher, was man gut in Bild B.1 erkennt.

Die Verbesserung der Zufälligkeit einer Folge hat offensichtlich ihren Preis. Dieser wird umso höher, je asymmetrischer die Bits verteilt sind. In [Int99, ES00] war neben der manuellen Auswahl der Quelle für die Zufallszahlen der Neumann-Filter die einzige auf die digitalisierten Zufallszahlen angewandte Funktion.

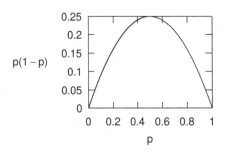

BILD B.1 Einfluss der Asymmetrie auf die Ausbeute des Neumann-Filters

Neben dieser eleganten und einfachen Methode zur Verbesserung der Zufälligkeit einer Folge wurden in [Blu84, BM84, CG85, SV86] verschiedene andere Methoden vorgeschlagen.

B.3 Zusammenfassung

Pseudozufallszahlengeneratoren sind für kryptographische Anwendungen nur sehr eingeschränkt tauglich. Soll ein PRNG trotzdem eingesetzt werden, so ist er zuvor mit statistischen Methoden zu testen. Der Leser sei verwiesen auf Übung B.3, auf die Literatur (z.B. [MZ93, GDG95, Mau92]) sowie auf die im Internet verfügbaren Testprogramme. Verweise sind zu finden in der Linksammlung zum Buch.

Übungen

Aufgabe B.1

Jede echt zufällige Folge hat unendliche Kolmogorovkomplexität. Die Umkehrung dieser Aussage gilt aber nicht. Zeigen Sie dies indem Sie eine nicht zufällige Zahlenfolge mit unendlicher Kolmogorovkomplexität konstruieren.

Aufgabe B.2

Warum ist die Periode eines linearen Kongruenzgenerators nach oben beschränkt durch den Wert des Moduls m? Wie müsste man den Generator bei festem Modul m abändern, um die Periodendauer wesentlich länger zu machen.

Aufgabe B.3

a) Implementieren Sie den erwähnten linearen Kongruenzgenerator der Form

$$x_n = (ax_{n-1} + b) \bmod m$$

mit $a = 7141$, $b = 54773$ und $m = 259200$ in einer Programmiersprache Ihrer Wahl.

b) Testen Sie die mit diesem Generator erzeugten Bits auf Symmetrie und Periodizität.

c) Wiederholen Sie die Tests nach Anwendung des Neumann-Filters.

Aufgabe B.4

a) Warum ist der Symmetrietest nicht ausreichend, um die Qualität eines Zufallszahlengenerators zu testen?

b) Schlagen Sie andere Tests vor, um die Qualität eines PRNG für kryptographische Anwendungen zu testen.

c) Was können Sie theoretisch sagen über die Periode des BBS-Generators?

Aufgabe B.5

Zeigen Sie, dass sich die Länge einer endlichen Bit-Folge mit unabhängigen Bits durch Anwendung des Neumann-Filters um etwa den Faktor $p(1-p)$ verkürzt, wenn der relative Anteil von Einsen gleich p ist. (Satz B.2)

C Lösungen zu den Übungen

Lösungen zu Kapitel 1

Aufgabe 1.1

a) Die Wahrscheinlichkeit ist offensichtlich 1/100.

b) Eine hohe Strafe hält mit hoher Sicherheit einen Betrüger ab, denn mit einer Wahrscheinlichkeit von 99 % ist er nicht erfolgreich und wird bestraft. (Wichtig für die Bank ist, dass im Betrugsfalle der Richtige gestraft wird. Das heißt, sie muss dafür sorgen, dass ein eventueller Betrüger nicht unter fremdem Namen agiert, d.h. es wird eine starke Authentifikation der Kunden benötigt. Siehe hierzu Kapitel 6.)

Wesentlich einfacher für die Bank ist es, dem Kunden von seinem Konto immer den Höchstbetrag abzubuchen, der unter den 99 geöffneten Münzen gefunden wurde. Damit werden 99 von 100 derartigen Betrugsversuchen automatisch bestraft und die Bank macht auch noch Gewinne mit diesem Verfahren.

Aufgabe 1.2

Die Wahrscheinlichkeit für sechs Richtige im Lotto bei einem Tipp ist

$$\frac{1}{\binom{49}{6}} = 1/13\,983\,816.$$

Die Wahrscheinlichkeit, bei zwei unabhängigen Ziehungen im Lotto jeweils sechs Richtige zu tippen ist

$$\frac{1}{\binom{49}{6}^2} \approx 5 \cdot 10^{-15}.$$

Eine mit einem guten Zufallszahlengenerator erzeugte n-Bit-Zahl hat einen bestimmten vorgegebenen Wert mit Wahrscheinlichkeit $1/2^n$. Diese soll kleiner sein als

$$\frac{1}{\binom{49}{6}^2},$$

also

$$2^n > \binom{49}{6}^2$$

$$\Rightarrow \quad n > \frac{2\log\binom{49}{6}}{\log 2} \approx 47{,}5.$$

Für Zufallszahlen mit mindestens 48 Bit ist daher die Wahrscheinlichkeit, einen bestimmten Wert anzunehmen kleiner als gefordert.

Um nun auszuschließen, dass zwei gezogene Zufallszahlen gleich sind, müssen diese Zahlen doppelt so lang sein wie für das einfache oben berechnete Ereignis, wie in Abschnitt 6.1.2 gezeigt (Geburtstagsangriff). Also lautet die Lösung der Aufgabe $2 \cdot 47{,}5$ Bit = 95 Bit.

■ Lösungen zu Kapitel 2

Aufgabe 2.1

Die Zeit t zum Verschlüsseln eines 1024-Bit-Blocks ergibt sich zu

$$t = \frac{1024 \text{ Bit}}{1 \text{ MBit/sec}} = \frac{1024 \text{ Bit} \cdot \text{sec}}{(1024)^2 \text{ Bit}} = \frac{1}{1024} \text{ sec}.$$

Beim Brute-Force-Angriff müssen im Mittel etwa die Hälfte aller Schlüssel durchprobiert werden. Dies sind $2^{1024}/2 = 2^{1023}$. Als Gesamtzeit für den Brute-Force-Angriff ergibt sich daher

$$t_{\text{ges}} \approx \frac{2^{1023}}{1024} \text{ sec} = \frac{2^{1023}}{2^{10}} \text{ sec} = 2^{1013} \text{ sec} = \frac{2^{1013}}{3600 \cdot 24 \cdot 365} \text{ Jahre} = 2{,}8 \cdot 10^{297} \text{ Jahre}.$$

Damit ist klar, dass ein Brute-Force-Angriff bei Public-Key-Verfahren (die so lange Schlüssel benötigen) völlig aussichtslos ist.

Aufgabe 2.2

Die auf modernen Telefonapparaten aufgedruckte Codierung von Buchstaben in Ziffern ist offensichtlich nicht injektiv, denn es werden immer je drei bis vier Buchstaben auf eine Ziffer abgebildet.

Tippt man auf dem Telefon das Wort „TAXIRUF", so wird die Nummer 8294783 gewählt. Die Dekodierung ist hier nicht möglich, denn z.B. auch „UBWGSTE" ist der gleichen Nummer zugeordnet.

Aufgabe 2.3

a) Zu *aabba* gibt es $2^5 = 32$ Chiffretexte. Es gibt 3^k Klartexte und $3^k 2^k = 6^k$ Chiffretexte der Länge k.

b) Zuerst muss klargestellt werden, dass es sich hier nicht um eine Abbildung im strengen mathematischen Sinn handelt, denn die Vorschrift ist nicht eindeutig. Die Umkehrung ist jedoch eindeutig (aber nicht injektiv!) und daher eine Abbildung mit der Vorschrift

$$u \mapsto a \quad x \mapsto a \quad v \mapsto b \quad y \mapsto b \quad w \mapsto c \quad z \mapsto c.$$

■ Lösungen zu Kapitel 3

Aufgabe 3.1

a) Monoalphabetische Chiffren sind invertierbare Abbildungen einer Menge auf sich selbst. Es gibt also $n!$ monoalphabetische Chiffren bei einem Alphabet der Mächtigkeit n.

Beispiele:

n	n!
1	1
2	2
3	6
10	3 628 800
26	$4{,}03 \cdot 10^{26}$
50	$3{,}04 \cdot 10^{64}$

b) Verwendet man ein festes Chiffretextalphabet der Mächtigkeit m, so ist die Zahl der Chiffren mit endlichem Schlüssel endlich. Da jedoch in der Aufgabenstellung die Zahl der Chiffretextzeichen nicht vorgegeben war, muss über die Zahl der Chiffretextzeichen summiert werden. Das heißt, schon die Zahl aller polyalphabetischen Chiffren mit festem (d. h. für alle Klartextzeichen gleichem) Chiffretextalphabet beliebiger endlicher Mächtigkeit ist unendlich.

Aufgabe 3.2

a) n^n

b) $n!$

c) $2^{64}!$

d) $\log_2 \left(2^{64}!\right) \approx 2^{64} \ln 2^{64} / \ln 2 = 2^{64} \cdot 64 = 2^{70} \approx 1{,}2 \cdot 10^{21}$. Für die erste Gleichung wurde die Stirlingsche Formel verwendet: für $n \to \infty$ gilt $\ln(n!) \approx (n + 1/2) \ln n - n + 1/2 \ln(2\pi)$.

Aufgabe 3.3

Die einfachste Möglichkeit bietet sich mit dem Chiffretextalphabet der Zahlen 1 bis 100. Nullen werden zufällig auf eine der Zahlen 1 bis 72 abgebildet und Einsen zufällig auf die restlichen Zahlen. Damit ist dann die Wahrscheinlichkeit für jede der Zahlen 1 bis 72 etwa gleich

$$\frac{0{,}72}{72} = 0{,}01$$

und für jede der Zahlen 73 bis 100 etwa gleich

$$\frac{0{,}28}{28} = 0{,}01.$$

Also sind im Chiffretext alle Zahlen gleich häufig. Dieses Verfahren hat den Nachteil, dass es nur funktioniert, wenn sich die Häufigkeitsverteilung der Bits im Klartext nicht ändert.

Will man weiter noch erreichen, dass die Binärdarstellung des Chiffretextes gleich viele Nullen und Einsen hat, so muss man dafür sorgen, dass die Summe der Zahl von Nullen und Einsen in allen hundert ausgewählten Chiffretextzeichen gleich groß ist.

Aufgabe 3.4

Nach Anwendung von Kasiski- und Friedman-Test oder des Java-Applets unter http://math.ucsd.edu/~crypto/java/EARLYCIPHERS/Vigenere.html findet man das Schlüsselwort ergebnis, mit dem man den Klartext

```
dasprojektlexmedstelltsichdieaufgabeeinmedizinischesdiagnosesystemzuba
uendaseinfachzubedienenistunddemarztaufgrunddersymptomedespatientenein
ezuverlaessigeschaetzungderwahrscheinlichkeitfuerdasvorliegeneinerbest
immtenkrankheitgibtdasspezifischefachwissenzurdiagnosederappendizitisw
irdvomsystemauseinerdatenbankbereitsbehandelterfaelleundvorhandenenreg
elnextrahiertdamitistlexmedinderlagefuerjedebeliebigesymptomkombinatio
nautomatischeinediagnosezugenerierenaberauchinumgekehrterrichtungvonbe
stimmtenkrankheitenaufmoeglichesymptomezuschliessenderumgangmitwahrsch
```

```
einlichkeitenbietetdiechancedenarzttechnischzuentlastenfordertihnaberg
leichzeitigdazuaufseinwissenexplizitzumachenundzurdiskussionzustellend
amitbestehtdiemoeglichkeitdieleistungsfaehigkeitunddasverstaendnismedi
zinischerdiagnosezuverbessern
```

erhält. Etwas leichter lesbar gemacht sieht er so aus:

> Das Projekt Lexmed stellt sich die Aufgabe, ein medizinisches Diagnosesystem zu bauen, das einfach zu bedienen ist und dem Arzt aufgrund der Symptome des Patienten eine zuverlässige Schätzung der Wahrscheinlichkeit für das Vorliegen einer bestimmten Krankheit gibt. Das spezifische Fachwissen zur Diagnose einer Appendizitis wird vom System aus einer Datenbank bereits behandelter Fälle und vorhandenen Regeln extrahiert.
>
> Damit ist Lexmed in der Lage, für jede beliebige Symptomkombination automatisch eine Diagnose zu generieren, aber auch in umgekehrter Richtung von bestimmten Krankheiten auf mögliche Symptome zu schliessen.
>
> Der Umgang mit Wahrscheinlichkeiten bietet die Chance, den Arzt technisch zu entlasten, fordert ihn aber gleichzeitig dazu auf, sein Wissen explizit zu machen und zur Diskussion zu stellen. Damit besteht die Möglichkeit, die Leistungsfähigkeit und das Verständnis medizinischer Diagnose zu verbessern.

Aufgabe 3.5

a) A–F–W–A, B–Q–Z–K–V–E–L–R–I–B, C–H–G–O–Y–D–P–C, J–M–X–S–T–N–U–J

b)

x	A B C D E F G H I J K L M N O P Q R S T U V W X Y Z
$f(x)$	Z A C E F G H I D J K M N O P L R Q T U V W X S B Y

c) Bei einer Permutation muss jedes Element des Definitionsbereichs genau einmal als Bild vorkommen. Auf der Suche nach einem Zyklus starten wir nun bei einem Element x und bilden eine Kette. Wegen der Injektivität der Permutation kann sich in der Kette kein Element wiederholen, bis x wieder vorkommt. Wegen der Surjektivität muss aber x spätestens nach n Schritten vorkommen. Der gefundene Zyklus hat dann die Länge n und ist der einzige. Es kann maximal n Zyklen der Länge 1 geben (z. B. A–A, B–B, …).

Aufgabe 3.6

Es gilt $r \oplus r = 0$, denn $0 \oplus 0 = 0$ und $1 \oplus 1 = 0$. Wegen $z \oplus r \oplus r = z \oplus 0 = z$ ist damit die Behauptung gezeigt.

Aufgabe 3.7

a) Es wird tu auf UÖ und ri auf IH abgebildet. Daraus ergeben sich zwei Vektorgleichungen:

$$\mathbf{K}\begin{pmatrix}19\\20\end{pmatrix} = \begin{pmatrix}20\\27\end{pmatrix}, \quad \mathbf{K}\begin{pmatrix}17\\8\end{pmatrix} = \begin{pmatrix}8\\7\end{pmatrix}.$$

Fasst man die Gleichungen zur Matrixgleichung zusammen, dann ergibt sich

$$\mathbf{K}\begin{pmatrix}19 & 17\\20 & 8\end{pmatrix} = \begin{pmatrix}20 & 8\\27 & 7\end{pmatrix} \quad \text{bzw.} \quad \begin{pmatrix}19 & 17\\20 & 8\end{pmatrix} = \mathbf{K}^{-1}\begin{pmatrix}20 & 8\\27 & 7\end{pmatrix}.$$

Das heißt

$$\mathbf{K}^{-1} = \begin{pmatrix}19 & 17\\20 & 8\end{pmatrix} \cdot \begin{pmatrix}20 & 8\\27 & 7\end{pmatrix}^{-1}.$$

Nun berechnen wir die Inverse von $\begin{pmatrix}20 & 8\\27 & 7\end{pmatrix}$:

$$\begin{pmatrix}20 & 8 & | & 1 & 0\\27 & 7 & | & 0 & 1\end{pmatrix} \Leftrightarrow \begin{pmatrix}20 & 8 & | & 1 & 0\\0 & 2 & | & 3 & 1\end{pmatrix} \Leftrightarrow \begin{pmatrix}1 & 12 & | & 16 & 0\\0 & 2 & | & 3 & 1\end{pmatrix}$$

$$\Leftrightarrow \begin{pmatrix}1 & 12 & | & 16 & 0\\0 & 1 & | & 16 & 15\end{pmatrix} \Leftrightarrow \begin{pmatrix}1 & 0 & | & 27 & 23\\0 & 1 & | & 16 & 15\end{pmatrix},$$

also:

$$\mathbf{K}^{-1} = \begin{pmatrix} 19 & 17 \\ 20 & 8 \end{pmatrix} \cdot \begin{pmatrix} 27 & 23 \\ 16 & 15 \end{pmatrix} = \begin{pmatrix} 2 & 25 \\ 1 & 0 \end{pmatrix} \quad \text{und} \quad \mathbf{K} = \begin{pmatrix} 0 & 1 \\ 7 & 15 \end{pmatrix}.$$

Nun lässt sich EJEFHDNUAHRX leicht entschlüsseln in berechenbaar.

b) z_{26} ist kein Körper, denn 26 ist nicht prim. Damit ist das Invertieren von Matrizen oft nicht möglich. (siehe Anhang A)

Das Beispiel zeigt deutlich die Unsicherheit der Hill-Chiffre. Grund ist die sehr kleine Zahl von Klartext-Chiffretext-Paaren, die für einen erfolgreichen Angriff benötigt werden. Bei Blocklänge 2 werden nur 4 Paare aus Klartext- und Chiffretextzeichen benötigt. Allgemein benötigt man zur Bestimmung der n^2 Matrixelemente von $\mathbf{K}$ Klartext und zugehörigen Chiffretext der Länge n^2. Auch wenn man zum Beispiel die Blocklänge n auf 64 erhöht, genügen 4096 Paare zum Knacken der Blockchiffre. Zum Vergleich werden bei DES (siehe nächstes Kapitel), das auch mit Blocklänge 64 arbeitet, für einen erfolgreichen Angriff etwa $2^{47} \approx 10^{14}$ Paare benötigt.

Der tiefere Grund für die Unsicherheit der Hill-Chiffre ist ihre Linearität. Diese ermöglicht den Angriff mit einfacher linearer Algebra. Eine elementare Forderung an moderne Blockchiffren ist daher deren Nichtlinearität.

Lösungen zu Kapitel 4

Aufgabe 4.1

Bei Triple-DES wird nach der Formel

$$C = E_{K_1}\left(D_{K_2}\left(E_{K_1}(M)\right)\right)$$

verschlüsselt. Ein Brute-Force-Angriff gegen DES oder Triple-DES benötigt ein Klartext-Chiffretext-Paar (M, C). Bei DES müssen nun etwa $2^{56}/2 = 2^{55}$ Schlüssel getestet werden, d. h. es wird für etwa 2^{55} Schlüssel K der Chiffretext $E_K(M)$ berechnet. Die Rechenzeit ist dann also etwa

$$2^{55} \cdot t_{\text{DES}},$$

wenn t_{DES} die Zeit für eine Anwendung von DES auf einen Block ist. Beim Meet-in-the-Middle-Angriff gegen Triple-DES wird nun zum Beispiel für alle Schlüssel K_1 der Wert D_{K_1} berechnet. Der Aufwand hierfür ist

$$2^{56} \cdot t_{\text{DES}}.$$

Für jeden Schlüssel K_1 werden nun alle Schlüssel K_2 verwendet, um $D_{K_2}\left(E_{K_1}(M)\right)$ zu berechnen. Der Aufwand hierfür ist

$$\tfrac{1}{2} \cdot 2^{56} \cdot 2^{56} \cdot 2 t_{\text{DES}} = 2^{112} t_{\text{DES}},$$

das heißt, Triple-DES ist im Falle eines Brute-Force-Angriffes etwa um den Faktor 2^{57} schwieriger zu knacken als DES. Die Anzahl der DES-Anwendungen beim Angriff auf Triple-DES ist also etwa das Quadrat der entsprechenden Anzahl im Fall von DES.

Auch bei Triple-DES sind differentielle und lineare Kryptanalyse anwendbar, wodurch der Aufwand reduziert wird. Aber der quadratische Aufwand im Vergleich zu DES bleibt erhalten.

Aufgabe 4.2

a) Um zu zeigen, dass eine S-Box S_i nichtlinear ist, muss gezeigt werden, dass für mindestens ein Paar von Eingaben x und y

$$S_i(x \oplus y) \neq S_i(x) \oplus S_i(x).$$

Wähle also zwei sechsstellige Binärzahlen $x = 000000$ und $y = 000001$ und berechne

$$S_1(000000) \oplus S_1(000001) = 1110 \oplus 0000 = 1110$$

sowie

$$S_1(000000 \oplus 000001) = S_1(000001) = 0000.$$

Die beiden Ergebnisse sind nicht gleich. Also ist S_1 nichtlinear. Daraus folgt noch lange nicht, dass DES sehr sicher ist. Man müsste nun zeigen, dass sich bei allen S-Boxen für möglichst viele Eingaben die beiden Zahlen $S_i(x \oplus y)$ und $S_i(x) \oplus S_i(x)$ in mindestens einem, besser noch in zwei Bit unterscheiden.

b) Sei V die Funktion zur Vertauschung der ersten 32 Bit einer 64-Bit-Zahl mit den letzten 32 Bit. Zu zeigen ist für beliebige Binärzahlen x und y die Gleichung

$$V(x \oplus y) = V(x) \oplus V(y).$$

Seien also $x = (x_1, \ldots, x_{64})$ und $y = (y_1, \ldots, y_{64})$ beliebig. Dann gilt

$$\begin{aligned}
V(x \oplus y) &= V((x_1, \ldots, x_{64}) \oplus (y_1, \ldots, y_{64})) \\
&= V((x_1 \oplus y_1, \ldots, x_{64} \oplus y_{64})) \\
&= (x_{32} \oplus y_{32}, \ldots, x_{64} \oplus y_{64}, x_1 \oplus y_1, \ldots, x_{31} \oplus y_{31}) \\
&= (x_{32}, \ldots, x_{64}, x_1, \ldots, x_{31}) \oplus (y_{32}, \ldots, y_{64}, y_1, \ldots, y_{31}) \\
&= V((x_1, \ldots, x_{64})) \oplus V((y_1, \ldots, y_{64})) \\
&= V(x) \oplus V(y).
\end{aligned}$$

Damit ist die Linearität gezeigt. Das gleiche zeigt man, indem man die Vertauschung als Matrixoperation darstellt. Die Vertauschungsmatrix $\mathbf{V}$ hat die Gestalt

$$\mathbf{V} = \begin{pmatrix} 0 & E \\ E & 0 \end{pmatrix},$$

wobei E eine 32×32-Einheitsmatrix darstellt und 0 für eine 32×32-Matrix aus Nullen steht.

c) Seien f und g lineare Funktionen. Dann gilt

$$f(g(x+y)) = f(g(x) + g(y)) = f(g(x)) + f(g(y)).$$

d) DES mit linearen S-Boxen wäre unsicher, weil dann das ganze DES eine lineare Funktion wäre. Es würde damit der gleiche Angriff ermöglicht wie bei der Hill-Chiffre (siehe Aufgabe 3.7).

Aufgabe 4.3

a) C_1 und C_2 unterscheiden sich nur an 22 Stellen.
b) Der Lawineneffekt funktioniert hier nicht gut genug.
c) Die differentielle Kryptanalyse.

Aufgabe 4.4

Siehe Abschnitt 4.1.5 auf Seite 66 und Bild 4.4.

Lösungen zu Kapitel 5

Aufgabe 5.1

```
In[6]:= p=23
In[7]:= q = 59
In[8]:= n=p q
Out[8]= 1357
In[9]:= phi =(p-1)(q-1)
Out[9]= 1276
In[11]:= ggT[15,phi]
Out[11]= 1
In[12]:= e=15
In[13]:= d = ModInvers[e,phi]
Out[13]= 1191
In[16]:= M = {348, 613, 407, 195, 771, 184}
In[17]:= C = Mod[M^e,n]
Out[17]= {725, 596, 607, 10, 588, 1081}
In[18]:= Mod[C^d,n]
Out[18]= {348, 613, 407, 195, 771, 184}
```

e muß relativ prim sein zu $\varphi(n)$. Bestimme die Teiler von $\varphi(n)$:

```
In[20]:= FactorInteger[1276]
Out[20]= {{2, 2}, {11, 1}, {29, 1}}
```

11 ist Teiler von 1276. Also ist die Inverse zu 11 modulo 1276 nicht eindeutig und der geheime Schlüssel kann nicht bestimmt werden. Deshalb ist $e = 11$ keine gute Wahl.

Aufgabe 5.2

a) Nach der modifizierten Definition gilt zwar, $M^{ed \bmod n} \bmod n = M \bmod n = M$. Aus Beispiel A.6 folgt aber, dass $M^{ed} \bmod n = M^{ed \bmod n} \bmod n$ **nicht** allgemein gilt. Also gilt auch $M^{ed} \bmod n = M$ nicht. Damit ist das Verfahren nicht korrekt.

b) Ein Angreifer kann ganz einfach (wie bei der Schlüsselerzeugung) aus e und n den geheimen Schlüssel d berechnen.

Aufgabe 5.3

a)
```
In[27]:= « Graphics`Graphics`
In[28]:= T[b_] := Exp[1.92 b^(1/3) (Log[b])^(2/3)]
In[32]:= g[x_] := 1.09^x
In[33]:= LogPlot[{T[x],g[x]}, {x,1,1000}]
```

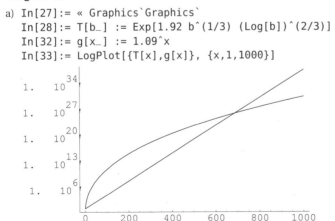

b) $T(b)$ wächst asymptotisch langsamer als 1.09^x.

c) Da ein RSA-Modul mit 640 binären Stellen geknackt ist, berechne

$$T(640) = 8.49 \cdot 10^{24} c$$
$$T(1024) = 3.58 \cdot 10^{30} c.$$

Der Aufwand zum Knacken von RSA mit 1024-Bit-Modul ist also um etwa einen Faktor $4.2 \cdot 10^5$ größer als für die größte bisher geknackte Zahl mit 640 Bit.

d) 30 2.2-GHz-Opteron-CPU-Jahre = $30 \cdot 31\,536\,000$ Sekunden $\cdot 2.2 \cdot 10^9$ Taktzyklen/Sekunde = $2.08 \cdot 10^{18}$ Taktzyklen. Mit $2.08 \cdot 10^{18}$ Taktzyklen wird also ein 640-Bit-Modul geknackt. Da

$$T(1024) \approx 4.2 \cdot 10^5 \cdot T(640),$$

gilt

$$T(1024) \approx \frac{4.2 \cdot 10^5 \cdot 2.08 \cdot 10^{18}\,\text{Taktzyklen}}{\text{Geschwindigkeit}}$$
$$= \frac{8.7 \cdot 10^{23}\,\text{Taktzyklen}}{3 \cdot 10^9\,\text{Taktzyklen/sec.} \cdot 10^5\,\text{PCs}} = 2.9 \cdot 10^9\,\text{sec.} \approx 92\,\text{Jahre}.$$

Aufgabe 5.4

Die Schleife in der Funktion MODULAR-EXPONENT wird $k+1$ mal durchlaufen und die Zahl der arithmetischen Operationen in jedem Durchlauf lässt sich durch eine Konstante abschätzen. Für $k \to \infty$ gilt für die Zahl der arithmetischen Operationen

$$T(k) = c \cdot (k+1) \approx c \cdot k.$$

Für Rechner, die arithmetische Operationen mit 1024-Bit-Zahlen in konstanter Zeit ausführen, wächst damit die Rechenzeit von MODULAR-EXPONENT linear mit k. Da dies aber für heutige PCs nicht zutrifft, stellt sich die Frage nach der Zahl der Bit-Operationen. Wie man vom schriftlichen Multiplizieren weiß, wächst der Aufwand für das Multiplizieren von zwei k-stelligen Zahlen quadratisch mit k. Also ergibt sich eine kubische Komplexität bezüglich Bit-Operationen. An dieser Komplexität ändert sich auch nichts auf einem 32-Bit-Rechner, denn auch dieser hat quadratischen Aufwand für das Multiplizieren von Zahlen deren Länge ein Vielfaches von 32 Bit ist.

Aufgabe 5.5

$$m'r^{-1} \bmod n = (c')^d r^{-1} = (cr^e)^d r^{-1} = c^d r^{ed} r^{-1} = c^d r r^{-1} = c^d = m.$$

Aufgabe 5.6

Mallory kann betrügen, wenn er alle Nachrichten von Alice und Bob abfängt und erfundene Nachrichten weiterschickt. Beim Schlüsseltausch schickt er beiden, wie beim Man-in-the-Middle-Angriff, seinen öffentlichen Schlüssel. Er hat jedoch die Schwierigkeit, dass er seine Nachricht an Alice erfinden muss, bevor er die von Bob gelesen hat. Er muss also die beiden Parteien und deren Nachrichten sehr gut kennen.

Aufgabe 5.7

Der naheliegendste Angriff gegen den Diffie-Hellmann-Algorithmus ist das Berechnen des modularen Logarithmus durch Probieren. Hierbei wird versucht, bei bekanntem X, g und n Lösungen x der Gleichung

$$X = g^x \bmod n$$

durch Einsetzen zu finden. Es werden also schrittweise alle Potenzen $g^1, g^2, \ldots, g^{n-1}$ berechnet und eingesetzt. Für die Sicherheit des Algorithmus ist es nun wichtig, dass möglichst alle Potenzen $g^1, g^2, \ldots, g^{n-1}$ (modulo n) voneinander verschieden sind. Dann nämlich ist der Aufwand für die Suche am größten. Bei einem 1024-Bit-Modul müssen bei der naiven Suche nach dem richtigen Exponenten etwa 2^{1023} Zahlen ausprobiert werden.

Aufgabe 5.8

Geraden mit endlicher Steigung besitzen die Form $y = ex + f$ mit beliebigen $e \in \mathbb{R}$ und $f \in \mathbb{R}$. Die Schnittpunkte mit der elliptischen Kurve

$$y^2 = ax^3 + bx^2 + cx + d \tag{C.1}$$

erhält man durch Einsetzen:

$$e^2 x^2 + 2efx + f^2 = ax^3 + bx^2 + cx + d.$$

Diese Gleichung dritten Grades besitzt mindestens eine und höchstens drei reelle Nullstellen. Sie kann nicht genau zwei relle Nullstellen haben, denn komplexe Nullstellen treten immer paarweise auf. Also gibt es einen oder drei Schnittpunkte.

Geraden mit unendlicher Steigung hingegen haben keine oder zwei Schnittpunkte, wie man leicht sieht, wenn man die Gleichung $x = e$ in (C.1) einsetzt.

■ Lösungen zu Kapitel 6

Aufgabe 6.1

Der einfachste Versuch, der allerdings nur ganz naive Empfänger täuscht, ist das Eintragen eines anderen Absenders in das „From"-Feld und das „Reply"-Feld beim Schreiben einer E-Mail. Bei manchen Mail-Programmen muss man etwas suchen, bis man, evtl. in einem Menü für Einstellungen, dieses findet.

Diesen Betrugsversuch kann man jedoch leicht erkennen, wenn man sich als Empfänger den Original-Header der E-Mail ansieht. Meist hilft es schon, wenn man dort sieht, welcher Benutzer auf welchem Rechner die E-Mail abgeschickt hat. Will man auch noch den Rechnernamen und die Internet-Domain-Adresse ändern, so wird es schwieriger, aber nicht unmöglich.

Die Situation ist vergleichbar mit dem Briefgeheimnis. Den Absender eines Briefes inklusive Unterschrift zu fälschen ist nicht allzu schwierig. Digitale Signaturen sind der Ausweg aus der Misere.

Aufgabe 6.2

Es sind $m = 1024$ und $n = 64$, bzw. $f: \{0,1\}^{1024} \to \{0,1\}^{64}$. Da f eine 1024-Bit-Eingabe erwartet, muss der Klartext in Blöcke der Länge $1024 - 64 = 960$ zerlegt werden, denn der Hash-Wert h_{i-1} muss noch an den Klartextblock angehängt werden.

$$|M| = 1 \, \text{Megabyte} = 2^{20} \cdot 8 \, \text{Bit} = 8\,388\,608 \, \text{Bit}.$$

Dividiert man diesen Wert durch 960 Bit, so ergeben sich 8739 Blöcke.

Aufgabe 6.3

Variante a ist unsicher. A ist ein fester (und damit bekannter) Block, der in $C = E_A(M)$ als Schlüssel verwendet wird. Also ist es ein leichtes, das Originalpasswort mittels $M = D_A(C)$ zu berechnen.

Die beiden anderen Varianten sind sicher. Hier wird jeweils das Passwort M als Schlüssel benutzt. Hat also ein Angreifer, wie im Fall b ein Klartext-Chiffretext-Paar, so ist es bei einem starken Algorithmus praktisch unmöglich den Schlüssel, d. h. das Passwort zu finden.

Man könnte meinen, Variante c wäre sicherer als b, denn der Angreifer kennt hier den Klartext nicht. Jedoch ist der Aufwand für einen Brute-Force-Angriff gleich wie bei b, denn auch hier müssen alle für M erlaubten Blöcke getestet werden.

Aufgabe 6.4

Alice in Australien und ihr Freund Bob in Boston verwenden also ein symmetrisches Verfahren zum Verschlüsseln ihrer E-Mails.

Natürlich kann Bob sich auf die Authentizität der verschlüsselten E-Mails verlassen. Genauso kann Alice umgekehrt auf die Authentizität von Bobs E-Mails vertrauen. Problematisch wird es aber wenn Bob's neue Verehrerin Eve Mallory aus England auch noch mit den beiden kommunizieren will. Wenn sie den gleichen Schlüssel k verwendet, könnte Bob Probleme bekommen. Zum Beispiel könnte Eve folgende E-Mail an Bob schicken:

> Lieber Bob,
> da Du mich so selten besuchst, fühle ich mich alleine und habe mir nun in John einen neuen zärtlichen Freund angelacht. Meine Liebe zu Dir ist geschwunden. Bitte sei mir nicht böse.
> Meine E-Mail-Adresse ist übrigens ab sofort eine andere. Ich bin nun unter alice@web.com zu erreichen. Du brauchst es aber gar nicht erst zu versuchen, denn ich liebe John so sehr.
> Deine Alice

kurz darauf schickt sie folgende E-Mail an Bob:

> Lieber Bob,
> wie ich von Alice gehört habe, habt ihr Euch getrennt. Das ist aber sehr schade. Ich hoffe, Du bist nicht allzu traurig.
> Am Wochenende bin ich übrigens zufällig in Boston. Wenn Du Zeit hast, komme ich kurz bei Dir vorbei um Dir Trost zu spenden.
> Deine Eve

der nichtsahnende Bob ...

Das Problem wäre nicht passiert, hätte Bob mit jeder der Damen einen anderen Schlüssel getauscht. Allerdings hätte er dann ein anderes Problem.

Wenn nämlich n Personen sich mit symmetrischen Schlüsseln sicher authentifizieren wollen, muss jedes der $n(n-1)/2$ Paare einen eigenen Schlüssel auf sicherem Wege austauschen. Bei 100 Personen wären das 4950 Schlüssel, die auf einem sicheren Kanal getauscht werden müssen!

Würden die 100 Personen ein Public-Key-Verfahren verwenden, so müssten 100 öffentliche Schlüssel von einem Trustcenter zertifiziert werden und dann auf dem ganz normalen unsicheren Netz verschickt werden. Public-Key-Verfahren reduzieren also den quadratischen Aufwand auf linear und benötigen keinen sicheren Kanal, stattdessen aber die Zertifizierung der Schlüssel.

Aufgabe 6.5

a) Jeder wird akzeptiert.
b) Niemand wird akzeptiert.
c) Per Zufallsgenerator werden 30 % aller Anfragen akzeptiert und 70 % abgelehnt.

Lösungen zu Kapitel 7

Aufgabe 7.1

a) Vorteile für Firma und Benutzer: Zertifizierung jedes einzelnen Schlüssels durch ein Trustcenter ist nicht nötig.

b) Nachteile für Benutzer:
1. bei Wechsel der Firma wird ein neuer Schlüssel benötigt.
2. die private Unterschrift eines Benutzers unterscheidet sich von der dienstlichen Unterschrift.
3. der von der firmeneigenen CA anerkannte Schlüssel wird eventuell vom Kommunikationspartner nicht akzeptiert.

Lösungen zu Kapitel 8

Aufgabe 8.1

Zu dieser Aufgabe gibt es keine Musterlösung.

Aufgabe 8.2

Da in der Praxis die hybride Verschlüsselung verwendet wird, ist der zusätzliche Aufwand bei Verwendung des ADK minimal. Er beschränkt sich auf die Verschlüsselung des Sitzungsschlüssels mit dem ADK.

Aufgabe 8.3

a) Der beschriebene Angriff ist erfolgreich genau dann, wenn $S' \not\equiv M^d \bmod q$. Dies ist jedoch nicht absolut sicher. Es könnte nämlich sein, dass nach den beiden Berechnungen

$$h' = \bar{p}' \cdot (S_2 - S_1) \bmod q,$$
$$S' = S_1 + p \cdot h' \bmod n.$$

S' zufällig gleich dem korrekten Wert S ist. (Das liegt daran, dass die modulare Multiplikation nicht injektiv ist.) Die Wahrscheinlichkeit dafür, dass nach der Berechnung $h = h'$ gilt, ist ganz grob etwa $1/q$, da h' eine Zahl mit gleich vielen binären Stellen ist wie q. Im nächsten Schritt kann dann, auch wenn $h \neq h'$ ist, immer noch $S' = S$ sein, und zwar mit Wahrscheinlichkeit von etwa $1/n$. Insgesamt ist also die Wahrscheinlichkeit, dafür dass $S' = S$ gilt, etwa gleich $1/q + 1/n$, also eine sehr kleine Zahl. Die Wahrscheinlichkeit, dafür dass $S' \neq S$ gilt, ist also etwa

$$1 - (1/q + 1/n) \approx 1 - 1/q.$$

Wenn n 1024 Bit lang ist, hat q 512 Bit und die Erfolgswahrscheinlichkeit für den Angriff ist also etwa $1 - 1/2^{512} \approx 1 - 10^{-155} \approx 0{,}99999999\ldots$.

b) Statt der in PGP verwendeten simplen Quersumme sollte zur Speicherung von $(d, n, p, q, \bar{p})$ eine starke Einweg-Hashfunktion verwendet werden. Eine Veränderung von $\bar{p}$ würde bei der Überprüfung des Hashwertes (die natürlich bei jeder Verwendung des geheimen Schlüssels durchgeführt werden muss) Alarm auslösen.

Aufgabe 8.4

Zu dieser Aufgabe gibt es keine Musterlösung.

Aufgabe 8.5

Der nPA könnte vom Kartenleser abfragen, ob dieser eine Tastatur besitzt. Dies ist jedoch nicht sicher, denn der Kartenleser kann auf diese Frage eine falsche Antwort geben.

Sicherer wäre es, Kartenleser mit Tastatur (und nur solche) mit einem Zertifikat auszustatten, welches versichert, dass er eine Tastatur hat. Dieses Zertifikat ist eine Signatur des Public Key des Kartenlesers durch eine Zertifizierungsagentur. Die Authentifikation des Lesers gegenüber dem nPA erfolgt dann zum Beispiel per digitaler Signatur, wie in 6.6 beschrieben. Dadurch wird ein Replay-Angriff verhindert.

Dies erhöht die Sicherheit. Es wäre aber immer noch möglich, dass der Hersteller des Kartenlesers Schlüsselpaare von Lesern mit Tastatur illegal auf solche ohne Tastatur kopiert. Um dies zu verhindern muss die Zertifizierungsagentur von den Herstellern der Kartenlesern einen Hardwareschutz verlangen, der das Auslesen des geheimen Schlüssels vom Kartenleser verhindert.

■ Lösungen zu Kapitel 9

Aufgabe 9.1

a) Wenn Alice die Zufallszahl wählen könnte, hätte sie die Möglichkeit, im Voraus mit großem Rechenaufwand für eine gewählte feste Zufallszahl R so lange mit allen Schlüssel $E_K(R,0)$ und $E_K(R,1)$ zu berechnen, bis gilt $E_{K_1}(R,0) = E_{K_2}(R,1)$ (Geburtstagsangriff!). Bei der Überprüfung kann sie dann je nach Lust und Laune K_1 oder K_2 an Bob schicken und damit ihr Bit nachträglich beliebig setzen. Diesen Angriff kann Alice auch versuchen, wenn Bob ihr R schickt. Allerdings quadriert sich dann der Aufwand, denn Alice kann keinen Geburtstagsangriff mehr durchführen.

b) Wenn Alice nachträglich ihr gewähltes Bit ändern will, muss sie dafür sorgen, dass der Hash-Wert sich nicht ändert. Ihre einzige Chance besteht darin, die Zahl R_2 zu variieren bis der Hash-Wert mit dem ursprünglichen übereinstimmt. Ist R_2 deutlich kürzer als der Hash-Wert, so sind Alices Chancen für einen erfolgreichen Betrug sehr klein, auch wenn sie alle Werte für R_2 durchprobiert. Hat R_2 die Länge n Bit und der Hash-Wert m Bit, so ist die Erfolgswahrscheinlichkeit von Alice für kleine n in etwa gleich $2^n/2^m = 2^{n-m}$.

Ist R_2 deutlich länger als der Hash-Wert, benötigt sie im Mittel etwa 2^{m-1} Versuche bis zum Erfolg. Sie kann natürlich (vor der Festlegung!) auch einen Geburtstagsangriff starten und für $b = 0$ sowie für $b = 1$ so lange R_2 variieren, bis sich zwei gleiche Hash-Werte ergeben. Dadurch reduziert sich der Aufwand auf etwa $2^{m/2}$ Versuche.

Bob kann die Einweg-Hash-Funktion nicht umkehren, um b zu bestimmen. Er kann aber genau wie Alice auch R_2 variieren. Die Sicherheit des Verfahrens hängt also von der Länge des Hash-Wertes und von der Länge von R_2 ab. Die Folge R_1 dient dazu, eine systematische Vorausberechnung von Paaren (R_2, b) und (R'_2, b') mit gleichen Hash-Werten zu verhindern.

Aufgabe 9.2

a) $(3,3)$-Schwellenwertproblem:

Mit den 3 Zufallszahlen R_1, R_2, R_3 werden folgende drei Geheimnisse erzeugt:

$$M_1 = R_1 \oplus R_2 \oplus M,$$
$$M_2 = R_2 \oplus R_3 \oplus M,$$
$$M_3 = R_3 \oplus R_1 \oplus M.$$

Wegen $A \oplus A = 0$ gilt:

$$M_1 \oplus M_2 \oplus M_3 = R_1 \oplus R_2 \oplus M \oplus R_2 \oplus R_3 \oplus M \oplus R_3 \oplus R_1 \oplus M = M.$$

b) $(2,3)$-Schwellenwertproblem:

Mit den 3 Zufallszahlen R_1, R_2, R_3 werden folgende drei Geheimnisse erzeugt:

$$M_1 = (M_{11}, M_{12}, M_{13}) = (R_1 \oplus M,\ R_2,\ R_3)\,,$$
$$M_2 = (M_{21}, M_{22}, M_{23}) = (R_2 \oplus M,\ R_3,\ R_1)\,,$$
$$M_3 = (M_{31}, M_{32}, M_{33}) = (R_3 \oplus M,\ R_1,\ R_2)\,.$$

Jedes Geheimnis besteht also aus drei Teilen, die keine Information über M enthalten. M kann folgendermaßen rekonstruiert werden:

aus M_1, M_2: $\quad M_{11} \oplus M_{23} = R_1 \oplus M \oplus R_1 = M$,
$\qquad\qquad\qquad M_{21} \oplus M_{12} = R_2 \oplus M \oplus R_2 = M$,

aus M_1, M_3: $\quad M_{11} \oplus M_{32} = R_1 \oplus M \oplus R_1 = M$,
$\qquad\qquad\qquad M_{31} \oplus M_{13} = R_3 \oplus M \oplus R_3 = M$,

aus M_2, M_3: $\quad M_{21} \oplus M_{33} = R_2 \oplus M \oplus R_2 = M$,
$\qquad\qquad\qquad M_{31} \oplus M_{22} = R_3 \oplus M \oplus R_3 = M$.

c) $(2,n)$-Schwellenwertproblem:

Mit den n Zufallszahlen $R_1, \ldots, R_n$ werden folgende n Geheimnisse erzeugt:

$$M_1 = (M_{11}, M_{12}, \ldots, M_{1n}) = (R_1 \oplus M,\ R_2, \ldots, R_n)\,,$$
$$M_2 = (M_{21}, M_{22}, \ldots, M_{2n}) = (R_2 \oplus M,\ R_3, \ldots, R_n,\ R_1)\,,$$
$$\vdots$$
$$M_n = (M_{n1}, M_{n2}, M_{n3}) = (R_n \oplus M,\ R_1, \ldots, R_{n-1})\,.$$

Die Rekonstruktion von M erfolgt analog wie beim $(2,3)$-Schwellenwertproblem.

d) (n,n)-Schwellenwertproblem:

Mit den $n-1$ Zufallszahlen $R_1, \ldots, R_{n-1}$ werden folgende n Geheimnisse erzeugt:

$$M_1 = R_1 \oplus R_2 \oplus \ldots R_{n-1} \oplus M\,,$$
$$M_2 = R_1\,,$$
$$\vdots$$
$$M_n = R_{n-1}\,.$$

Die Rekonstruktion von M erfolgt analog wie beim Secret-Splitting im Buch, das dem $(2,2)$-Schwellenwertproblem entspricht.

Aufgabe 9.3

a) Das folgende Beispiel ist entnommen aus [Sch05], Abschnitt 23.2. Um ein (m,n)-Schwellenwertproblem zu realisieren wählt man eine Primzahl q als Modul und erzeugt ein Polynom vom Grad $m-1$. Das Aufteilen in n Teilgeheimnisse erfolgt einfach durch Ausrechnen von n Funktionswerten $(x_i, p(x_i))$ mit paarweise unterschiedlichen x_i. Der Koeffizient des konstanten Terms des Polynoms stellt das Geheimnis dar. Alle anderen Koeffizienten werden zufällig gewählt.

> **Beispiel C.1**
>
> Wähle $q = 13$. Für ein $(3,5)$-Schwellenwertverfahren und das Geheimnis $M = 11$ seien die beiden anderen Koeffizienten $a = 7$ und $b = 8$ zufällig bestimmt. Das Polynom lautet also
>
> $$p(x) = \left(7x^2 + 8x + 11\right) \bmod 13.$$
>
> Man berechnet leicht folgende Wertepaare $(x_i, p(x_i))$, welche die 5 Geheimnisse darstellen:
>
> $$(1,0),\ (2,3),\ (3,7),\ (4,12),\ (5,5).$$
>
> Aus beliebigen drei der fünf Paare lassen sich durch Aufstellen eines linearen Gleichungssystems alle Koeffizienten rekonstruieren.

b) Aus der linearen Algebra ist bekannt, dass sich aus m Wertepaaren $(x_i, p(x_i))$ mit paarweise unterschiedlichen x_i eindeutig ein Polynom vom Grad $\leq m - 1$ konstruieren lässt.

c) Sind nur $m - 1$ Geheimnisse bekannt, so ist das lineare Gleichungssystem zur Bestimmung der Koeffizienten unterbestimmt und die Lösungsmenge für den konstanten Koeffizienten hat die maximale Mächtigkeit q.

Aufgabe 9.4

a) Es fehlen die Zufallsbitfolgen $R_2, R_4, R_6, R_8, \ldots R_{4n}$ zur Öffnung der Hälften beim Bit-Commitment-Protokoll.

b) Wenn sie dem Händler die Münzen stiehlt, bevor sie bei der Bank eingereicht werden.

c) Man muss die Zahl n der Identitätsfolgen groß genug wählen. Die Wahrscheinlichkeit, dass zweimal die gleiche Folge gewählt wird, ist $1/(2^n)$. Es muss also gelten

$$\frac{1}{2^n} < \frac{1}{10^{20}} \quad \Rightarrow \quad n \geq 67.$$

Lösungen zu Anhang A

Aufgabe A.1

In den rationalen Zahlen kann man dividieren, d. h. zu jeder Zahl $\neq 0$ gibt es eine multiplikative Inverse. Beschränkt man zum Beispiel die Menge der ganzen Zahlen auf alle Zahlen zwischen -10 und $+10$, so ist diese Menge bezüglich „+" und „·" nicht abgeschlossen. Wird jedoch, wie in $\mathbb{Z}_n$ vom Ergebnis der Rest modulo n gebildet, so bleiben Addition und Multiplikation auch auf endlichen Mengen abgeschlossen.

Aufgabe A.2

a) Siehe Definitionen A.4 und A.5.

b) Die ganzen Zahlen sind eine Gruppe bezüglich der Addition, aber nicht bezüglich der Multiplikation, daher ist $\mathbb{Z}$ ein Ring. Die rationalen Zahlen, die reellen Zahlen und die komplexen Zahlen sind Körper. Die reellen Zahlen sind vollständig und die komplexen algebraisch abgeschlossen.

c) $\mathbb{Z}_6$:

·	0	1	2	3	4	5
0	0	0	0	0	0	0
1	0	1	2	3	4	5
2	0	2	4	0	2	4
3	0	3	0	3	0	3
4	0	4	2	0	4	2
5	0	5	4	3	2	1

+	0	1	2	3	4	5
0	0	1	2	3	4	5
1	1	2	3	4	5	0
2	2	3	4	5	0	1
3	3	4	5	0	1	2
4	4	5	0	1	2	3
5	5	0	1	2	3	4

$\mathbb{Z}_7$:

·	0	1	2	3	4	5	6
0	0	0	0	0	0	0	0
1	0	1	2	3	4	5	6
2	0	2	4	6	1	3	5
3	0	3	6	2	5	1	4
4	0	4	1	5	2	6	3
5	0	5	3	1	6	4	2
6	0	6	5	4	3	2	1

+	0	1	2	3	4	5	6
0	0	1	2	3	4	5	6
1	1	2	3	4	5	6	0
2	2	3	4	5	6	0	1
3	3	4	5	6	0	1	2
4	4	5	6	0	1	2	3
5	5	6	0	1	2	3	4
6	6	0	1	2	3	4	5

d) Bei der Multiplikationstafel von $\mathbb{Z}_7$ taucht in jeder der Zeilen 1 bis 6 jede Zahl genau einmal auf. In der Tafel von $\mathbb{Z}_6$ dagegen nicht.

e) in $\mathbb{Z}_7$ gilt: $2^6 = 3^6 = 4^6 = 5^6 = 6^6 = 1$.

f) $(n-1)^2 \bmod n = (n^2 - 2n + 1) \bmod n = n^2 \bmod n - 2n \bmod n + 1 = 1$.

g) Eine noch kleinere Menge als $\mathbb{Z}_2$ würde nur die Null enthalten. Da nach Definition aber ein davon verschiedenes Einselement existieren muss, ist es kein Körper.

Es gilt $0+0+0 = 0$, $0+1+1 = 0$, $1+0+0 = 1$, $1+1+1 = 1$, also gilt $a + b + b = a$.

Da die Addition in $\mathbb{Z}_2$ identisch mit der XOR-Funktion ist, ergibt sich bei Verwendung eines zufälligen zweiten Arguments bei der Addition das One-Time-Pad (siehe Abschnitt 3.8).

Aufgabe A.3

```
TableForm[Table[Join[n,Table[Mod[a^(n-1),n], {a,1,n-1}]], {n,1,20}],
TableSpacing -> 0]
```

In Tabelle C.1 erkennt man, dass $a^{n-1} \bmod n = 1$ wenn n prim.

Aufgabe A.4

a) ```
In[6]:= Mod[837 452 057 244 850 231 098 513, 43 645 983]
Out[6]= 14 056 584
In[8]:= N[837 452 057 244 850 231 098 513/43 645 983, 30]
Out[8]= 1.91873799072150633220590540944 10^16
In[10]:= N[.3220590540944 * 43 645 983, 30]
Out[10]= 1.405658400000026 10^7
```

b) Zur Berechnung von $a \bmod b$ zuerst $a$ durch $b$ dividieren, dann den Nachkommateil des Ergebnisses mit $b$ multiplizieren. Das Ergebnis liegt nahe bei $a \bmod b$ (siehe oben). Oder mit $a \bmod b = a - bq$

c) ```
ggT[a_,b_] := ggT[b,Mod[a,b]]
ggT[a_,0]   := a
ggT[6651,234] = 9,  ggT[197 451 684 616, 54 483 585] = 9013
```

TABELLE C.1 Werte für a^{n-1} mod n für $n \leq 20$ und alle a

							a^{n-1} mod n für $a=$												
n	1	2	3	4	5	6	7	8	9	10	11	12	13	14	15	16	17	18	19
1																			
2	1																		
3	1	1																	
4	1	0	3																
5	1	1	1	1															
6	1	2	3	4	5														
7	1	1	1	1	1	1													
8	1	0	3	0	5	0	7												
9	1	4	0	7	7	0	4	1											
10	1	2	3	4	5	6	7	8	9										
11	1	1	1	1	1	1	1	1	1	1									
12	1	8	3	4	5	0	7	8	9	4	11								
13	1	1	1	1	1	1	1	1	1	1	1	1							
14	1	2	3	4	5	6	7	8	9	10	11	12	13						
15	1	4	9	1	10	6	4	4	6	10	1	9	4	1					
16	1	0	11	0	13	0	7	0	9	0	3	0	5	0	15				
17	1	1	1	1	1	1	1	1	1	1	1	1	1	1	1	1			
18	1	14	9	16	11	0	13	8	9	10	5	0	7	2	9	4	17		
19	1	1	1	1	1	1	1	1	1	1	1	1	1	1	1	1	1	1	
20	1	8	7	4	5	16	3	12	9	0	11	8	17	4	15	16	13	12	19

Aufgabe A.5

a) $1 + 25 \bmod 26 = 0 \quad 2 + 24 \bmod 26 = 0 \quad 5 + 21 \bmod 26 = 0 \quad 13 + 13 \bmod 26 = 0$.

b) $3 \cdot 9 \bmod 26 = 1 \quad 5 \cdot 21 \bmod 26 = 1 \quad 7 \cdot 15 \bmod 26 = 1$.

Die Zahlen 2, 4, 6 sind nicht teilerfremd zu 26, daher nicht invertierbar.

c)
```
ErwEuklid::usage = "Erweiterter Euklidischer Algorithmus.
         ErwEuklid[a,b] liefert {d,x,y}, wobei d = ggT[a,b]
         und d = a x + b y."
ErwEuklid[a_,b_] := Module[{d,x,y},
  If[b == 0,
    {a,1,0},
    {d,x,y} = ErwEuklid[b,Mod[a,b]];
    {d,y,x - Floor[a/b] y}
    ]
  ]
ModInvers::usage = "Berechnet die modulare Inverse,
                    von a modulo b, falls diese existiert."
ModInvers[a_,b_] := Module[{d,x,y},
  {d,x,y} = ErwEuklid[a,b];
```

```
    If[d != 1,
        Print[a, " ist nicht invertierbar modulo ", b,
                 ", da ggT(", a, ",", b, ") = ", d],
        If[x > 0, x, x+b]
        ]
]
```
$32\,272\,985\,479\,806\,432 = 34\,987\,534\,511\,123^{-1} \bmod 34\,987\,543\,875\,091\,237$.

d) $7^2 \bmod 26 = 23$, $7^8 \bmod 26 = 3$, $7^{157} \bmod 26 = 7$.

Aufgabe A.6

Zuerst zeigen wir die Gruppeneigenschaft bezüglich der Addition. Dazu ist es hilfreich zu sehen, dass

$$(a+b) \bmod n = (a \bmod n + b \bmod n) \bmod n$$

gilt. Unter Verwendung von Satz A.2 ist zu zeigen, dass $(a+b) \bmod n - (a \bmod n + b \bmod n) \bmod n$ ein Vielfaches von n ist. Dies gilt wegen

$$(a+b) \bmod n - (a \bmod n + b \bmod n) \bmod n = a+b-pn-((a-qn+b-rn)-sn)$$
$$= a+b-pn-a+qn-b+rn+sn = (q+r+s-p)n.$$

Abgeschlossenheit Die Abgeschlossenheit ergibt sich direkt aus der Verwendung des Modulo-Operators.

Assoziativgesetz: Es gilt $((a+b) \bmod n + c) \bmod n = (a + (b+c) \bmod n) \bmod n$, denn

$$((a+b) \bmod n + c) \bmod n = ((a+b)+c) \bmod n = (a+(b+c)) \bmod n$$
$$= (a+(b+c) \bmod n) \bmod n.$$

Neutrales Element: 0 ist neutrales Element, denn $(a+0) \bmod n = a \bmod n = (0+a) \bmod n$.

Inverses Element: zu jeder Zahl $a \in \mathbb{Z}_n$ existiert die Zahl $n-a$ und sie ist invers zu a, denn $(a+(n-a)) \bmod n = n \bmod n = 0$.

Kommutativgesetz: Man sieht sofort, dass $(a+b) \bmod n = (b+a) \bmod n$.

Die Halbgruppeneigenschaft und Kommutativität bezüglich der Multiplikation kann analog gezeigt werden. Hier wird auf den einfachen Beweis verzichtet.

Aufgabe A.7

```
ListPlot[Table[EulerPhi[n], {n, 1, 1000}], PlotJoined -> True]
```

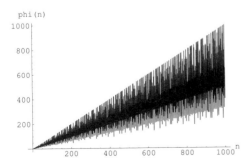

BILD C.1 Plot der Eulerschen ϕ-Funktion

In der mit diesem Befehl erzeugten Bild C.1 erkennt man:

obere Schranke: $\varphi(n) \leq n-1$, untere Schranke: $\varphi(n) \geq \frac{8}{35}n \approx 0.23n$

```
Sum[N[EulerPhi[n]/n], {n, 1, 1000000}]/1000000 = 0.6079
```

Als Mittelwert für $\varphi(n)/n$ ergibt sich also 0.6079.

Aufgabe A.8

Da $\text{ggT}(7,26) = 1$, ist Satz A.10 anwendbar. Also $7^{157} \bmod 26 = 7^{157 \bmod 12} \bmod 26 = 7^1 \bmod 26 = 7$. Da $\text{ggT}(7,18) = 1$, ist Satz A.10 anwendbar. Also $7^{434} \bmod 18 = 7^{434 \bmod 6} \bmod 18 = 7^2 \bmod 18 = 13$. Da $\text{ggT}(2,14) \neq 1$, ist Satz A.10 nicht anwendbar. $2^{30} \bmod 14 = 8$, aber $2^{30 \bmod \varphi(14)} \bmod 14 = 2^{30 \bmod 6} \bmod 14 = 1$.

Aufgabe A.9

a) Die erste Zeile besteht aus Nullen. Die zweite Zeile ergibt sich daraus, dass die Zahl 1 neutrales Element ist. Die Spalten ergeben sich aus der Kommutativität. Damit sind nur noch 4 Felder (fett gedruckt) offen. Diese ergeben sich aus der Invertierbarkeit in Körpern. Diese impliziert, dass in jeder Zeile und jeder Spalte jedes Element genau einmal vorkommen muss.

·	0	1	2	3
0	0	0	0	0
1	0	1	2	3
2	0	2	3	1
3	0	3	1	2

b) Die Additionstabelle entsteht durch ähnliche Überlegungen. Für die vier fett gedruckten Felder verwendet man einmal das Distributivgesetz.

+	0	1	2	3
0	0	1	2	3
1	1	0	3	2
2	2	3	0	1
3	3	2	1	0

Aufgabe A.10

Der leichteren Lesbarkeit wegen wird in folgender Lösung innerhalb einer Gleichungskette sowohl die binäre Darstellung als auch die Polynomdarstellung von Elementen aus $GF(2^8)$ verwendet, auch wenn dies formal nicht ganz korrekt ist.

a) $01100101 \cdot 00000010 = (x^6 + x^5 + x^2 + 1) \cdot x = x^7 + x^6 + x^3 + x$

$(x^7 + x^6 + x^3 + x) \bmod (x^8 + x^4 + x^3 + x + 1) = x^7 + x^6 + x^3 + x = 11001010$.

Also gilt

$01100101 \cdot 00000010 = 11001010$.

b) $01100101 \cdot 11010010 = (x^6 + x^5 + x^2 + 1) \cdot (x^7 + x^6 + x^4 + x) = x^{13} + x^{11} + x^{10} + x^8 + x^6 + x^4 + x^3 + x$.
Mittels Polynomdivision berechnet man[1]

$(x^{13} + x^{11} + x^{10} + x^8 + x^6 + x^4 + x^3 + x) \bmod (x^8 + x^4 + x^3 + x + 1) = x^7 + x^5 + x^4 + x^3$
$= 10111000$.

Also gilt

$01100101 \cdot 11010010 = 10111000$.

---

[1] Man beachte, dass $1 \oplus 1 = 1 + 1 \bmod 2 = 0$ ist. Das heißt, dass in $\mathbb{Z}_2$ gilt $-1 = 1$.

Aufgabe A.11

Analog zum Euklidischen Algorithmus aus Aufgabe A.5 programmieren wir den (erweiterten) Euklidischen Algorithmus als Mathematica-Programm. Die verwendeten eingebauten Funktionen für Polynome sind:

```
PolynomialMod[poly, m] gives the polynomial poly reduced modulo m.
   PolynomialMod[poly, {m1, m2, ... }] reduces modulo all of the mi.
PolynomialRemainder[p, q, x] gives the remainder from dividing p by q,
   treated as polynomials in x.
PolynomialQuotient[p, q, x] gives the quotient of p and q, treated as
   polynomials in x, with any remainder dropped.
```

Bei den Operationen auf Polynomen werden alle Koeffizienten modulo 2 berechnet sowie Rest und Quotient mit den obigen Funktionen berechnet. Sonst ändert sich wenig.

```
ggT[a_,b_] := ggT[b,PolynomialMod[PolynomialRemainder[a,b,x],2]]
ggT[a_,0] := a
ErwEuklid::usage = "Erweiterter Euklidischer Algorithmus für
         Polynome. ErwEuklid[a,b] liefert {d,x,y}, wobei d = ggT[a,b]
         und d = a x + b y."
ErwEuklid[a_,b_] := Module[{d,xx,y},
 If[b === 0,
    {a,1,0},
    {d,xx,y} = ErwEuklid[b,PolynomialMod[PolynomialRemainder[a,b,x],2]];
    {d,y,xx - (PolynomialMod[PolynomialQuotient[a,b,x],2] y)}
    ]
]
ModInvers::usage = "Berechnet die modulare Inverse des Polynoms a
         modulo Polynom b, falls diese existiert."
ModInvers[a_,b_] := Module[{d,xx,y},
    {d,xx,y} = ErwEuklid[a,b];
    If[d =!= 1,
       Print[a, " ist nicht invertierbar modulo ", b,
             ", da ggT(", a, ",", b, ") = ", d],
       PolynomialMod[Expand[xx],2]
       ]
]
```

Die Anwendung von ModInvers auf die Invertierung von $01010111 = x^6 + x^4 + x^2 + x + 1$ modulo $100011011 = x^8 + x^4 + x^3 + x + 1$ erfolgt so:

```
In[9]:= ModInvers[x^6 + x^4 + x^2 + x + 1, x^8 + x^4 + x^3 + x + 1]
                    2    3    4    5    7
Out[9]= 1 + x + x  + x  + x  + x  + x
```

Das Ergebnis lautet also $10111111 = x^7 + x^5 + x^4 + x^3 + x^2 + x + 1$, was durch die Probe bestätigt wird.

```
In[10]:= PolynomialMod[
           PolynomialRemainder[
             (x^7+x^5+x^4+x^3+x^2+x+1) (x^6+x^4+x^2+x+1),
             x^8+x^4+x^3+x+1, x],
           2]
Out[10]= 1
```

Übrigens kann man auch das Mathematica-Paket Algebra`FiniteFields` verwenden, das Algebra auf Galoiskörpern direkt anbietet.

Lösungen zu Anhang B

Aufgabe B.1

Angenommen, $r_1, r_2, r_3, \ldots$ sei eine echt zufällige Folge mit folglich unendlicher Kolmogorovkomplexität. Die neue Folge $r_1, 1, r_2, 1, r_3, 1, \ldots$ ist sicher nicht mehr zufällig. Sie hat aber unendliche Kolmogorovkomplexität, denn sie lässt sich nicht per Programm berechnen.

Aufgabe B.2

Da bei einem Modul m höchstens m verschiedene Zahlen in der Folge auftreten können, muss sich spätestens nach m Folgengliedern eine Zahl wiederholen. Dann wiederholt sich aber zwingend die ganze Folge, denn bei einem linearen Kongruenzgenerator hängt die Zahl x_n nur von der Vorgängerzahl x_{n-1} ab. Bei gleichem x_{n-1} ist damit auch x_n gleich. Die Folge wiederholt sich also periodisch.

Das Gesagte gilt übrigens für alle Generatoren, bei denen x_n nur von der Vorgängerzahl x_{n-1} oder einer anderen Zahl vor x_n abhängt.

Um bei festem Modul m die Periode zu verlängern, kann man zur Bestimmung von x_n eine Funktion f wählen, die von zwei Vorgängerzahlen abhängt, z. B. $x_n = f(x_{n-1}, x_{n-2})$. Die maximale Periodendauer ist dann $m(m-1)$.

Aufgabe B.3

Tabelle C.2 enthält die Zahlen $x_1, \ldots, x_{71}$ der Folge $x_n = 7141 \cdot x_{n-1} + 54773 \mod 259200$. Von jeder Zahl sind die niederwertigen 18 Bit spaltenweise dargestellt.

TABELLE C.2 Die ersten 71 Zahlen von $x_n = 7141 \cdot x_{n-1} + 54773 \mod 259200$

```
Bit  0 0 1 0 1 0 1 0 1 0 1 0 1 0 1 0 1 0 1 0 1 0 1 0 1 0 1 0 1 0 1 0 1 0 1 0 1 0 1 0 1 0 1 0 1 0 1 0 1 0 1 0 1 0 1 0 1 0 1 0 1 0 1 0 1 0 1 0 1 0 1 0
Bit  1 1 1 0 0 1 1 0 0 1 1 0 0 1 1 0 0 1 1 0 0 1 1 0 0 1 1 0 0 1 1 0 0 1 1 0 0 1 1 0 0 1 1 0 0 1 1 0 0 1 1 0 0 1 1 0 0 1 1 0 0 1 1 0 0 1 1 0 0 1 1 0
Bit  2 0 1 0 1 1 0 1 0 0 1 0 1 1 0 1 0 0 1 0 1 1 0 1 0 0 1 0 1 1 0 1 0 0 1 0 1 1 0 1 0 0 1 0 1 1 0 1 0 0 1 0 1 1 0 1 0 0 1 0 1 1 0 1 0 0 1 0 1 1 0 1
Bit  3 1 0 1 1 0 0 0 1 0 1 0 0 1 1 1 0 1 0 1 1 0 0 0 1 0 1 0 0 1 1 1 0 1 0 1 1 0 0 0 1 0 1 0 0 1 1 1 0 1 0 1 1 0 0 0 1 0 1 0 0 1 1 1 0 1 0 1 1 0 0 0
Bit  4 1 1 0 1 0 1 1 1 0 0 1 1 0 0 1 0 0 1 0 1 0 0 0 0 1 1 0 0 1 1 0 1 1 0 1 0 1 1 1 0 0 1 1 0 0 1 0 0 1 0 1 0 0 0 0 1 1 0 0 1 1 0 1 1 0 1 0 1 1
Bit  5 0 1 1 1 0 0 1 1 1 1 0 1 0 0 0 0 1 0 1 0 1 1 0 1 1 1 0 1 1 1 1 0 0 0 1 0 0 0 0 1 0 1 1 1 0 1 0 1 0 0 1 0 0 0 1 0 0 1 0 0 0 0 1 1 1 0 0 1
Bit  6 1 1 1 1 1 0 1 0 1 1 0 1 1 0 1 0 0 0 0 1 1 0 0 1 1 1 0 1 1 1 0 1 1 1 1 0 0 0 1 0 1 1 1 1 1 1 1 0 0 0 1 0 1 1 1 1 0 0 0 0 0 1 0
Bit  7 1 0 1 0 0 1 1 0 1 0 0 1 0 0 0 1 0 1 1 1 0 0 0 0 0 1 0 1 0 1 1 1 1 0 0 0 0 0 0 0 1 0 1 0 0 0 0 0 1 0 0 0 1 0 0 1 0 1 1
Bit  8 1 1 0 1 0 0 1 1 1 1 1 1 1 0 0 0 1 1 1 1 1 1 0 1 0 1 0 0 1 0 1 0 1 0 0 0 1 0 1 1 1 0 1 0 0 0 0 1 1 0 0 1 1 1 1 0 1 0 0 0 1 0 1 1 1 0 1 0 0
Bit  9 0 1 1 1 1 0 0 1 0 0 1 1 1 1 1 1 0 0 0 1 1 1 0 1 0 0 0 1 0 1 0 0 0 0 0 1 1 1 0 1 1 0 0 1 1 1 1 0 1 0 1 1 1 0 1 0 0 1 1 1 1 0 1 0 0 0 0 1 1 0
Bit 10 0 0 0 1 0 1 1 1 0 1 1 1 1 1 1 0 1 1 0 1 0 1 0 1 0 1 1 0 1 0 0 1 0 1 1 0 0 1 0 0 1 1 0 1 0 0 0 0 0 1 1 0 0 0 1 1 1 0 0 0 0 1 1 0 0 1 0 0 1 0
Bit 11 0 0 1 0 0 0 0 0 0 1 1 1 1 1 0 1 0 1 1 1 0 1 0 0 1 0 1 1 0 0 1 0 1 1 1 1 1 1 1 0 1 0 0 1 0 0 1 1 0 1 1 0 0 0 1 0 1 0 0 0 0 1 0 1 0 0 1 1 0 0
Bit 12 1 0 1 0 1 0 1 0 0 0 0 0 0 0 0 0 0 0 1 0 1 1 0 1 1 1 0 0 0 1 1 0 0 0 1 1 0 1 0 0 1 0 0 1 0 1 0 1 1 0 0 1 1 0 1 1 0 1 1 0 1 0 0 1 0 0 0 1 0 0 1 0
Bit 13 1 0 1 0 0 0 0 1 1 1 1 0 0 1 0 0 0 0 0 0 0 1 0 1 0 0 0 0 0 1 0 1 1 0 0 0 0 1 1 0 0 1 0 0 1 0 0 0 0 1 0 0 0 1 0 0 0 0 1 0 1 0 1 0 0 0 1 0 0 1 1 1
Bit 14 1 1 1 1 1 0 0 1 0 0 0 1 0 1 0 1 0 1 1 1 0 0 1 0 1 0 0 0 0 0 0 1 0 1 1 1 1 1 0 1 0 1 0 0 0 0 0 1 1 0 1 1 1 1 1 0 1 1 0 1 0 0 0 0 0 1 1 0 0 0 0 1
Bit 15 1 1 0 0 1 0 0 1 0 0 1 0 1 0 0 0 1 1 0 1 0 1 1 1 0 1 1 0 0 1 1 1 0 1 1 1 1 0 1 0 1 0 1 1 0 0 1 1 1 0 0 1 0 1 0 1 1 1 0 0 1 1 1 1 0 1 0 1 1 1
Bit 16 0 1 1 0 1 1 0 0 0 0 0 0 0 1 0 1 0 1 1 1 1 0 0 0 1 1 1 1 0 1 1 1 1 1 1 1 1 0 0 1 1 0 0 0 1 0 1 0 1 1 1 1 0 1 0 0 1 0 1 0 1 0 1 1 0 1 1 1 1 0
Bit 17 0 1 0 1 0 1 0 1 0 0 1 1 0 1 0 1 0 0 0 0 0 0 0 1 0 1 0 0 1 1 0 1 0 0 0 1 0 0 1 1 0 1 1 1 1 1 1 0 0 1 0 1 0 1 1 1 1 0 0 1 0 0 1 0 0 1 0 1 1 1 0 1 0
```

Die niedersten 5 Bits haben eine leicht erkennbare kurze Periode. Das jeweils letzte Bit einer Periode ist grau unterlegt. Analysiert man die einzelnen Bits näher auf Periodizität, so erhält man Tabelle C.3.

Bis $n = 6$ hat Bit Nummer n die Periode 2^{n+1}. Für alle höheren Bits ist sie konstant gleich 259 200. (Übrigens ist 128 ein Teiler von 259 200. Dies ist kein Zufall. Warum?) Die Symmetrie ist bei den niederen 7 Bits perfekt. Allerdings sind diese wegen der kurzen Periode überhaupt nicht zufällig. Bei den Bits 10 bis 17 ist die Symmetrie nicht ganz perfekt. Die Abweichung vom Wert 0.5 wird gemessen durch den Wert Δ/σ_n, der folgendermaßen entsteht. $\Delta = |P(\text{Bit} = 1) - 0.5|$ ist die absolute Abweichung von 0.5. $P(\text{Bit} = 1)$ ist das arithmetische Mittel aller Bits, d.h. $P(\text{Bit} = 1) = \frac{1}{n}\sum_{i=1}^{n} \text{Bit}_i$.

TABELLE C.3 Analyse des PRNG

Bit Nr.	Rohdaten				nach Neumann-Filter		
	Periode	Anz. 1-Bits	$P(\text{Bit}=1)$	Δ/σ_n	Periode	$P(\text{Bit}=1)$	Δ/σ_n
0	2	129 600	0.5000	0.00	1	1.0	360.0
1	4	129 600	0.5000	0.00	leere Folge		
2	8	129 600	0.5000	0.00	4	0.5	0.0
3	16	129 600	0.5000	0.00	4	0.5	0.0
4	32	129 600	0.5000	0.00	12	0.5	0.0
5	64	129 600	0.5000	0.00			
6	128	129 600	0.5000	0.00			
7	259 200	129 536	0.4998	0.25	64 798	0.5	0.0
8	259 200	129 536	0.4998	0.25			
9	259 200	129 536	0.4998	0.25			
10	259 200	129 152	0.4983	1.75			
11	259 200	129 024	0.4978	2.26			
12	259 200	128 128	0.4943	5.78			
13	259 200	128 128	0.4943	5.78			
14	259 200	128 128	0.4943	5.78			
15	259 200	128 128	0.4943	5.78			
16	259 200	128 128	0.4943	5.78			
17	259 200	128 128	0.4943	5.78			
alle	4 665 600	2 322 752	0.4978	9.30			

Für die Standardabweichung σ einer binären Zufallsvariablen gilt $\sigma = 1/2$. Da sich die Standardabweichung des Mittelwerts von unabhängigen identisch verteilten Zufallsvariablen um den Faktor $1/\sqrt{n}$ verringert, erhalten wir $\sigma_n = \sigma/\sqrt{n} = 1/(2\sqrt{n})$ für den Fall einer echten Zufallsfolge. Mit einer Wahrscheinlichkeit von etwa 0.95 liegt nun der richtige Wert von $P(\text{Bit}=1)$ in einem Intervall der Breite 2σ um den gemessenen Wert. Ist die relative Abweichung Δ/σ zwischen Sollwert und Messwert größer als 2, so gilt der Symmetrietest als nicht bestanden. Dieser Zufallsgenerator besteht den Symmetrietest also nicht ganz, denn $\Delta/\sigma = 9.3$ ist zu groß.

Insgesamt kann man schließen, dass Bits 7, 8 und 9 die beste Qualität haben. Man müsste nun mit diesen Bits weitere Tests durchführen. Die Bits 1 bis 6 hingegen sind wegen der sehr kurzen Periode für die meisten Anwendungen untauglich.

Ändert man die Rekursionsformel des Generators ab in $x_n = 7000 \cdot x_{n-1} + 54773 \mod 259200$, so wird die Qualität der Folge noch schlechter, wie man an folgender Tabelle der niederwertigen 7 Bits erkennt.

TABELLE C.4 Bits 0 bis 6 von $x_n = 7000 \cdot x_{n-1} + 54773 \mod 259200$

```
Bit 0 1 1 1 1 1 1 1 1 1 1 1 1 1 1 1 1 1 1 1 1 1 1 1 1 1 1 1 1 1 1 1 1 1 1 1 1 1 1 1 1 1 1 1 1 1 1 1 1 1 1 1 1 1 1 1 1 1 1 1 1
Bit 1 0 0 0 0 0 0 0 0 0 0 0 0 0 0 0 0 0 0 0 0 0 0 0 0 0 0 0 0 0 0 0 0 0 0 0 0 0 0 0 0 0 0 0 0 0 0 0 0 0 0 0 0 0 0 0 0 0 0 0 0 0
Bit 2 1 1 1 1 1 1 1 1 1 1 1 1 1 1 1 1 1 1 1 1 1 1 1 1 1 1 1 1 1 1 1 1 1 1 1 1 1 1 1 1 1 1 1 1 1 1 1 1 1 1 1 1 1 1 1 1 1 1 1 1 1
Bit 3 1 1 1 1 1 1 1 1 1 1 1 1 1 1 1 1 1 1 1 1 1 1 1 1 1 1 1 1 1 1 1 1 1 1 1 1 1 1 1 1 1 1 1 1 1 1 1 1 1 1 1 1 1 1 1 1 1 1 1 1 1
Bit 4 0 0 0 0 0 0 0 0 0 0 0 0 0 0 0 0 0 0 0 0 0 0 0 0 0 0 0 0 0 0 0 0 0 0 0 0 0 0 0 0 0 0 0 0 0 0 0 0 0 0 0 0 0 0 0 0 0 0 0 0 0
Bit 5 0 1 1 1 1 1 1 1 1 1 1 1 1 1 1 1 1 1 1 1 1 1 1 1 1 1 1 1 1 1 1 1 1 1 1 1 1 1 1 1 1 1 1 1 1 1 1 1 1 1 1 1 1 1 1 1 1 1 1 1 1
Bit 6 1 1 1 1 1 1 1 1 1 1 1 1 1 1 1 1 1 1 1 1 1 1 1 1 1 1 1 1 1 1 1 1 1 1 1 1 1 1 1 1 1 1 1 1 1 1 1 1 1 1 1 1 1 1 1 1 1 1 1 1 1
```

Die höheren Bits sind wie oben weniger stark korreliert. Trotzdem ist die gesamte Folge mit einem Wert $P(\text{Bit} = 1) = 0.582$ sehr asymmetrisch. Bei Verwendung von Pseudozufallszahlengeneratoren ist offenbar Vorsicht angebracht, insbesondere wenn es keine theoretische Rechtfertigung der Qualität gibt.

Aufgabe B.4

a) Die Folge 101010101010... ist absolut symmetrisch, aber nicht zufällig, denn die Bits sind nicht unabhängig.

b) Die Häufigkeit aller Buchstabenpaare (11, 10, 01, 00) zählen und testen ob sie gleich häufig sind. Die Folge 101010101010... würde diesen Test offensichtlich nicht bestehen. Allgemein kann man die Häufigkeiten aller n-Bit-Blöcke testen. Die relative Häufigkeit jedes der 2^n n-Bit-Blöcke sollte nahe bei $1/2^n$ liegen, denn dann sind die Blöcke gleichverteilt.

c) Die Folge der Zahlen x_i besitzt eine Periode, die höchstens die Länge $n - 2$ hat, wobei n der Modul ist. Die Periode kann nicht die Länge n haben, denn die Zahlen 0 und 1 können in der Folge nicht vorkommen. Andernfalls wäre die Periode gleich 1. Die Folge der Zufallsbits hat dann eine Periode von höchstens $n - 2$.

Aufgabe B.5

Die Wahrscheinlichkeit für zwei aufeinanderfolgende Einsen in der Folge ist p^2 und für zwei aufeinanderfolgende Nullen ist sie $(1-p)^2$. Sei $n = |(a_n)|$ und $m = |(b_n)|$ die Länge der Ergebnis-Folge (b_n). Dann gilt

$$m = \tfrac{1}{2}\left(1 - p^2 - (1-p)^2\right) \cdot n = \tfrac{1}{2} \cdot 2 \cdot p(1-p) \cdot n = p(1-p) \cdot n.$$

Literatur

[ABK98] R. Anderson, E. Biham und L. Knudsen. *Serpent: A Flexible Block Cipher with Maximum Assurance.* www.cl.cam.ac.uk/~rja14/serpent.html, (1998).

[ACGW99] M. Ashley, M. Copeland, J. Grahn und D. Wheeler. *The GNU Privacy Handbook.* www.gnupg.org/gph/en/manual/book1.html, (1999).

[AES00] *Advanced Encryption Standard (AES).* http://csrc.nist.gov/publications/fips/fips197/fips-197.pdf, (2000).

[AKS04] M. Agrawal, N. Kayal und N. Saxena. *PRIMES is in P.* The Annals of Mathematics **160** (2004) 2, 781–793.

[AR99] Y. Aumann und M. Rabin. *Information Theoretically Secure Communication in the Limited Storage Space Model.* in M. Wiener (Hrsg.), Advances in Cryptology - CRYPTO'99, LNCSBd. 1666. Springer Verlag (1999), S. 65 ff.

[Bau00] F.L. Bauer. *Entzifferte Geheimnisse*, 3. Aufl. Springer Verlag, (2000).

[BBS86] L. Blum, M. Blum und M. Shub. *A Simple Unpredictable Pseudo-random Number Generator.* SIAM Journal of Computing **15** (1986) 2, 364–383.

[BD02] C. Busch und H. Daum. *Frei von Zweifel? Biometrische Erkennung: Grundlagen, Verfahren, Sicherheit.* c't 5/2002 **5** (2002).

[Bea99] C. Burwick und D. Coppersmith et. al. *The MARS Encryption Algorithm.* http://citeseerx.ist.psu.edu/viewdoc/download?doi=10.1.1.35.5887&rep=rep1&type=pdf, (1999).

[Ber01] D. J. Bernstein. *Circuits for integer factorization: a proposal.* http://cr.yp.to/papers.html#nfscircuit, (2001).

[Beu09] A. Beutelspacher. *Kryptologie*, 9. Aufl. Vieweg, (2009).

[BGW01] N. Borisov, I. Goldberg und D. Wagner. *Security of the WEP algorithm.* www.isaac.cs.berkeley.edu/isaac/wep-faq.html, (2001).

[BHR99] S. Boeyen, T. Howes und P. Richard. *Request for Comments: RFC 2559.* www.ietf.org/rfc/rfc2559.txt, (1999).

[BKMN08] J. Bender, D. Kügler, M. Margraf und I. Naumann. *Sicherheitsmechanismen für kontaktlose Chips im deutschen elektronischen Personalausweis.* Datenschutz und Datensicherheit - DuD **32** (2008) 3, 173–177.

[Blu84] M. Blum. *Independent unbiased coin flips from a correlated biased source: a finite state Markov chain.* in 25th Ann. Symp. on Foundations of Computer Science, (1984), S. 425–433.

[BM84] M. Blum und S. Micali. *How to generate cryptographically strong sequences of pseudo-random bits.* SIAM J. Comput. **13** (1984) 4, 850–864.

[BRK10] A. Bartholomé, J. Rung und H. Kern. *Zahlentheorie für Einsteiger*, 7. Aufl. Vieweg, (2010).

[BSI12] *Zertifizierung und Anerkennung*. Bundesamt für Sicherheit in der Informationstechnik, www.bsi.bund.de, (2012).

[Car12] A. Carlson. http://www.users.globalnet.co.uk/~andlaw/engindex.htm, (2012). Enigma-Simulator und kurze Beschreibung der Enigma und ihrer Geschichte.

[CFN88] D. Chaum, A. Fiat und M. Naor. *Untraceable Electronic Cash*. in S. Goldwasser (Hrsg.), *Advances in Cryptology CRYPTO '88*. Springer Verlag (1988), S. 319–327.

[CG85] B. Chor und O. Goldreich. *Unbiased bits from sources of weak randomness and probabilistic communication complexity*. in *26th Ann. Symp. on Foundations of Computer Science*, (1985), S. 429–442.

[Cha85] D. Chaum. *Security without Identification: Transaction Systems to Make Big Brother Obsolete*. Communications of the ACM **28** (1985) 10, 1030–1044. www.chaum.com/articles/Security_Wthout_Identification.htm.

[Cha89] D. Chaum. *Online Cash Checks*. in J.J. Quisquater und J. Vandewalle (Hrsg.), *Advances in Cryptology EUROCRYPT '89*. Springer Verlag (1989), S. 288–293. www.chaum.com/articles/Online_Cash_Checks.htm.

[Cha92] D. Chaum. *Achieving Electronic Privacy*. Scientific American (August 1992), 96–101. www.chaum.com/articles/Achieving_Electronic_Privacy.htm.

[CLR10] T.h. Cormen, C.E. Leiserson und R.L. Rivest. *Algorithmen – Eine Einführung*. Oldenbourg Verlag, (2010). Ein sehr gutes Buch über Algorithmen. Unter anderem ist auch der RSA-Algorithmus sehr gut beschrieben.

[CM97] C. Cachin und U. Maurer. *Unconditional Security Against Memory-Based Adversaries*. in B. Kaliski (Hrsg.), *Advances in Cryptology - CRYPTO'97*, LNCSBd. 1233. Springer Verlag (1997), S. 209–225. ftp://ftp.inf.ethz.ch/pub/crypto/publications/CacMau97b.pdf.

[Coc73] C. Cocks. *A Note on Non-Secret Encryption*. CESG-Report, http://81.144.142.140/publications/media/notense.pdf, (1973).

[Cop94] D. Coppersmith. *The Data Encryption Standard (DES) and its strength against attacks*. IBM Journal of Research and Development (Mai 1994) 3, 243–250.

[CP01] R. Crandall und G. Pomerance. *Prime Numbers: A Computational Perspective*. Springer Verlag, (2001).

[Den97] D. Denning. *Encryption Policy and Market Trends*. www.cs.georgetown.edu/~denning/crypto/Trends.html, (1997).

[Dew89] A.K. Dewdney. *Auf den Spuren der Enigma*. Spektrum der Wissenschaft, Computer Kurzweil III (1989), 96–99. Kurze, einfache Beschreibung der Enigma und ihrer Analyse.

[DH76] W. Diffie und M.E. Hellman. *New Directions in Cryptography*. IEEE Transactions on Information Theory **IT-22** (1976) 6, 644–654.

[DR99] J. Daemen und V. Rijmen. *AES Proposal: Rijndael*. Rijndael Homepage: http://csrc.nist.gov/publications/fips/fips197/fips-197.pdf, (1999).

[DSS94] *Digital Signature Standard*. NIST FIPS PUB 186, National Institute of Standards and Technology, (1994).

[eCa09] *eCards mit kontaktloser Schnittstelle als sichere Signaturerstellungseinheit*. Technical Guideline TR-03117, Bundesamt für Sicherheit in der Informationstechnik, (2009). https://www.bsi.bund.de/ContentBSI/Publikationen/TechnischeRichtlinien/tr03117/index_htm.html.

[ECC09]   *Elliptic Curve Cryptography.* Technical Guideline TR-03111, Bundesamt für Sicherheit in der Informationstechnik, (2009). https://www.bsi.bund.de/ContentBSI/Publikationen/TechnischeRichtlinien/tr03111/index_htm.html.

[EFF99]   *Electronic Frontier Foundation.* www.eff.org, (1999).

[EJHF11] W. Ertel, L. Jans, W. Herzhauser und J. Feßler. *An Enigma Replica and its Blueprints.* Cryptologia **35** (2011) 1, 16–21. Informationen über das Enigma-Nachbauprojekt auf www.enigma.hs-weingarten.de.

[ElG85]   T. ElGamal. *A Public Key Cryptosystem and a Signature Scheme Based on Discrete Logarithms.* IEEE Transactions on Information Theory **31** (1985), 469–472.

[Ell70]   J.H. Ellis. *The Possibility of Non-Secret Encryption.* CESG-Report, www.cesg.gov.uk/publications/media/nsecret/possnse.pdf, (1970).

[Ell87]   J.H. Ellis. *The Story of Non-Secret Encryption by.* CESG-Report, www.cesg.gov.uk/publications/media/nsecret/ellis.pdf, (1987).

[ES00]   W. Ertel und E. Schreck. *Real Random Numbers produced by a Maxtor Disk Drive.* www.hs-weingarten.de/~ertel/rrng/docu.pdf, 2000.

[Ess02]   B. Esslinger. *CrypTool.* www.cryptool.de, (2002).

[Fei73]   H. Feistel. *Cryptography and Computer Privacy.* Scientific American (Mai 1973).

[FKK96]   A. Freier, P. Karlton und P. Kocher. *The SSL Protocol.* Internet Draft, Internet Engineering Task Force (IETF): http://wp.netscape.com/eng/ssl3/ssl-toc.html, (1996).

[GDG95]   H. Gustafson, E. Dawson und J. Golic. *Randomness Measures Related to Subset Occurrence.* in *Cryptography: Policy and Algorithms.* Springer Verlag, (1995), S. 132–143.

[Gel99]   *Bankenverband setzt auf Geldkarte.* ZDNet, http://www.zdnet.de/news/tkomm/0,39023151,2047652,00.htm, (1999).

[Ger02]   H. Gerber. *On-Card Matching.* www.gdm.de/ger/products/03/index.php4?product_id=162, (2002).

[Gnu01]   *Das GNU Privacy Projekt (GnuPP).* www.gnupp.de, (2001).

[Har95]   A. Harris. *Enigma.* Heyne Verlag, (1995). (Englisches Orignial erschienen bei Ballantine Books).

[Hir01]   D. Hirscher. *Aufbau einer Public-Key-Infrastruktur in einem mittelständischen Unternehmen.* Diplomarbeit, Fachhochschule Ravensburg-Weingarten, (2001).

[IET01]   *Internet Engineering Task Force.* www.ietf.org, (2001).

[IMC01]   *S/MIME and OpenPGP.* Internet Mail Consortium, www.imc.org/smime-pgpmime.html, (2001).

[Int99]   *The Intel Random Number Generator.* Intel Platform Security Division, http://developer.intel.com/design/security/rng/rngppr.htm, 1999.

[IPS01]   *IP Security Protocol (ipsec).* www.ietf.org/html.charters/ipsec-charter.html, (2001).

[JHP00]   A. Jain, L. Hong und S. Pankanti. *Biometric Identification.* Comm. of the ACM **43** (2000) 2, 90–98.

[JK99]   B. Jun und P. Kocher. *The Intel Random Number Generator (White Paper).* http://decuslib.com/decus/vmslt99a/sec/intelrng.pdf, 1999.

[JKS02]   K. Jallad, J. Katz und B. Schneier. *Implementation of Chosen-Ciphertext Attacks against PGP and GnuPG.* in *Information Security Conference 2002.* Springer-Verlag (2002).

[Kah67]   D. Kahn. *The Codebreakers: The Story of Secret Writing.* Macmillan Publishing Co., New York, (1967). Umfassende Dokumentation militärischer Kryptanalyse im 20. Jahrhundert.

[Kah91] D. Kahn. *Seizing the Enigma.* Houghton Mifflin Co., Boston, (1991).

[Kar12] *Von der AusweisApp unterstützte Lesegeräte*, (2012). https://www.ausweisapp.bund.de/pweb/cms/kartenleser.jsp.

[Kle01] G. Klett. *Anwendung digitaler Signaturen bei BASF.* http://certserver.basf-it-services.com, (2001).

[KM10] C. Karpfinger und K. Meyberg. *Algebra, Gruppen - Ringe - Körper.* Spektrum Akademinscher Verlag, (2010).

[Knu69] D.E. Knuth. *Seminumerical Algorithms*, The Art of Computer Programming, Bd. 2. Addison-Wesley, (1969). Neue Auflage 1998.

[Kob94] N. Koblitz. *A Course in Number Theory and Cryptography.* Springer Verlag, (1994). Gutes Lehrbuch mit viel Mathematik.

[Koc96] P. Kocher. *Timing Attacks on Implementations of Diffie-Hellman, RSA, DSS, and Other Systems.* in *Crypto'96*. Springer Verlag (1996). www.cryptography.com/technology/dpa/dpa-research.html.

[Kol01] G. Kolata. *The Key Vanishes: Scientist Outlines Unbreakable Code.* New York Times (20. März 2001). www.nytimes.com/2001/02/20/science/20CODE.html.

[Koo01] B. Koops. *Crypto Law Survey.* http://rechten.uvt.nl/koops/cryptolaw/index.htm, (2001).

[KP01] S. Kent und T. Polk. *Public-Key Infrastructure (X.509) (pkix).* www.ietf.org/html.charters/pkix-charter.html, (2001).

[KR01] V. Klima und T. Rosa. *Attack on Private Signature Keys of the OpenPGP format, PGP programs and other applications compatible with OpenPGP.* http://forum.ouah.org/openPGP_attack_ENGvktr.pdf, (2001).

[LM90] X. Lai und J. Massey. *A Proposal for a New Block Encryption Standard.* in I.B. Damgård (Hrsg.), *Advances in Cryptology: EUROCRYPT '90*, Lecture Notes in Computer ScienceBd. 473. Springer Verlag (1990), S. 389–404.

[LN86] H. Lidl und H. Niederreiter. *Introduction to Finite Fields.* Cambridge University Press, (1986).

[LV88] M. Li und P. Vitanyi. *Two decades of applied Kolmogorov complexity.* in *3rd IEEE Conference on Structure in Complexity theory*, (1988), S. 80–101.

[Mau92] U. Maurer. *A Universal Statistical Test for Random Bit Generators.* Journal of Cryptography **5** (1992) 2, 89–105.

[Mau01] U. Maurer. *Information-Theoretic Cryptography.* ftp://ftp.inf.ethz.ch/pub/crypto/publications/Maurer99.pdf, (2001).

[McE87] R.J. McEliece. *Finite Fields for Computer Scientists and Engineers.* Kluwer Academic Publishers, (1987).

[MELH97] R. Macgregor, C. Ezvan, L. Liguori und J. Han. *Secure Electronic Transactions: Credit Card Payment on the Web in Theory and Practice, SG24-4978-00.* IBM RedBook, (1997). www.redbooks.ibm.com/pubs/pdfs/redbooks/sg244978.pdf.

[Men93] A. Menezes. *Elliptic Curve Public Key Cryptosystems.* Kluwer Academic Publishers, (1993).

[Mon90] *Das Geldkartensystem Mondex.* www.mondex.com, (1990).

[MvOV97] A. Menezes, P. van Oorschot und S. Vanstone. *Handbook of Applied Cryptography.* Discrete Mathematics and Its Applications. CRC Press, (1997).

[MZ93] G. Marsaglia und A. Zaman. *Monkey Tests for Random Number Generators.* Computers and Mathematics **26** (1993) 9, 1–10.

[Nob96]   I. Noble. *Virtual Enigma.* www.geocities.com/CapeCanaveral/Launchpad/6720/, (1996). Sehr guter Enigma-Simulator und Informationen über Enigma.

[oPG01]   *An Open Specification for Pretty Good Privacy (openpgp).* www.ietf.org/html.charters/openpgp-charter.html, (2001).

[PGP01]   *The International PGP Home Page.* www.pgpi.org, (2001).

[PS96]   S. Pincus und B. Singer. *Randomness and Degrees of Irregularity.* in *Proc. of the National Academy of Sciences,* Bd. 93, (1996), S. 2083–2088.

[QG90]   J.J.M.M.M. Quisquater und L.M.G.A.G.S. Guillou. *How to explain Zero-Knowledge Protocols to Your Children.* in *Advances in Cryptology – CRYPTO '89,* Lecture Notes in Computer Science Nr. 435. Springer Verlag (1990), S. 628–631.

[Rav98]   K. Raven. *Deutsche Anleitung zu PGP 5.5.X.* http://www.ca2.fhg.de/fhgpca/Raven/pgp5kurs.htm, (1998).

[RC698]   *The RC6 Block Cipher, algorithm specification.* http://www.rsa.com/rsalabs/node.asp?id=2512, (1998).

[RE08]   W. Rankl und W Effing. *Handbuch der Chipkarten,* 5. Aufl. Carl Hanser Verlag, (2008).

[Rit00]   T. Ritter. *Ciphers by Ritter.* www.ciphersbyritter.com, (2000).

[Riv95]   R. Rivest. *The RC5 Encryption Algorithm,* (1995).

[Riv98a]   R. Rivest. *Chaffing and Winnowing: Confidentiality without Encryption.* http://theory.lcs.mit.edu/~rivest/chaffing.txt, (1998).

[Riv98b]   R. Rivest. *A Description of the RC2(r) Encryption Algorithm.* http://tools.ietf.org/html/rfc2268.html, (1998).

[RS98]   F. Reinhardt und H. Soeder. *dtv–Atlas zur Mathematik (Band 1: Grundlagen – Algebra und Geometrie),* 12. Aufl. Deutscher Taschenbuchverlag, München, (1998).

[RSA78]   R.L. Rivest, A. Shamir und L.M. Adleman. *A Method for Obtaining Digital Signatures and Public-Key Cryptosystems.* Communications of the ACM **21** (1978) 2, 120–126. Die bekannteste und auch eine der wichtigsten Arbeiten zur Public-Key-Kryptographie.

[RSA99]   *RSA DES Challenge III.* http://www.rsa.com/rsalabs/node.asp?id=2108, (1999).

[RSH98]   I. Ruhmann und C. Schulzki-Haddouti. *Abhör-Dschungel.* c't (Magazin für Computertechnik) (1998) 5, 82–93.

[Sch94]   B. Schneier. *The Blowfish Encryption Algorithm.* Dr. Dobbžs Journal (April 1994).

[Sch96]   B. Schneier. *Applied Cryptography.* Wiley, (1996). Ausführliches Nachschlagewerk, spannend zu lesen.

[Sch97]   J. Schumann. *Automatic Verfication of Cryptographic Protocols with SETHEO.* Technischer Bericht, Technische Universität München, (1997).

[Sch00a]   B. Schneier. *Secrets ans Lies.* Wiley, (2000). Empfehlenswertes Buch über die Probleme der Kryptographie in der Praxis.

[Sch00b]   B. Schneier. *Why Digital Signatures Are Not Signatures.* www.schneier.com/crypto-gram-0011.html, (2000).

[Sch01a]   B. Schneier. *Crypto-Gram newsletter.* http://www.schneier.com/crypto-gram.html, (2001).

[Sch01b]   B. Schneier. *Harvard's "Uncrackable" Crypto.* www.schneier.com/crypto-gram-0103.html, (2001).

[Sch01c]   B. Schneier. *Security Pitfalls in Cryptography.* www.schneier.com//essay-028.html, (2001).

[Sch02]   B. Schneier. *AES-News.* Crypto-Gram newsletter, www.schneier.com/crypto-gram-0209.html#1, www.schneier.com/crypto-gram-0210.html#2, (2002).

[Sch05]   B. Schneier. *Angewandte Kryptogrphie.* Pearson-Studium, (2005). Deutsche Übersetzung.

[See01]   J. Seeger. *E-Payment, Zahlungssysteme im Internet vor dem Durchbruch.* ix (Magazin für professionelle Computertechnik) (März 2001).

[Sen00]   R. Senderek. *Key-Experiments – How PGP Deals With Manipulated Keys.* http://senderek.de/security/key-experiments.html, (2000).

[Sha49]   C. Shannon. *Communication Theory of Secrecy Systems.* Bell Systems Technical Journal **28** (1949) 4, 656–715.

[SHA94]   *Secure Hash Standard.* National Institute of Standards and Technology, U.S. Department of Commerce, NIST FIPS PUB 180-1, (1994).

[Sha99]   A. Shamir. *Factoring Large Numbers with the TWINKLE Device.* in EUROCRYPT '99, Prag (1999).

[Sie02]   R. Sietmann. *Biometrie: Im Fadenkreuz, auf dem Weg in eine andere Gesellschaft.* c't 5/2002 **5** (2002). www.heise.de/ct/02/05/146.

[Sig97a]   *Informations- und Kommunikationsdienste-Gesetz - IuKDG, Artikel 3: Gesetz zur digitalen Signatur.* Deutscher Bundestag, www.iid.de/rahmen/iukdgbt.html#a3, (1997).

[Sig97b]   *Entwurf der Signaturverordnung.* Bundeskabinett, www.iid.de/rahmen/info081097.html, (1997).

[Sig00]   *Digital Signatures.* European Commission - Information Society Directorate-General, http://europa.eu.int/ISPO/ecommerce/legal/digital.html, (2000).

[Sig01]   *Gesetz über Rahmenbedingungen für elektronische Signaturen und zur Änderung weiterer Vorschriften (SigG).* Bundesgesetzblatt Teil I Nr. 22 vom 21. Mai 2001, http://www.netlaw.de/gesetze/iukdg.htm, (2001).

[Sil01]   R. Silverman. *A Cost-Based Security Analysis of Symmetric and Asymmetric Key Lengths.* http://www.rsa.com/rsalabs/node.asp?id=2088, (2000/2001).

[Sin00]   S. Singh. *Geheime Botschaften.* Carl Hanser Verlag, (2000). Empfehlenswerter Wissenschaftsdokumentation des Erfolgsautors.

[SKW+98]   B. Schneier, J. Kelsey, D. Whiting, D. Wagner, C. Hall und N. Ferguson. *Twofish: A 128-Bit Block Cipher.* www.schneier.com/twofish-paper.html, (1998).

[SSS02]   N. Schweitzer, M. Schmidt und B. Schmick. *RSA.* Univ. Siegen, www.infoserversecurity.org/rsa.php, (2002).

[Sta98]   W. Stallings. *Cryptography and Network Security.* Prentice Hall, (1998). Empfehlenswertes, detailliertes Lehrbuch.

[Sti05]   D. Stinson. *Cryptography: Theory and Practice*, 3. Aufl. CRC press, (2005). Für den mathematisch interessierten Leser sehr zu empfehlen.

[Str96]   V. Strassen. *Zufalls–Primzahlen und Kryptographie.* Konstanzer Schriften in Math. u. Inform. Nr. 7, Univ. Konstanz, (1996). http://nbn-resolving.de/urn:nbn:de:bsz:352-opus-20000, Leicht lesbarer Artikel über Primzahltests für die Kryptographie.

[SV86]   M. Santha und U. Vazirani. *Generating quasi-random sequences from semi-random sources.* J. Comput. System Sci. **33** (1986), 75–87.

[TBG+99]   W. Tittel, J. Brendel, N. Gisin, G. Ribordy und H. Zbinden. *Quantenkryptographie.* Physikalische Blätter **55** (1999) 6.

[TLS01]   *Transport Layer Security (tls).* www.ietf.org/html.charters/tls-charter.html, (2001).

[TT01]	TC-Trustcenter. www.tc-trustcenter.de, (2001).
[vdH01]	S. van der Hof. *Digital Signature Law Survey.* https://dsls.rechten.uvt.nl, (2001).
[Vig01]	*Java-Applet zur Analyse der Vigenère Chiffre.* http://math.ucsd.edu/~crypto/java/EARLYCIPHERS/Vigenere.html, (2001).
[vN63]	J. von Neumann. *Various techniques used in connection with random digits.* in *von Neumann's Collected Works*, Bd. 5. Pergamon Press, (1963).
[Wil74]	M. Williamson. *Non-Secret Encryption Using a Finite Field.* CESG-Report, www.cesg.gov.uk/publications/Documents/secenc.pdf, (1974).
[Wob01]	R. Wobst. *Abenteuer Kryptologie.* Addison-Wesley, (2001).
[YB98]	T. Ylönen und M. Brandy. *Die Secure Shell.* Linux-Magazin (Mai 1998), 52–57.
[Zim94]	P. Zimmermann. *Pretty Good Privacy — Public Key Encryption for the Masses.* Handbuch zu PGP Version 2.6.2, (1994).
[Zim95a]	P. Zimmermann. *The Official PGP User's Guide.* MIT Press, (1995).
[Zim95b]	P. Zimmermann. *PGP Source Code and Internals.* MIT Press, (1995).

Index

Symbole
⊕ 52, 174
⊗ 175
φ-Funktion, Eulersche 167

A
Additional-Decryption-Key 126
ADK 126, 130
Adleman, Leonard 79
Advanced-Encryption-Standard 68
AES 68, 99, 108, 113, 127, 136
Affine Chiffre 35
Algorithmus, randomisierter 179
Alice 25
Alphabet 21
Anderson, Ross 75
Angriff 26
Angriff mit gekauftem Schlüssel 26
Angriff mit Gewalt 26
ANSI 60
approximate entropy 181
Arithmetik, modulare 159
asymmetrischer Algorithmus 22
AusweisApp-Software 135
Authentifikation 22, 100
Authentifikation, biometrische 114
Authentifizierung 22
Authentizität 91, 113

B
Babbage, Charles 40
BBS-Generator 181
Benutzerauthentifikation 100, 102, 112
berechenbar 98
Berechnungskomplexität 27
Betriebsmodi von Blockchiffren 74
Bigramme 36
Biham, Eli 75
binary symmetric source 179

Biometrische Verfahren 114
Bit-Commitment 141
blenden 88
Bletchley Park 48
blinde Signatur 141
blinde Signatur 16, 107
Blockchiffre 22, 59
Blowfish 75, 131
Bob 25
Bombe 49
Brute-Force-Angriff 26, 28, 48
BSI 110, 134
BSS 179
Bundesamt für Sicherheit in der Informationstechnik 110, 134

C
CA 119, 125, 133
CBC 74
CBC-Modus 74, 113
Certification Authority 119, 125
CESG 77
Challenge-and-Response 102, 112, 132, 135
Chaum, David 15
Chiffretext 21
Chiffriermaschine 31, 45
Chinesischer Restsatz 81
Chipkarte 88, 103, 109, 115, 157
Chosen-Ciphertext-Angriff 26, 87
Chosen-Plaintext-Angriff 26
cipher block chaining 74
ciphertext 21
Ciphertext-Only-Angriff 26
Clipper-Chip 151
CMRK 126
COCOM 153
Codebuch 49
Colossus 49
Coppersmith, Don 75

Corporate-Message-Recovery-Key 126
CRYPTO 103

D

Daemen, Joan 69
Data-Encryption-Standard 59, 60
Datenkomplexität 27
decryption 21
DES 59, 113, 127, 132
DES40 132
differential power analysis 88
differentielle Kryptanalyse 67, 73
Diffie, Whitfield 91
Diffie-Hellman-Algorithmus 77, 91, 92, 94, 132, 136
Diffusion 59
Digicash 15
Digital Signature Algorithm 106, 124
Digital Signature Standard 107
digitale Signatur 97
Ding, Yan Zong 55
diskreter Logarithmus 92, 93
Divisionsrest 159
DPA 88
DSA 106, 124, 127, 131, 136
DSS 107

E

E-Mail signieren 108
E-Commerce 145
eBay 149
ECB 74
ECB-Modus 74
ECHELON 151
echte Zufallszahl 180
EES 151
EFF 60
Eingangspermutation 61
Einweg-Hash-Funktion 74, 98, 99, 102, 132
Einwegfunktion 97, 98
electronic codebook 74
Electronic Commerce 15
Electronic Frontier Foundation 60
Electronic-Wallet 147
elektronische Münze 15
elektronische Signatur 111
elektronische Signatur, fortgeschrittene 111
elektronische Signatur, qualifizierte 112
elektronische Unterschrift 97
elektronisches Bargeld 24, 107, 139
ElGamal 77, 106, 127
ElGamal-Algorithmus 93

Elliptische Kurven, Kryptographie mit 93, 136
Emacs 124
encryption 21
Enigma 45
Entschlüsselung 21
Escrowed Encryption Standard 151
ETH 75
Euklidischer Algorithmus, erweiterter 35, 167
Eulersche φ-Funktion 167
Eve 79

F

FAR 114
Feistel, Horst 59
Feistel-Chiffre 59, 75
Fermatscher Satz 163
Fingerabdruck, kryptographischer 98
fingerprint 117, 119
Firewall 125
Fortezza 132
Friedman, William 43
Friedman-Test 40, 43
FRR 114
ftp 132

G

Galoiskörper 94
Galoistheorie 98
Geburtstagsangriff 100, 200
Geheimdienste 151
geheimer Schlüssel 24, 108
Geheimtext 21
Geldkarte 146
$GF(2^8)$ 70, 75, 174
$GF(2^n)$ 94
globale Deduktion 26
GNU Privacy Assistant 128
GNU Privacy Projekt 127
Gnu-Privacy-Guard 127
GnuPG 87, 127
GnuPP 127
GPA 128
Gruppe 94

H

Hammingabstand 66
Hash-Wert 98, 132
Hellman, Martin 91
Herausfordern und Antworten 102
Homophone Chiffre 37
HTTP-Verbindungen 132
hybride Verschlüsselung 123

I

IDEA 75, 131, 132
IDS 125
IETF 131
Inflation 147
Informationsdeduktion 26
Initialisierungsvektor 75
injektiv 21
Injektivität 21
Integrität 22, 113
Internet Engineering Task Force 131
Internet Mail Consortium 131
Internet-Pakete 133
intrusion detection system 125
IP 133
IP Security 133
IP-Tunneling 132
IPSec 133
ISO-Schichtenmodell 132
ITAR 153

K

Kasiski, Friedrich 40
Kasiski-Test 40
Kerkhoffs-Prinzip 23, 48, 147, 179
key-recovery 151
Key-Server 117
KISS 181
Klíma, Vlastimil 129
Klartext 21
klassische Chiffren 31
Known-Plaintext-Angriff 26, 49, 68
Knudsen, Lars 75
Knuth, Don 179
Kocher, Paul 87
Koinzidenzindex 43
Kolmogorov-Komplexität 180, 185
Konfusion 59
Kongruenz 159
Kryptanalyse 21, 40
Kryptographie 21
kryptographischer Algorithmus 15, 22
kryptographisches Protokoll 15, 24
Kryptologie 21
Kryptosystem 22
kubische Gleichung 103

L

Lai, Xuejia 75
Lawineneffekt 66
LDAP 121
LFSR 182

Lightweight Directory Access Protocol 121
linear feedback shift register 182
lineare Komplexität 185
lineare Kryptanalyse 73
linearer Kongruenzgenerator 181
lineares Schieberegister mit Rückkopplung 182
lokale Deduktion 26
LUCIFER 59

M

MAC 74, 113, 152
Macro-Payment 145
mailcrypt 124
Mallory 90
Man-in-the-Middle 90, 117
Man-in-the-Middle-Angriff 90
MARS 69, 75
Massey, James 75
Mauborgne, J. 52
Maurer, Ueli 56
MD4 99
MD5 99, 127, 132
Meet-in-the-Middle-Angriff 68, 76
message digest 99
Message-Authentication-Code 74, 113
Micro-Payment 15, 139, 145
Miller 172
modulare Arithmetik 31, 159
modulo 159
Mondex-System 147
monoalphabetisch 31
monoalphabetische Chiffre 31, 36
MPI-Format 130
multi-precision integer 130
Multimedia-Dokumente 97
Multiplikative Chiffre 33

N

Nachricht 21
National Institute of Standards and Technology 60
National Security Agency 60
Neumann, John von 185
Neumann-Filter 185
NFS 82
NIST 60, 99, 106, 151
nPA → Personalausweis, neuer
NSA 60, 77, 99, 106, 151
number field sieve 82

O

On-Card Matching 115

One-Time-Pad 52, 58, 73, 182, 184
Online-Banking 97
OpenPGP-Standard 127, 129, 131

P

padding 75
passphrase 108, 132
Passwort 108
Passwortverschlüsselung 100
PayPal 149
Peggy 103
Periodendauer 183
Personalausweis, neuer 109, 121, 134
Personalisierung 119
PGP 87, 107, 111, 117, 120, 123
PIN-Code 109, 115, 135
PKCS 130
PKI 117, 134
plaintext 21
Point-of-Sale-Händlerterminal 150
polyalphabetisch 31
Polyalphabetische Chiffre 37
POSH 150
Prüfsumme 113
pretty good privacy 123
PRNG 179
Probabilistische Verschlüsselung 87
Protokoll, kryptographisches 24
pseudo random number generator 179
Pseudozufallszahlengenerator 55, 74, 179, 181
public key 24
public key cryptography system 130
Public-Key-Infrastruktur 91, 117, 130, 134
Public-Key-Kryptographie 24, 77, 97
Public-Key-System 120

Q

Quantenkryptographie 91
Quantenschlüsseltausch 91

R

Rabin, Michael 55, 172
RC2 75, 132
RC4 132
RC5 75
RC6 69, 75
real random number generator 180
Reflektor 45
relativ prim 167
Replay-Angriff 102, 113
Rest 159
RFID Chip 134

Rijmen, Vincent 69
Rijndael 69, 94
RIPE-MD 99
RIPEMD160 127
Ritter, Terry 7
Rivest, Ron 79, 151
ROC-Kurve 114
root-CA 120
Rosa, Tomáš 129
RRNG 180
RSA 106, 127, 131, 132
RSA-Algorithmus 77, 79, 94, 108, 170
RSA-Algorithmus, Korrektheit 81
RSA-Algorithmus, Sicherheit 82
Rucksack-Algorithmus 77
Runden 61

S

S-Box 75
S-Box-Transformation 64
S/MIME 117, 130
Scherbius, Arthur 45
Schieberegister 182
Schlüssel 21, 23
Schlüssel, öffentlicher 24
Schlüssel, geheimer 24, 108
Schlüssel, schwacher 64
Schlüsselraum 29
Schlüsselring 126
Schlüsseltausch 89
Schlüsseltauschproblem 24, 77
Schlüsselwort 38
Schlüsselwortlänge 40, 43
Schlusspermutation 61
Schneier, Bruce 60, 75
schwacher Schlüssel 64
Schwellenwertproblem, (m, n) 140, 143
secret key 24
Secret-Splitting 139, 143
Secret-Splitting-Protokoll 141
Secure Electronic Transactions 148
secure shell 131
Secure socket layer 132
Secure-Hash-Algorithm 99
Secure-Hash-Standard 102
seed 179, 181
Seed-Zahl 181
Seiteneffekt 157
Seiteneffekt, Angriff 87
selbstinverse Abbildung 47
Serpent 69, 75
SET 145, 148

SHA 99, 102
SHA-1 99, 127, 132
Shamir, Adi 79
Shannon, Claude 59
SHS 102
sicherer Algorithmus 27
Sicherheitsschlüssel 27
Sieb des Eratosthenes 82
Signatur, blinde 107
Signatur, digitale 97
Signaturgesetz 97, 109, 135
simple power analysis 88
Speicherplatzbedarf 27
Spionage 49
Spruchschlüssel 50
SSH 131, 137
SSL 120, 132, 150
starke Kryptographie 23, 115
statistische Analyse 32
Steckbrett 45
Steganographie 21, 152
Stromchiffre 22, 52, 74, 184
Substitutionschiffre 31
symmetrischer Algorithmus 22

T

Tartaglia, Niccolò 103
Tauschchiffre 35
TCP/IP-Port 132
teilerfremd 167
thermisches Rauschen 54
TIGER/192 127
timing-attack 87
Transport Layer Security 132
Transpositionschiffre 31
Trent 89
Triple-DES 61, 68, 131, 132
Trojanerangriff 115, 157
Trojanisches Pferd (Angriff) 115, 157
Trustcenter 89, 117, 118, 125
Trustcenter, akkreditiertes 112
Tunneln 132
Turing 52
Turing, Alan 48
TWOFISH 127
Twofish 69, 75

U

U-Boot 48

uneingeschränkt sicherer Algorithmus 27
Unterschrift, elektronische 97

V

Verbindlichkeit 22
verborgene Parameter 180
Vernam, G. 52
Verschiebechiffre 31, 32
Verschlüsselung 21
Victor 103
Vigenère-Chiffre 38
Vigenère, Blaise de 38
Viren 120
virtual private networking 125, 133
Vollständiges Aufbrechen 26
von-Neumann-Rechner 54
VPN 125, 133

W

Wörterbuchangriff 100
wahrscheinliche Wörter, Methode 49
Walze 45
Walzenlage 50
Wassenaar Abkommen 153
Web-Browser 132
Web-of-Trust 120, 126
white card 146

X

X.509 130

Z

Zahlentheorie 159
Zahlkörpersieb 82, 89
Zeitstempel 119
zentralen Kreditausschuss 146
Zero-Knowledge-Beweis 103, 104, 113
Zero-Knowledge-Protokoll 102, 103
Zertifikat 118, 130
Zertifikatshierarchie 119
Zertifizierung 118
Zimmermann, Phil 123
ZKA 146
zufällig 179
Zufallsbitfolge, echte 53
Zufallszahl 179
Zustand 70
Zyklus 50

HANSER

Geosoftware – Anwendungsprogrammierung in Java.

Zimmermann
Basismodelle der Geoinformatik
Strukturen, Algorithmen und
Programmierbeispiele in Java
304 Seiten. 116 Abb. 48 Tab.
ISBN 978-3-446-42091-5

Dieses Buch vermittelt Ihnen die Grundlagen für die Entwicklung von Geosoftware. Es behandelt verschiedene geometrische Ansätze, topologische Modelle, Fragen der Speicherung in Datenbanksystemen sowie Algorithmen zur Bearbeitung und Analyse von Geodaten.
Mittlerweile steht Entwicklern zwar eine Reihe von Open-Source-Produkten zur Verfügung, diese sind aber nicht »schlüsselfertig«, sondern müssen je nach Bedarf angepasst werden. Das Buch stellt diese Open-Source-GIS-Bibliotheken vor und zeigt ihre Anpassung an individuelle Anforderungen. Leser finden außerdem zahlreiche Übungsaufgaben, Beispiele in Java und Anregungen für weiterführende Programmierprojekte.

Mehr Informationen unter www.hanser-fachbuch.de